거버넌스
신드롬

거버넌스 신드롬

초판 1쇄 발행 2017년 11월 24일
초판 4쇄 발행 2024년 2월 29일

지은이 이명석
펴낸이 유지범
펴낸곳 성균관대학교 출판부
책임편집 신철호
편　집 현상철·구남희
외주디자인 아베끄
마케팅 박정수·김지현

등록 1975년 5월 21일 제1975-9호
주소 03063 서울특별시 종로구 성균관로 25-2
대표전화 02)760-1253~4
팩시밀리 02)762-7452
홈페이지 press.skku.edu

ISBN 979-11-5550-255-6　93350

잘못된 책은 구입한 곳에서 교환해 드립니다.

거버넌스
신드롬

이명석 지음

GOVERNANCE
SYNDROME

성균관대학교
출 판 부

사랑하는 나의 아내 정은미와
천국에 계시는 존경하는 어머니 최화송님에게
이 책을 바칩니다.

　나의 은사님이신 인디애나대학의 빈센트 오스트롬 교수님과 엘
리노어 오스트롬 교수님은 나에게 새로운 시야를 열어주셨다. 두 분
이 공동으로 설립한 인디애나대학의 「정치이론과 정책분석 워크숍
Workshop in Political Theory and Policy Analysis」이라는 연구소는 나에게
큰 학문적 영감을 주었다. 흔히 '워크숍'이라고 불리고, 두 분이 돌아
가신 이후 지금은 「오스트롬 워크숍Ostrom Workshop」이라고 불리는
이 연구소는 '워크숍workshop'이라는 이름이 말해주는 것처럼 새로
운 학문과 이론을 함께 만들어내는 작업장이었다. 다양한 국적과 다
양한 배경의 사람들이 함께 모여 자유롭게 토론하고 연구하는 작업
장이었다. 이곳에서 나는 정말 운 좋게도 두 분 은사님을 만나 '다중
심성polycentricity'과 '협력'을 공부하는 블루밍턴 학파의 일원이 될 수
있었다.

　1989년 여름 블루밍턴 캠퍼스 워크숍에 도착하여 두 분 교수님을
도와 조교로 일하면서 내가 처음 맡았던 작업은 네팔의 관개시설 사
례연구를 정리하고 코딩하는 것이었다. 정치학과 행정학을 공부하려

는 나에게 네팔 농부들과 관련된 작업은 매우 당황스러운 것이었다. 그러나 나는 곧 그 작업의 사회과학적 의미를 알게 되었다. 그것은 '협력'이었다. 나는 박사학위를 받을 때까지 워크숍에서 네팔 농부들이 어떻게 정부의 도움 없이 자발적 협력을 통하여 스스로 제도를 설계하고 관개시설을 유지하고 관리할 수 있었는지를 공부하고 연구하였다.

엘리노어 오스트롬 교수님도 동료 정치학자들로부터 정치학자가 왜 대통령이나 의회 같은 중요한 주제를 연구하지 않고 후진국의 농부와 어부를 연구하느냐는 비아냥 섞인 지적을 받곤 했다고 한다. 그러나 빈센트 오스트롬 교수님과 엘리노어 오스트롬 교수님의 지론은 정부도 정치도 모두 사회문제를 해결하기 위하여 필요한 것일 뿐 절대적인 존재는 아니며, 비효율적일 수밖에 없는 정부를 언제나 최선의 방법이라고 처방하는 것은 "행정학의 지적 위기"이며, 비효율적일 수밖에 없는 정부에 의존하지 않는 새로운 방법을 찾기 위하여 "코페르니쿠스적 사고의 전환"이 필요하다는 것이었다.

어쩌면 국가 또는 정부가 정치학의 주제라는 미국 정치학자들의 생각이 정치와 행정에 대한 일반적인 생각인지 모른다. 사회문제를 해결하는 것은 정부의 역할이라는 사실이 당연하게 받아들여져 왔다. 두 분 오스트롬 교수님과 워크숍 학자들이 생각하는 '자발적 협력'이라는 새로운 사회문제 해결 방법은 정부의 사회문제 해결을 돕는 보조적인 수단이지 정부를 대신할 수 있는 방법이 될 수 없다는 것이다.

두 분 오스트롬 교수님은 일생 동안 이와 같은 고정관념을 극복하기 위하여 수많은 연구를 함께 해오셨다. 이러한 연구과정에서 이론적 논의, 게임이론 모형, 실험연구, 현장연구, 사례연구에 대한 메타분석 등 다양한 연구방법이 활용되었다. 이러한 노력을 인정받아 2009년 엘리노어 오스트롬 교수님은 노벨 경제학상을 수상하셨다. 그리고 안타깝게도 두 분은 2012년 함께 세상을 떠나셨다. 추도식에서 한 워크숍 동료가 이야기한 것처럼, 평생을 함께 연구한 부부이자 동료였던 두 분은 이제 영원한 동료가 된 것이다. 두 분의 학문적 순수함과 열정에 다시 한 번 경의를 표한다. 그리고 나에게 주신 가르침과 지원에 깊은 감사를 드린다.

이 책은 그동안 공부하고, 연구하고, 강의해 온 행정학적 의미의 '협력'에 대한 나의 생각을 정리한 것이다. 2000년대 초부터 한국에서 거버넌스라는 새로운 개념에 대한 관심이 증가하기 시작했다. 정부를 대신하는 새로운 개념인 거버넌스의 핵심은 다중심성과 수평적 협력이다. 그러나 정부의 중앙집권적 사회문제 해결의 불가피성에 대한 고정관념은 쉽게 사라지지 않는다. 거버넌스라는 개념의 대중적, 학문적 인기에도 불구하고 이러한 고정관념은 여전히 극복되지 않고 있다.

나는 이러한 현상을 '거버넌스 신드롬'이라고 생각했다. 거버넌스의 개혁적인 이미지만을 채용한 채, 전통적인 정부 중심의 사회문제 해결의 근본적인 문제점을 고치려 하지 않는 병리현상이라고 생각했다. 이러한 현상이 나타나면, 정부의 근본적인 문제를 해결하고 '좋은 행정'을 만드는 것이 불가능하다는 것이 나의 문제의식이다.

물론, 거버넌스는 오래전부터 영어사전에 등재되어 있는 단어로 사전적으로는 전혀 새로운 의미를 갖지 않는다. 이런 관점에서 본다면 거버넌스가 어떤 의미로 어떻게 사용되든 사회적 병리현상이라고까지 하는 것은 다소 무리일지 모른다. 그러나 거버넌스라는 개념을 지나치게 광범위하게 사용하면서 오히려 자발적이고 수평적인 협력의 가능성은 인정하지 않는다면, 두 분 오스트롬 교수님이 경고한 행정학의 지적 위기 극복은 불가능하다.

한국에서도 많은 사람들이 거버넌스와 거버넌스의 번역으로 널리 사용되는 협치를 강조한다. 대부분의 정치인들도 협치를 강조하고 있고, 다양한 분야에서 거버넌스의 개혁이 강조되고 있다. 한국 사회에서 일반적으로 협치는 다양한 이해를 갖는 사람이나 집단 사이의 협력을 의미하고, 거버넌스 개혁은 관리방법의 개혁을 의미한다. 많은 사람들이 한국 사회의 고질적인 문제점을 극복하기 위해서 협치와 거버넌스 개혁이 절대적으로 필요하다고 믿는다.

그러나 '자발적 협력'의 가능성과 조건 그리고 한계에 대한 적절한 이해 없이는 협치와 거버넌스 개혁이 이루어질 수 없다. 사회문제를 해결하는 새로운 대안인 자발적이고 수평적인 협력을 의미하는 거버넌스에 대한 균형 있는 이해가 절실하게 요구된다. 이러한 이해가 없다면 개혁은 결국 전통적 방법에 대한 부분적 보완에 불과하게 된다. 빈센트 오스트롬 교수님이 50년 전 경고한 것처럼, 새로운 사회문제 해결 방법에 대한 적절한 이해 없이 전통적 방법에 대한 부분적 보완만을 주장한다면 행정학은 인류복지 증진에 도움이 될 수 없다.

이 책은 사회문제를 해결하는 새로운 대안인 자발적이고 수평적인 협력을 의미하는 거버넌스에 대한 균형 있는 이해를 위하여 준비되었다. 그동안 이 주제를 중심으로 이루어진 나의 강의와 논문들을 재구성하고 새로운 내용을 보태어 이 책을 완성하였다. 이 책이 정부와 행정에 대한 새로운 시각을 제공하는 데 일조할 수 있기를 바란다.

그러나 이 책은 아직 많이 부족하다. 코페르니쿠스적 사고의 전환을 시도했지만, 기껏해야 출발점에 머물고 말았다. 보다 충분하고 체계적인 이론적 논의는 물론, 특히 관련 사례에 대한 논의가 거의 이루어지지 못하였다. 이러한 작업이 가급적 빠른 시일 내에 또 다른 책에서 이루어질 수 있도록 노력하려 한다.

이 책이 나올 때까지 나는 많은 분들의 도움을 받았다. 제일 먼저 나의 은사님이신 빈센트 오스트롬 교수님과 엘리노어 오스트롬 교수님에게 다시 한 번 감사를 드린다. 두 분이 없었다면 지금의 나도 그리고 이 책도 없었을 것이다. 그리고 나의 연구를 늘 곁에서 격려해주신 성균관대학교 행정학과 동료 교수님들께 깊은 감사를 드린다. 고마운 제자들의 도움도 잊을 수 없다. 이 책이 나오기까지 꼼꼼하게 읽어주고 수정의견을 주는 등 많은 도움을 준 우리 연구실 제자 오수길 교수, 채종헌 박사, 김연수 박사, 송형주 박사, 허성욱 교수, 정수용 박사, 유은실 조교, 황태연 조교, 홍민철 조교, 송주연 조교, 유정모 조교 그리고 전성윤 조교에게 깊은 감사를 전한다.

끝으로 가족들에게 감사를 드린다. 유학생활을 마치고, 연구를 하고, 강의를 하고 그리고 이 책을 마무리하기까지 부족한 남편인 나를 항상 곁에서 지원하고 지켜준 사랑하는 아내 정은미, 언제나 나를 위해 기도해주시고 공부하는 나를 늘 자랑스럽게 생각해주신 어머님 최화송님과 아버님 이영훈님 그리고 장모님 구갑주님과 장인어른 정원유님, 나의 분신과도 같은 사랑하는 아들 이지수, 딸 이지인, 새로 식구가 되어준 시수연, 그리고 이번 가을 태어난 손녀 이지아에게 무한한 감사를 드린다.

2017년 11월 명륜동 연구실에서

제10장 거버넌스의 지적 위기

표 목차

그림 목차

제1장

거버넌스 : 신드롬 또는 기각된 대안

나의 연구 여정에서 얻은 가장 소중한 교훈은 우리 인간은 초기 합리적 선택이론이 설명하는 것보다 … 훨씬 훌륭한 사회문제 해결 능력을 갖추고 있다는 사실이다. 개인의 이익을 추구하는 우리들로 하여금 스스로 사회문제를 해결할 수 있도록 유도할 수 있는 다양한 제도를 설계하는 것이 정책결정자들이 풀어야 할 가장 중요한 숙제이다.

– 엘리노어 오스트롬Elinor Ostrom,
　　"2009년 노벨경제학상 수상 강연"에서

1. 행정학의 지적 위기intellectual crisis

1) 빈센트 오스트롬의 문제의식

일반적으로 알려진 것과는 조금 다르게 행정학은 정부를 연구하는 학문이라기보다는 사회문제를 해결하는 방법을 연구하는 학문이다. 다만 정부가 사회문제를 해결하는 효과적인 방법의 하나이기 때문에 행정학에서 정부에 대한 연구가 큰 비중을 차지해왔던 것 뿐이다. 그러나 언제부터인가 사회문제를 해결하기 위한 가장 효과적인 방법으로 여겨져 온 정부가 가장 해결하기 어려운 사회문제로 전락해 가고 있다는 비판을 받고 있다.

전통적 행정학 이론의 처방에 근거한 행정이 사회문제를 해결하는 존재라기보다 심각한 '사회문제 자체'가 될 수 있다는 문제의식은 최근에 제기된 것이 아니다. 1970년대 초반 미국의 행정학자 빈센트 오스트롬Vincent Ostrom은 그의 유명한 저서인《미국 행정학의 지적 위기│*Intellectual Crisis in American Public Administration*》에서 전통적 행정학이 인류복지 증진에 기여하지 못하고 오히려 인류복지 증진에 심각한 장애가 될 수 있다고 지적하였다. 빈센트 오스트롬은 전통적 행정학의 근본적인 문제점을 다음과 같이 설명한다 :

> 우리는 행정실무자들이 사용하는 [행정학의] 지식체계가 과연 인류복지 증진에 기여하는지 또는 반대로 오히려 인류복지를 훼손하는지에 관한 본질적 문제에 직면하고 있다. 만일 행정학의 처방에 근거한 행정의 결과가 인류복지의 감소를 초래한다면, 우리는 행정이론이 사회 병리현상을 일으키고 있다고 결론 내려야만 한다. 현대 미국 사회 퇴락의 징조가 적어도 부분적으로나마 행정학의 가르침 때문이라고 생각할 수 있을까? 만일 이것이 사실이라면, 한 걸음 더 나가서 우리는 사회적 병리현상을 극복하기 위해서 행정학의 가르침에 계속 의지하는 것이 결국 인류복지의 추가적 감소를 초래할 것이라고 생각해야만 한다.[1]

그는 전통적 행정학 교육을 받은 행정실무자가 심지어 그렇지 않은 행정실무자들보다 훨씬 더 비효율적인 방법으로 사회문제를 해결할 가능성이 높다고 경고한다. 그러나 그의 경고는 최근까지도 행정학자들로부터 큰 주목을 받지 못하였다. 빈센트 오스트롬의 행정이론은 주류 행정학에 의해서 기각된 대안이었으며, 또한 '신화myth'였다.[2]
빈센트 오스트롬이 제시한 새로운 행정학 이론인 민주행정이론은 '제도의 다양성institutional diversity'을 강조한다. 여기에서 제도의 다양성이란 사회문제를 해결하는 방법의 다양성을 의미한다. 중앙집권적인 정부가 세금을 재원으로 강제력을 동원하여 사회문제를 해결하는 것이 유일무이한 최선의 사회문제 해결책이 아니라는 것이 민주행정이론의 핵심이다. 전통적 행정학의 가르침이나 일반인들의 믿음과는 달리, 정부는 모든 사회문제를 언제나 가장 효율적으로 해결할 수 있는 '만병통치약panacea'이 될 수 없다. 모든 사회문제를 언제나 가장 효과적으로 해결할 수 있는 만병통치약은 존재하지 않는다. 다양한 사회문제를 효과적으로 해결하는 방법은 여러 가지가 있을 수밖에 없다.

그러나 불행하게도 오랜 기간 동안 사회문제를 효과적으로 해결하는 유일한 방법은 '정부' 즉, '정부의 강제력과 직접적 개입을 통한 사회문제 해결'이라고 인식되어 왔다. 이러한 고정관념은 사회문제를 해결하는 최선의 방법을 폭넓게 탐색하는 것을 불가능하게 하는 결과를 초래하였다. 특히, 정부 이외의 사회문제 해결 방법에 대한 고려를 근본적으로 봉쇄한 것은 정부에 대한 지나친 의존과 시민사회의 사회문제 해결 역할에 대한 과소평가라는 심각한 부작용을 낳았다.

현대사회의 복잡한 사회문제를 정부 혼자의 힘만으로 해결하는 것은 불가능하다. 이러한 문제를 적절하게 다루지 못하는 것이 전통적 행정학 이론의 치명적인 단점이다. 오스트롬은 일찍이 이러한 문제의 심각성을 간파하고 정부의 역할과 행정의 본질에 대한 행정학자들의 '코페르니쿠스적 사고의 전환'의 필요성을 역설하였다.

2) 새로운 대안으로서의 거버넌스

최근 들어 정부의 비효율성으로 인한 사회문제의 증가와 시민사회 역량의 비약적 발전 등으로 행정학의 전통적인 관료제 패러다임에 대한 근본적인 의문이 또다시 본격적으로 제기되고 있다. 전통적 행정학의 관료제 패러다임이 근본적인 결함을 가지고 있으므로 효율적인 정부를 구현하기 위해서는 행정학 이론의 획기적인 변화가 요구된다는 공감대가 전 세계적으로 형성되었다. 행정이 국민의 선호에 적절한 관심을 기울이지 않고 국민에 대한 통제만을 강조하고, 개혁에 대하여 저항적이고, 공익이 아니라 사익을 추구하며, 결과적으로 문제를 해결하기보다는 더 많은 문제를 야기한다는 인식이 팽배하게 된 것이다.[3]

그 결과, 전통적 행정학 이론의 핵심 논리를 정면으로 부정하는 새로운 이론에 근거한 대안들이 등장하고, 이들 논리에 근거한 대대적인 행정개혁 추진이 전 세계적인 현상으로 자리 잡게 된다. 전통적 행정학의 관료제 패러다임은 이제 '정상과학normal science'으로서의 지위를 심각하게 위협당하고 있는 실정이다.

이러한 새로운 이론 모색 과정에서 '거버넌스governance'라는 개념이 행정학을 포함한 사회과학 전반에서 가장 매력적인 개념의 하나로 급부상하였다. 거버넌스는 정부나 행정과 연관된 '무엇인가 새롭고 개혁적인 것'을 의미하는 용어로 광범위하게 사용되고 있다. 효율적이고, 민주적이고, 대응적이며 또한 투명한 정부는 비단 새로운 행정학 이론들뿐만 아니라 전통적 행정학의 궁극적인 목표이기도 하다.[4] 그러므로 전통적 행정학과 새로운 행정학 이론은 '추구하는 목표'가 아니라, '목표를 달성하기 위한 구체적인 방법', 또는 '대안'에 의해서 차별화되어야 한다.[5]

거버넌스가 효율적이고, 민주적이고, 대응적이며, 투명한 정부의 구현을 추구하는 것은 사실이다. 이러한 맥락에서 흔히 시민의 참여와 분권적 행정을 강조하는 것이 거버넌스의 특징으로 이해되는 경향이 있다. 그러나 전통적 행정학과 본질적으로 차별화될 수 있는 거버넌스의 핵심은 정부의 역할, 정부와 민간부문의 관계 그리고 사회문제 해결 방법에 대한 인식의 근본적인 변화라고 할 수 있다.

2. 거버넌스 열풍? 거버넌스 신드롬?[6]

1) 거버넌스의 인기와 거버넌스 열풍

신드롬syndrome이라는 말이 있다. 증후군症候群으로 변역되는 신드롬의 사전적인 의미는 "몇 가지 증후가 함께 나타나지만 그 원인이 불명이거나, 또는 단일하지 않은 것에 대하여 병명에 준하여 붙이는 명칭"이다.[7] 이러한 의미를 갖는 신드롬이라는 말은 주로 의학이나 심리학 등의 분야에서 사용되는 일종의 전문용어이다. 그러나 우리 사회에서는 언제부터인지 신드롬이라는 단어가 병리적 집단현상이나 부정적 경향이 아니라, 긍정적이고 열렬한 집단적 지지나 경향을 의미하는 단어로 사용되고 있다.[8] 김연아 선수의 모든 것이 관심의 대상이 되고 상품의 인기로 연결되는 '김연아 신드롬', 기존 매스컴을 불신하고 공정한 보도를 바라는 마음과 손석희 앵커에 대한 압도적인 국민의 지지 등을 의미하는 '손석희 신드롬' 등이 그 대표적인 예라고 할 수 있다.

물론 이러한 표현은 잘못된 것이다. 긍정적인 의미의 바람직한 열풍이나 열렬한 지지의 경우 신드롬 대신 '열풍mania' 또는 '현상

phenomenon'이라고 해야 한다. '김연아 열풍', '손석희 현상' 등과 같이 말이다. 그러나 어떤 이유에서인지 한국에서는 신드롬이라는 단어가 열풍과 같은 의미로 널리 사용되고 있다. 이러한 현상을 한 신문의 칼럼에서는 "신드롬 신드롬"이라고 꼬집고 있다.[9] 그러나 여전히 각종 매체와 국민들은 부정적인 의미에 대한 아무런 인식 없이 신드롬이라는 말을 열풍 정도를 의미하는 중립적인 의미의 좀 더 고상한 용어 (?)로 사용하고 있다.

어쩌면 거버넌스는 현재 사회과학, 특히 행정학이나 국제정치학 등에서 가장 인기 있는 용어인지 모른다. 최근 들어 많은 사람들이 거버넌스를 이야기하고 있다. 이러한 거버넌스 인기 자체는 큰 문제가 아닐 수 있다. 거버넌스는 어떤 특정 사회현상을 묘사하거나 설명하기 위하여 누군가에 의해 만들어진 학술용어나 신조어新造語가 아니다. 거버넌스는 오래전부터 사용되어 오던 단어이다. 그러므로 거버넌스라는 단어의 의미를 누군가가 특정할 수 있는 것은 아니라고 할 수 있으며, 따라서 다양한 사람들에 의해서 거버넌스라는 단어가 다양한 의미로 사용되는 것은 당연한 일이라고 할 수 있다. 그러나 거버넌스를 단지 혁신적인 무엇인가를 의미하기 위하여 사용하는 것은 적절하지 않다. 불필요한 오해를 불러올 가능성이 크기 때문이다.

현재 거버넌스라는 말은 사전적인 의미와는 사뭇 다른 의미로 광범위하게 사용되고 있다. 이전에는 정부, 행정, 또는 정책이라는 말이 사용되었을 경우에도 현재에는 거버넌스라는 말이 사용된다. 지방정부 또는 지방행정 대신, 지방거버넌스라는 말이 사용되고, 환경정책, 교육정책, 인터넷정책이라는 말 대신 환경거버넌스, 교육거버넌스, 그리고 인터넷거버넌스라는 말이 사용된다. 이처럼 거버넌스가 붙는 용어를 찾는 것은 전혀 어려운 일이 아니다. 글로벌거버넌스, 통일거버넌스, R&D거버넌스, 경찰거버넌스, 그린거버넌스 등 거의 모든 분야에서 거버넌스라는 용어가 사용되고 있다.

이러한 현상을 거버넌스에 대한 긍정적인 의미의 바람직한 열풍이나 또는 열렬한 지지를 의미하는 '거버넌스 열풍governance mania'이라고 할 수 있을 것이다. 그렇다면 도대체 왜 거버넌스라는 말이 최근 들어 이렇게 자주 그리고 광범위하게 사용되는 것일까? 그것은 아마도 정부의 비효율성, 부정부패 등 지속되는 정부실패 때문에 생기게 된 정부나 행정 등 전통적인 개념에 대한 뿌리 깊은 불신과 부정적인 이미지 때문일 것이다. 다양한 의미로 사용되기는 하지만 거버넌스라는 용어는 일반적으로 전통적인 개념의 부정적인 이미지를 대체하는 '뭔가 새롭거나 개혁적인 것'이라는 뉘앙스를 갖고 있다는 점이 이러한 사실을 잘 말해주고 있다. 이렇게 본다면, 거버넌스 열풍은 '정부 또는 공공부문에 대한 뿌리 깊은 불신에서 출발한 새롭고 개혁적인 무엇인가에 대한 열렬한 지지'라고 할 수 있다.[10]

2) 거버넌스의 공허한 인기와 거버넌스 신드롬

이러한 대중적 인기에도 불구하고 거버넌스가 구체적으로 무엇을 의미하는지는 여전히 확실하지 않다. 가장 일반적으로 거버넌스는 "다스려지는 방식" 또는 "관리되는 방식"을 의미하는 개념으로 이해된다. 기업 지배구조라고 변역되는 코퍼레이트 거버넌스corporate governance가 아마도 이러한 거버넌스 의미의 가장 대표적인 사례일 것이다. 동시에 거버넌스는 '정부가 조직되고 일하는 방식의 변화',

또는 더 나아가서 정부와 민간부문 사이의 협력을 나타내는 '협치協治'를 의미하는 것으로 이해되고 사용되기도 한다. 하지만 그 실체는 여전히 모호한 실정이다.

제숍Jessop은 이러한 현실을 꼬집어서, "거버넌스가 모든 것을 의미한다면 거버넌스는 아무것도 설명하지 못한다"라고 말하였다.[11] 실제로 제숍의 우려처럼 거버넌스라는 말을 들었을 때 과연 거버넌스가 무엇을 의미하는지 명확하지 않은 경우가 대부분이다. 거버넌스가 일반적으로 정부와는 다른 것, 전통적인 사회문제 해결 방식과는 다른 것, 무엇인가 새로운 것, 무엇인가 개혁적인 것, 또는 수평적 협력이나 참여와 관련된 것을 의미한다고 짐작은 할 수 있다. 하지만 거버넌스가 정확하게 무엇을 의미하는지는 거버넌스라는 단어를 사용한 사람조차도 명확하게 알고 있지 못한 경우가 많다.

그리고 심지어 거버넌스라는 단어가 갖는 참신한 이미지 때문에 거버넌스라는 말을 의도적으로 모호하게 사용하는 경우까지 존재한다. 오페Offe는 거버넌스라는 단어가 이렇게 사용되는 문제점을 빗대어, 거버넌스라는 단어를 실제로 무엇을 의미하는지 알 수 없는 "텅 빈 기표empty signifier"라고 표현하였다.[12]

만일 거버넌스가 실체가 모호한 채로 다양한 의미로 사용되는 것이 사실이라면, 거버넌스에 대한 폭발적인 관심이나 인기는 바람직한 것이 아닐 수 있다. 사실, 여기저기에서 거버넌스라는 용어가 사용되는 현상이 발견되지만 그 원인은 뚜렷하지 않고, 또한 다양한 원인이 작용하고 있는 것처럼 보인다. 이 경우, 거버넌스에 대한 인기는 '열풍'이라기보다 '신드롬'에 더 가까운 것이 된다. 다시 말해서, 거버넌스에 대한 관심과 인기는 "종래에는 사용되지 않던 거버넌스라는 용어가 여러 가지 다양한 경우에 사용되는 증후가 함께 나타나지만 그 원인이 불명이거나, 또는 단일하지 않은 것"을 일컫는 '거버넌스 신드롬governance syndrome'에 해당하게 되는 것이다. 그리고 만일 이러한 현상이 바람직하지 않은 사회적인 결과를 초래하게 되는 경우, 거버넌스 신드롬은 병명 또는 병리적 현상을 의미하는 것이 된다.

한 가지 흥미로운 사실은 이러한 소위 '거버넌스 신드롬'이 비교적 최근에 나타난 현상이라는 것이다. 한국의 경우 1990년대 중반 이전에는 학술적 연구와 언론매체 등에서 거버넌스라는 용어가 거의 사용되지 않았다. 거버넌스라는 용어가 광범위하게 사용되기 시작한 것은 1990년대 후반의 일이다. 이러한 현상은 한국에만 국한된 것은 아니다. 미국과 유럽 등 외국의 경우 거버넌스의 유행이 한국에서보다 훨씬 빨리 진행되었다. 비록 거버넌스에 대한 정의가 한국보다는 상대적으로 덜 모호한 것은 사실이지만, 외국에서도 거버넌스가 1980년대 중반 이후 갑자기 많이 사용되는 경향을 발견할 수 있다.[13]

외국의 경우에도 거버넌스가 왜 인기 있는지 이유가 뚜렷하게 밝혀져 있지는 않다. 예를 들어, 1988년부터 미국에서 《거버넌스 Governance》라는 이름을 가진 학술지가 출간되기 시작하였다. 《거버넌스》의 정식명칭은 《거버넌스: 정책, 행정, 및 제도 국제 학술지 Governance: International Journal of Policy, Administration and Institutions》로, 학술지의 목적과 범위를 행정부의 정치, 공공정책, 행정관리, 그리고 국가의 조직에 관한 이론적이고 실제적인 논의의 장을 제공하는 것이라고 밝히고 있다.[14] 이러한 연구목적이나 연구범위는 전혀 새로운 것이 아니다. 전통적으로 사용되던 행정이나 정부 등의 용어나 개념으로도 얼마든지 다룰 수 있는 연구주제이다.

외국의 경우 사회문제 해결을 위한 새로운 다스림의 방식 또는 정부의 새로운 역할 등에 대한 필요성 때문에 거버넌스가 인기를 얻게 되었다고 할 수 있다. 그러나 영어권 국가, 특히 미국의 경우 거버넌스라는 용어 자체가 1950년대 혹은 그 이전부터 이미 사용되어 왔던 터라 특별히 새로운 의미를 갖는 용어라기보다는 사전적인 의미에 가까운 용어로 이해되어 왔다. 예를 들어, 세계은행World Bank은 거버넌스를 "사회문제를 해결하기 위한 제도적 자원의 활용과 정치적 권위의 행사,"[15] 또는 "한 국가의 권위가 행사되는 전통과 제도"로 정의하고 있다.[16]

이렇게 정의되는 거버넌스는 다스리는 것 또는 사회문제를 해결하는 것, 즉 거버닝governing을 더 이상 정부의 활동에만 국한시키지 않는다. 이러한 맥락에서 일반적으로 거버넌스는 정부보다 넓은 범위를 갖는다고 이해된다. 정부의 활동에만 관심을 기울이던 전통적 연구에서 탈피하여, 정부에 대한 외부적 통제 등의 문제에 관심을 갖게 되었다는 점에서 거버넌스라는 용어의 사용이 증가한 이유를 찾을 수 있다. 즉, 정부보다 넓은 범위의 문제에 대한 관심 때문에 거버넌스 신드롬이 전 세계적으로 나타나게 되었다고 할 수 있다.

그러나 만일 거버넌스 열풍의 핵심이 전통적 정부 또는 전통적 사회문제 해결 방법에 대한 근본적인 회의와 불신이라면, 근본적인 새로운 방법에 대한 고려나 관심 없이 거버넌스라는 용어를 그저 '정부의 부정적인 이미지를 대체하기 위한 수단'으로만 사용하는 것은 바람직하지 않은 현상이라 할 수 있다. 이 경우 거버넌스에 대한 다분히 감정적이고 수사적인 관심과 활용은 거버넌스 열풍이 아니라 거버넌스 신드롬이 된다. 거버넌스 신드롬이 추종하는 거버넌스가 거버넌스 신드롬이 그토록 혐오하는 전통적인 정부와 크게 다를 바 없다면, 거버넌스 신드롬은 새로운 이미지로 위장한 허상을 좇는 사회적 병리 현상인 것이다.

3. 거버넌스: 또 하나의 기각된 대안?

1) 자발적 협력으로서의 거버넌스

일반적으로 거버넌스라는 말이 갖는 뉘앙스는 '협력'이다. 여기에서 우리는 거버넌스라는 말이 사용되면서 과연 얼마나 협력이 강조되고 있는지 생각해볼 필요가 있다. 예를 들어, 만일 환경거버넌스라는 말이 사용되었지만 협력이 강조되지 않고 실체는 변하지 않은 채 이름만 바뀐 것이라면 환경거버넌스는 아무런 새로운 것도 의미하지 않는 셈이 된다. 로컬거버넌스도 마찬가지이다. 실례로, 과거 서울시에서 로컬거버넌스를 강화하기 위한 방안으로 주민자치센터에 초점을 맞춘 적이 있다. 명칭만으로는 주민자치센터는 협력과 관련이 있는 로컬거버넌스의 사례인 것처럼 보인다. 그러나 현실적으로 주민자치센터는 동사무소의 기존 업무를 수행하면서 교양 프로그램을 제공하는 정도의 변화에 그치고 있다. 자치위원회가 구성되기는 했으나 대부분의 경우 형식적으로 운영되고 있다.

이러한 사례로 볼 때, 거버넌스라고 불리는 것이 과연 얼마나 새로운 것인지, 기존의 행정, 정부, 또는 정책이라고 불리던 것과 어떻게 차별화될 수 있는지 여전히 의문스럽다. 거버넌스가 무엇을 의미하는

지가 불분명한 것이다. 이러다 보니 거버넌스가 '무엇인가 개혁적인 것'을 의미하는 접미사처럼 수사적인 용도로 주로 사용되고 있을지 모른다는 의혹을 갖게 된다. 예를 들어, 지방정부나 지방행정이라고 하면 왠지 구태의연하고 고리타분한 것 같은 느낌을 주는 반면, 로컬거버넌스라고 하면 정확한 실체는 잘 모르지만 아무튼 무엇인가 새롭고, 개혁적이고, 참여적이고, 멋있는 것 같다는 느낌을 주기 때문에 로컬거버넌스라는 말이 사용되는 것이 아닌가 하는 의문을 갖게 된다.

그렇다면 거버넌스는 과연 무엇인가? 엘리노어 오스트롬Elinor Ostrom의 대표 저서 *Governing the Commons*를 통해서 거버넌스의 의미를 간략하게 설명할 수 있다. 여기서 'commons'는 공유재를 의미한다. 그렇다면 'Governing the Commons'는 공유재 문제를 해결하기 위해서 요구되는 여러 가지 집합행동의 문제를 잘 관리하고 조직화해서 공유재 문제를 해결하는 것을 의미한다. 즉, 여기서 'govern'은 '다스리거나 통치하는 것'이 아니라 '문제를 해결하는 것'을 의미한다.

예를 들어 '치수治水'라는 말을 생각해보자. 다스리거나 통치하는 것을 의미하는 한자 '치治'는 'govern'에 해당한다. 여기서 치수라는 말은 사람을 다스린다는 것이 아니라 물을 다스린다는 것, 즉 물 문제를 해결하는 것을 의미한다. 이렇게 본다면 거버넌스의 핵심은 '문제를 해결하는 것'이라고 할 수 있다. 거버넌스 또는 governing이 통치하고 관리하는 것을 의미하는 것은 사실이지만, 사람을 통치하거나 관리하는 것이 아니라 사회문제를 통치하거나 관리하는 것을 의미하는 셈이다.

엘리노어 오스트롬이 이 책에서 강조하고 있는 공유재 문제 해결 방법 또는 사회문제 해결 방법 역시 '협력'이라는 점에 주목할 필요가 있다. 일반적으로 대표적인 사회적 딜레마의 하나인 공유재의 경우 사용자들 사이의 자발적 협력에 의한 문제 해결이 불가능해서 정부가 나서서 강제력을 동원해서 해결해야 하는 것으로 받아들여져 왔다. 그러나 엘리노어 오스트롬은 정부 개입 없이도 공유재를 함께 사용하는 보통사람들이 적당한 조건만 갖춰진다면 스스로 협력해서 공유재 문제를 성공적으로 해결할 수 있다는 것을 실증적으로 보여주었다.[17] 나아가 엘리노어 오스트롬은 정부의 간섭보다 자발적 협력을 통한 문제 해결이 더 효율적일 수 있다는 것을 보여주었다. 엘리노어 오스트롬이 노벨경제학상을 받은 것은 바로 정부에 의존하지 않는 새로운 사회문제 해결 방법인 자발적 협력을 통한 사회문제 해결, 즉 '자발적 협력으로서의 거버넌스'의 가능성과 조건을 발견한 학술적 공로를 인정받았기 때문이다.

2) 거버넌스 신드롬: 거버넌스에 대한 의도적 오해와 남용

엘리노어 오스트롬은 정부의 강제력에 의존하지 않고 자발적 협력을 통하여 사회문제를 해결하는 '새로운 사회문제 해결 방법'의 가능성을 제시하였다. 정부의 효율성이나 책임성을 제고하기 위하여 정부를 개혁하거나 하는 등의 방법이 아닌, 전혀 새로운 사회문제 해결 방법을 발견한 것이다. 그러나 일반적으로 사용되는 거버넌스는 정부 개혁과 관련이 있는 경우가 더 많다.

예를 들어, 가이 피터스Guy Peters는 시장모형 거버넌스, 참여모형 거버넌스, 신축모형 거버넌스, 탈규제모형 거버넌스 등의 네 가지 유형의 거버넌스를 제시한다.[18] 전통적인 행정, 즉 정부의 핵심기제인 계층제의 본질적 문제점을 극복하기 위한 대안으로 네 가지 거버넌스 유형이 나타났다는 것이다. 그러나 이 네 가지 대안의 핵심은 엘리노어 오스트롬이 말하는 정부에 의존하지 않는 새로운 사회문제 해결 방법으로서의 거버넌스가 아니라 전통적인 행정 또는 전통적인 정부의 한계를 '보완'하는 것이다.[19]

여기에서 생각해볼 문제는 이렇게 제시된 모형들이 과연 거버넌스라는 말을 쓸 정도로 정말 새로운 것인가 하는 것이다. 다시 말하자면, 과연 네 가지 거버넌스 유형이 '전통적인 정부government'와 얼마나 차별화될 수 있는가 하는 것이다. 물론 정부 관료제에 의한 계층제적 통제라는 특성을 갖는 전통적인 정부와 어느 정도 차별화되는 것은 사실이다. 하지만 엘리노어 오스트롬의 새로운 사회문제 해결 방법보다는 덜 차별화된다고 할 수 있다. 즉, 새로운 것이긴 하지만 덜 새로운 것인 셈이다.

그런데 거버넌스라는 말이 쓰인 이유는 정부와 차별화되는 '완전히 새로운 것'이 필요하기 때문이다. 이와 같은 완전히 새로운 것에 대한 사회적 수요가 있었기에 거버넌스라는 말이 유행처럼 사용된 것이다. 만일 이런 사회적 수요가 없었다면 굳이 거버넌스라는 말까지 쓸 필요가 없었을 것이다. 정부를 좀 더 개혁하면 되는 것이지 정부라는 말 자체를 쓰지 않고 거버넌스라는 새로운 말을 써야 할 필요는 없기 때문이다. 그렇다면 피터스가 말하는 거버넌스 유형은 사회적 수요를 충분히 반영하지 못한 셈이 된다. 어쩌면 현실에서 거버넌스라고 불리는 것은 대부분 정부를 대신하는 새로운 사회문제 해결 방법에 대한 사회적 요구를 반영하지 못하는 경우가 더 많은지도 모른다.

만일 현실에서 거버넌스가 이렇게 광범위하게 사용되는 이유가 단지 거버넌스의 개혁적 이미지를 차용하기 위한 것이라면 거버넌스는 '또 하나의 기각된 대안'인 셈이다. 거버넌스를 사용하는 사람들은 대부분 정부의 강제력에 의존하지 않고 자발적 협력을 통하여 사회문제를 해결하는 '새로운 사회문제 해결 방법'의 가능성을 부인하면서 정부와 전통적인 사회문제 해결 방법의 낡은 이미지를 벗어버리기 위하여 의도적으로 거버넌스를 사용한다. 이는 새로운 사회문제 해결 방법으로서의 거버넌스의 필요성 자체가 인정되지 않는 것을 의미한다. 거버넌스는 정부의 전통적인 사회문제 해결 방법을 보완하는 방법 정도로 받아들여진 것이다. 결론적으로, 정부의 강제력에 의존하지 않고 자발적 협력을 통하여 사회문제를 해결하는 '새로운 사회문제 해결 방법'의 가능성을 탐구하는 새로운 행정학 이론인 거버넌스는 기각된 셈이다.

신드롬의 한국적(?)인 의미로 거버넌스 신드롬을 해석한다면, 정부 또는 공공부문에 대한 뿌리 깊은 불신 때문에 새롭고 개혁적인 무엇인가를 열렬하게 갈망하고 새로운 사회문제 해결 방법을 찾는 긍정적인 사회현상이라고 할 수 있다. 그러나 현실은 이처럼 긍정적이지 않다. 앞에서도 언급된 것처럼 로컬거버넌스나 환경거버넌스의 경우처럼 실제로 나타난 결과가 전통적인 정부와 크게 차별화되는 새로운 것이 아니라면, 이러한 현상은 사전적인 의미의 부정적인 병리현상인 신드롬이라고 할 수 있다.

정부의 비효율성 때문에 정부가 아닌 새로운 사회문제 해결 방법을 찾았음에도 불구하고 여전히 전통적 정부로부터 크게 벗어나지 못하는 방법으로 사회문제가 해결되고 있고, 그 결과 여전히 사회문제 해결의 효율성이 심각하게 문제가 되는 현상을 거버넌스 신드롬이라고 부를 수 있다. 즉, 거버넌스 신드롬은 '거버넌스라는 용어가 광범위하게 사용되고, 거버넌스를 무엇인가 개혁적인 것으로 인식하는 등의 몇 가지 증후가 함께 나타나지만 그 원인이 불명확하거나 또는 단일하지 않은 부정적인 사회현상'으로 정의될 수 있다.

3) 거버넌스의 가능성: 고정관념 극복하기

앞으로 이 책에서 상세하게 논의될 거버넌스 이론의 핵심은 한마디로 정부만이 사회문제를 해결할 수 있는 역량을 가진 유일한 존재가 아니며, 정부의 강제력에 의존하지 않고도 사회문제를 해결할 수 있다는 것으로 요약될 수 있다. 즉, 민간부문의 다양한 구성원들과 다양한 수준의 정부 간의 자발적이고 수평적인 협력을 통한 사회문제 해결이 가능하다는 것이 거버넌스 이론의 핵심적인 주장이다. 이러한 거버넌스 이론에 근거한다면, 행정학의 과제는 더 이상 정부조직 관리와 정부의 독점적인 사회문제 해결 효율성 제고에만 국한되지 않는다. 거버넌스 이론에서 민간부문은 더 이상 정부의 통제 대상이거나 혹은 정부의 정책 과정에 영향력을 행사하는 존재가 아니라 사회문제 해결의 주역으로 다루어진다.

이러한 변화에도 불구하고, 정부의 불가피성에 대한 오래된 고정관념은 절대 쉽게 사라지지 않는다. 시장이나 네트워크와 같은 새로운 사회문제 해결 방법이 강조됨에도 불구하고, 공식적이고 합법적인 통제를 통한 정부의 간섭이 궁극적으로 사회문제 해결의 최선의 방법이라는 생각은 쉽게 사라지지 않는다. 시장이나 네트워크를 통한 사회문제 해결은 잠정적이고, 한시적이며, 제한적인 대안으로만 받아들여진다. 어쩌면 빈센트 오스트롬이 1970년대 초 이야기한 것처럼 주류 행정학은 여전히 거버넌스를 새로운 사회문제 해결 방법으로 받아들이지 않고 있는지 모른다.

정부만이 유일한 사회문제 해결자라는 고정관념에서 탈피함으로써 정부조직 개편이나 정책혁신 등 정부개혁보다 더 근본적인 사회문제 해결 방법의 개혁이 가능할 수 있게 된다. 아울러, 사회문제 해결 과정에서의 민간부문의 책임과 역량을 새롭게 인식함으로써 정부에 대한 맹목적인 의존으로부터 탈피하고 보다 성숙한 시민의식을 함양할 수 있을 것이다. 이러한 성숙한 시민의식에 근거한 시민들의 적극적인 사회문제 해결을 통해서 우리는 실질적인 민주사회를 건설할 수 있다.

이러한 고정관념 탈피의 필요성을 엘리노어 오스트롬은 1997년 미국정치학회장 취임강연에서 다음과 같이 역설하고 있다:

> 대부분의 교과서들이 지도자, 그것도 국가적 차원의 지도자들만을 지나치게 부각시킨다. 미국 정부론이나 정치학개론 등의 개론과목을 수강한 학생들은 민주주의를 유지하기 위하여 자신들이 얼마나 중요한 역할을 담당해야 하는지 전혀 배우지 못한다. 학생들은 정치지도자를 만나고, 이익집단이나 정당에 참여하고, 투표하는 것이 시민참여의 전부라고 배운다. 우리는 서로를 믿지 못하는, 특히 정부를 전혀 믿지 못하는 냉소적인 세대를 길러내고 있다. 사회적 딜레마 극복 과정에서 신뢰가 차지하는 역할을 고려할 때, 우리는 우리가 가지고 있는 민주적인 생활의 근거를 잠식하는 조건을 만들고 있는지 모른다. 일상생활의 민주적인 제도를 만들어내고 유지하는 것은 바로 우리와 같은

일반 시민들이다.[20]

4. 책의 집필 목적과 구성

이 책은 네트워크 거버넌스와 협력적 거버넌스, 그리고 메타거버넌스 등 거버넌스와 관련된 다양한 개념들을 정확하게 정의하여 거버넌스에 대한 개념적 오해를 불식시키는 것을 주된 목적으로 한다. 거버넌스 관련 개념에 대한 명확한 정의를 통하여 다양한 사회문제 해결 가능성을 보다 분명하게 인식하고, 거버넌스 신드롬을 정확하게 이해하며, 나아가 사회문제의 성공적인 해결 가능성을 제고할 수 있을 것으로 기대된다.

이 책에서 관심을 갖는 거버넌스 신드롬은 사전적인 의미의 부정적인 뉘앙스를 갖는다. 정부에 의한 독점적인 사회문제 해결의 불가피성을 여전히 당연한 것으로 받아들이고 계층제적 통제의 부작용과 비효율성을 보완하기 위해 노력하는 것을 거버넌스라고 부르는 것은 적절하지 않다. 거버넌스를 이와 같이 정의하고 사용할 경우, 정부에 의존하지 않는 새로운 사회문제 해결 방법을 모색하고 실행할 수 있는 가능성이 원천적으로 차단될 수밖에 없고, 결과적으로 사회 전체의 사회문제 해결 효율성이 낮아지는 부정적인 결과가 초래되기 때문이다. 이와 같은 사회 전체의 사회문제 해결 역량 저하가 거버넌스 신드롬의 결과이다.

그러나 거버넌스 또한 만병통치약은 아니다. 거버넌스도 언제나 모든 사회문제를 성공적으로 해결할 수 있는 것은 아니다. 예를 들어,

6장에서 다루어질 협력적 거버넌스의 경우 주어진 사회문제 해결에 가장 적절한 문제해결 방식 혼합이라는 특성상 실패 가능성이 낮은 것은 사실이다. 그러나 협력적 거버넌스가 계층제적 통제에 완전히 의존하지 않는다는 점에서 책임성 확보가 어려울 수 있다는 비판이 있다.[21] 또한 협력적 거버넌스의 보다 본질적인 한계로 계층제적 통제나 강제가 존재하지 않는 경우 자발적 협력이 이루어진다는 것이 지나치게 낙관적이며 비현실적이라는 문제가 지적되기도 한다. 이러한 한계는 거버넌스 이론이 풀어야 할 중요한 숙제라고 할 수 있다.

  이 책의 구성을 간략하게 설명하면 다음과 같다. 제2장에서는 거버넌스의 등장 배경이 된 전통적인 정부의 본질과 한계가 다루어진다. 제3장에서는 대표적인 새로운 행정학 이론인 신공공관리론과 좋은 거버넌스의 전통적 행정학 이론과의 차별성이 논의된다. 제4장에서는 현대사회의 대표적인 사회문제인 사악한 문제의 특성과 유형이 다루어진다. 제5장에서는 새로운 사회적 조정 양식인 네트워크 거버넌스 이념형의 특징이 다루어진다. 제6장에서는 계층제 거버넌스, 시장 거버넌스 그리고 네트워크 거버넌스의 혼합인 협력적 거버넌스가 다루어진다. 제7장에서는 협력적 거버넌스의 거버넌스인 메타거버넌스가 다루어진다. 제8장에서는 협력적 거버넌스의 대표적인 취약점으로 비판을 받는 공공성과 책임성이 다루어진다. 제9장에서는 협력적 거버넌스의 성공조건과 제2세대 거버넌스 이론이 다루어진다. 마지막으로, 제10장에서는 거버넌스 신드롬과 거버넌스의 지적 위기의 본질과 부작용이 다루어진다.

미주

1) Vincent Ostrom, *Intellectual Crisis in American Public Administration*, (Tuscaloosa: University of Alabama Press, 1974): pp.3-4.

2) E. W. Lyon and David Lowery. "Governmental Fragmentation and Consolidation: Five Public Choice Myths about How to Create Informed, Involved and Happy Citizens," *Public Administration Review*, 49:6(1989): 533-543. pp.533-534.

3) Robert Dehardt and Janet Dehardt, "The New Public Service: Serving Rather Than Steering," *Public Administration Review*, 60:6(2000): 549-559.

4) John Dewitt, Donald Kettle, Barbara Dyer and Robert Lovan, "What Will New Governance Mean for the Federal Government?" *Public Administration Review*, 54:2(1994): 170-175; Walter Kickert, "Public Governance in the Netherlands: An Alternative to Anglo-American 'Managerialism'," *Public Administration*, 75(1997): 731-752.

5) Gary Stoker, "Governance as Theory: 5 Propositions," *International Social Science Journal*, 155(1998): 17-28. p.17; 이명석, "신자유주의, 신공공관리론, 그리고 행정개혁," 〈사회과학〉, 40:1(2001): 1-45.

6) 이 절은 이명석, "거버넌스: 신드롬 또는 새로운 행정학 이론?" 〈국정관리연구〉, 11(3): 1-25의 내용 일부를 재구성한 것임.

7) 네이버 국어사전.

8) 이창섭,《영자 신문을 읽는 10가지 공식》, (서울, 2011): p.143.

9) 이영성, "지평선: 신드롬 남용," 〈한국일보〉, 2011년 9월 30일.

10) 이명석, "거버넌스의 개념화: 사회적 조정으로서의 거버넌스," 〈한국행정학보〉, 36:4(2002): 321-338; Claus Offe, "Governance: An Empty Signifier?" *Constellations*, 16:4(2009): 550-562. pp.550-554.

11) "Governance has become a rather fuzzy term that can be applied to almost everything and therefore describes and explains nothing." Bob Jessop, "Governance and Meta-governance Failure: On Reflexivity, Requite Variety and Requisite Irony," in H. Bang. (ed). *Governance as Social and Political Communication*, (Manchester: Manchester University Press, 2003): pp.101-116.

12) Claus Offe, "Governance: An Empty Signifier?" *Constellations*, 16:4(2009):

550-562. pp.550-554.

13) 앞의 논문, p.554.

14) http://www.blackwellpublishing.com/aims.asp?ref=0952-1895&site=1.

15) *World Bank, Managing Development-The Governance Dimension*, (Washington D.C., 1991).

16) World Bank, *Governance Matters*, (Washington D.C., 2006).

17) 자세한 내용은 이 책의 9장을 참조할 것.

18) Guy Peters, "Globalization, Institutions and Governance," in Peters, G. and Savoie, (ed) *Governance in the Twenty-First Century: Revitalizing the Public Service*, (McGill-Queen's Press, 2000): 29-57.

19) 시장모형 거버넌스의 경우에도 정부의 역할을 시장에 맡기는 것을 의미하는 것이 아니라, 정부조직을 분권화하고 조직 간의 경쟁과 성과급을 통하여 효율성을 제고하는 모형으로, 신공공관리론에서 말하는 시장원리 관리market-driven management와 유사한 모형이라고 할 수 있다.

20) Elinor Ostrom, "A Behavioral Approach to the Rational Choice Theory of Collective Action," *The American Political Science Review*, 92:1(1998): 1-21. p.18.

21) 계층제, 시장, 그리고 네트워크 거버넌스의 혼합에서 중요한 것은 네트워크 거버넌스의 역할이다. 공식적 권위에 의해서 강제되는 계층제 거버넌스나 가격경쟁에 의해서 작동하는 시장 거버넌스와는 달리, 네트워크 거버넌스는 강제될 수 없으며 참여자들 사이의 상호의존성과 공동의 목적이 존재해야만 작동할 수 있다. 따라서 세 가지 거버넌스의 혼합에서는 네트워크 거버넌스의 작동 여부가 특히 중요하다. 자세한 내용은 이 책의 6장과 Vivien Lowndes and Chris Skelcher, "The Dynamics of Multi-Organizational Partnerships: An Analysis of Changing Modes of Governance," *Public Administration*, 76:2(1998): 313-333 참조할 것.

제2장

계층제적
지시와
주류 행정학

사무엘이 왕을 구하는 백성에게 여호와의 모든 말씀을 일러 가로되 너희를 다스릴 왕의 제도가 이러하니라. 그가 너희 아들들을 취하여 그 병거와 말을 어거하게 하리니 그들이 그 병거 앞에서 달릴 것이며, 그가 또 너희 아들들로 천부장과 오십부장을 삼을 것이며 자기 밭을 갈게 하고 자기 추수를 하게 할 것이며 자기 병거와 병거의 제구를 만들게 할 것이며, 그가 또 너희 딸들을 취하여 향료 만드는 자와 요리하는 자와 떡 굽는 자를 삼을 것이며, 그가 또 너희 밭과 포도원과 감람원의 제일 좋은 것을 취하여 자기 신하들에게 줄 것이며, 그가 또 너희 곡식과 포도원 소산의 십일조를 취하여 자기 관리와 신하에게 줄 것이며, 그가 또 너희 노비와 가장 아름다운 소년과 나귀들을 취하여 자기 일을 시킬 것이며, 너희 양 떼의 십분 일을 취하리니 너희가 그 종이 될 것이라.
－사무엘상 8장 10절에서 17절

1. 관료제 패러다임: 주류 행정학의 지적 위기

거버넌스에 대한 관심이 정부에 대한 불신, 그리고 보다 근본적으로 좋은 행정을 만드는 방법을 연구하고 처방하는 주류mainstream 행정학에 대한 회의에서 출발하였다고 한다면, 거버넌스의 본질을 이해하기 위해서는 전통적인 주류 행정학을 정확하게 이해할 필요가 있다. 전통적 행정학 또는 주류 행정학의 특징은 '관료제 패러다임'이라고 한마디로 요약될 수 있다. 앞장에서 간략하게 논의된 것처럼, 정부의 유형과 무관하게 모든 정부에서 가장 효율적으로 작동할 수 있는 '하나의 좋은 행정 원칙'이 존재하고, 그것은 바로 계층제 조직의 완성 형태인 관료제 조직을 갖춘 정부에 의한 중앙집권적 조정이라는 것이 주류 행정학의 핵심 가정이다.

이러한 가정 때문에 오히려 '좋은 행정'의 구현이 어려워질 수 있다는 사실이 주류 행정학이 직면하고 있는 매우 심각한 지적 위기라는 것이 빈센트 오스트롬의 경고이다. 그러나 이러한 경고에도 불구하고 지금까지도 주류 행정학은 사회문제를 효과적으로 해결하는 최선의 방법은 '정부the government'라는 고정관념을 크게 벗어나지 못하고 있다. 이러한 고정관념은 사회문제의 효율적인 해결을 어렵게 한다. 현대사회의 복잡한 사회문제를 해결하기 위해서는 정부뿐만 아니라 다양한 시민사회 구성원들의 역할이 필요하기 때문이다. 이러한 정부의 한계를 적절하게 인식하고 대체하지 못하는 것이 바로 전통적 행정학 이론의 치명적인 약점이다.

빈센트 오스트롬에 의하면, 주류 행정학은 막스 베버Max Weber의 관료제 이상형이 현대사회의 특징인 법적, 경제적 그리고 기술적 합리성을 유지하기 위한 필요조건인 동시에 가장 효율적인 조직 구성 원리라는 기본가정에 근거한다. 이러한 기본가정은 전통적 행정학, 또는 초기 행정학의 대표적 특징이라고 할 수 있다. 1920년대와 1930년대 소위 '행정학 황금기'에 확립된 주류 행정학의 기본가정은 그 후 지속적으로 많은 비판과 도전을 받아 왔다.[1] 그러나 이러한 다양한 이론적 도전에도 불구하고 주류 행정학의 기본가정은 여전히 암묵적으로 당연한 것으로 받아들여져 왔다는 것이 빈센트 오스트롬의 주장이다.[2]

예를 들어, 귤릭Guilick의 '정글짐jungle gym'이나 '지주회사holding company' 이론은 주류 행정학이 주장하는 단일 계층제를 비판하고 '좀 더 복잡한 조직 형태'라는 새로운 대안을 제시한다.[3] 그러나 새로운 대안을 제시하고 있음에도 불구하고 여전히 '단일 주인'에 의한 중앙집권적 통제의 필요성을 강조한다는 점에서, 귤릭의 이론은 관료제 조직을 갖춘 정부에 의한 중앙집권적 조정의 원칙을 강조하는 주류 행정학 이론을 크게 벗어나지 못한다.

또한, 조직 내의 계층제 완성이 효율성을 극대화한다는 전통적 행정학 이론을 비판하는 사이먼Simon의 경우도 주류 행정학의 기본가정을 크게 벗어나지 못하고 있다는 점에서는 마찬가지이다. 사이먼은 계층제 조직의 완성이 효율성 극대화를 의미하지 않는다고 적절하게 비판하고 있다. 하지만 사이먼은 좋은 행정을 만드는 방법에 대한 학문적 관심을 조직 내부 문제로만 국한시키고, 결과적으로 정부에 의한 중앙집권적 조정과 명령에 의한 사회문제 해결의 당위성을 여전히 인정하고 있다. 이러한 점에서 사이먼 또한 주류 행정학의 기본가정을 여전히 암묵적으로 당연한 것으로 받아들이고 있다고 할 수 있다.[4]

요컨대, 계층제적 정부조직의 완성과 이러한 정부에 의한 중앙집권적 조정이 주류 행정학이 주장하는 '좋은 행정'을 구축하는 최선의 대안이며, 이러한 방법이 오히려 사회문제를 심각한 수준으로 악화시킬 우려가 있다는 것이 빈센트 오스트롬이 지적하는 '주류 행정학의 지적 위기'이다.[5] 빈센트 오스트롬이 이와 같이 주류 행정학의 지적 위기를 지적하면서 분절화와 중복된 관할권 등 단일 명령체계에 의존하지 않는 민주행정이론이라는 새로운 대안을 제시한 것이 이미 50여 년 전의 일이다.[6] 그러나 그의 경고와 이론적 대안은 받아들여지지 않았다. 빈센트 오스트롬은 주류 행정학의 기본가정과 관료제 패러다임을 비판한 자신의 대안을 주류 행정학으로부터 받아들여지지 않은 '기각된 대안'이라 스스로 평가했다.

그동안 행정학 이론이 다양하게 발전했음에도 불구하고, 어쩌면 관료제 조직을 갖춘 정부에 의한 중앙집권적 조정의 원칙이 동서고금을 막론하고 '좋은 행정'을 구현하는 유일무이한 최선의 대안이라는 주장 또는 가정은 오늘날에도 여전히 주류 행정학에서 당연한 것으로 받아들여지고 있는지 모른다. 정부에 대한 뿌리 깊은 불신과 회의로 정부를 대체할 수 있는 새로운 대안에 대한 관심이 급증하고 있음에도 불구하고, 이러한 가정이 여전히 당연한 것으로 받아들여지고 있다는 사실은 주류 행정학의 지적 위기가 오늘날에도 지속되고 있다는 것을 의미한다.

2. 관료제 패러다임의 본질: 계층제적 지시

1) 관료제 패러다임의 기본가정

주류 행정학의 관료제 패러다임이 좋은 행정을 구현하는 유일무이한 최선의 대안으로 제시하는 '계층제적 지시hierarchical direction'[7]가 바로 전통적 행정학의 사회문제 해결 방법인 '구舊거버넌스'라고 할 수 있다. 계층제적 통제 또는 계층제적 지시에 대한 지속적인 의존이 바로 주류 행정학의 관료제 패러다임이 직면하고 있는 심각한 지적 위기의 핵심이다.

빈센트 오스트롬은 전통적 행정학이 초래할 수 있는 인류복지 감소의 심각한 위험성을 경고하면서, 전통적인 주류 행정학 이론이 암묵적으로 가정하고 있는 관료제 패러다임의 기본가정을 다음과 같이 정리하고 있다.[8]

1. 어떤 정부와 정치체제 내에도 단일 권력중추가 존재하며, 그것에

의해서 정부가 통제받는다.

2. 권력은 분산될수록 점점 더 무책임해진다. 또한, 권력이 집중되고 단일 권력중추에 의해 통제될수록 점점 더 책임성이 강해진다.

3. 법률 제정과 행정 통제와 관련된 정치구조와 권력중추는 헌법에 의해 규정된다. 민주주의 체제에서 국민의 대표는 절대주권을 갖는다.

4. 정치가 행정의 업무를 설정하지만 행정은 정치 밖의 영역에 있다.

5. 행정기능에 관한 한 모든 정부는 강한 구조적 유사성을 갖는다.

6. 전문적으로 훈련된 공무원을 완벽하게 계층화하는 것이 좋은 행정을 위한 구조적 필수조건이다.

7. 위에서 설명한 방법으로 조직을 완벽하게 계층화하면 최소비용으로 측정되는 능률성이 극대화된다.

8. 위에 규정한 "좋은 행정"이 모든 사회발전의 필수조건이다.

민주사회에서 계층제 또는 관료제 조직의 완성과 강제적 명령권한에 의한 사회문제 해결은 좋은 행정을 구현하기 위해서 당연한 것으로 받아들여진다. 요컨대, 주류 행정학은 (i) 조직 내부관리 원칙으로서의 계층제적 지시와 (ii) 사회문제 해결 방법으로서의 중앙집권적인 계층제적 지시를 핵심으로 한다고 할 수 있다.

먼저, 주류 행정학은 정부가 효과적으로 사회문제를 해결하기 위해서는 전문성과 역량을 갖춘 정부조직에 의한 좋은 행정이 필요하다고 가정한다. 전문적으로 훈련된 공무원들을 상급자와 하급자로 서열화하고, 상급자가 계층제적 지시권한을 통하여 하급자를 통제하고 조정하는 것이 정부조직의 능률성을 극대화하는 최선의 방법이라는 것이다.

또한, 주류 행정학은 국민들이 스스로 해결할 수 없는 많은 사회문제를 해결하기 위해서는 강제력을 가진 제3자인 정부의 개입이 필요하다고 가정한다. 예를 들어, 시장에서 이익을 극대화하기 위해 경쟁하는 기업은 가격기제라는 '보이지 않는 손'에 의하여 희소한 자원을 최적 수준으로 배분할 수 있지만, 이 과정에서 기업은 환경오염과 같은 소위 '시장실패'를 일으킬 수 있다. 이윤극대화를 추구하는 기업은 이러한 시장실패를 자율적으로 극복할 수 없고, 따라서 정부가 강제력을 동원하여 시장실패 문제를 해결해야 한다는 것이다.

2) 사회적 조정 양식으로서의 계층제적 지시

사회적 조정social coordination은 사회문제를 해결하기 위해서 상이한 이해관계를 가진 개인이나 조직을 함께 일하도록 하는 행위라고 정의된다.[9] 관료제 패러다임의 본질이라고 할 수 있는 전통적 거버넌스 또는 구거버넌스의 핵심은 '계층제적 지시'를 통하여 사회적 조정이 이루어진다는 것이다.[10] 계층제적 지시는 한 주체가 다른 주체의 의사와 무관하게 다른 주체의 선택 또는 의사결정을 강제할 수 있는 상호작용 양식을 의미한다. 즉, 사회문제를 해결하기 위하여 한 개인이나 조직이 다른 개인이나 조직의 의사와 상관없이 어떤 선택이나 행동을 강제할 수 있는 사회적 조정 양식이 계층제적 지시이다.[11]

계층제적 지시가 사회문제를 해결하는 유일한 최선의 방법, 특히 시장실패 등 사회문제를 해결하기 위해서 정부가 사용할 수 있는 적절한 방법으로 인식되고 있는 가장 중요한 이유는 '의도적인 계획 또는 설계에 근거한 강제적 조정'이 가능하기 때문이다. 사회문제를 해결하기 위해서는 미리 계획되거나 정해진 목표달성을 위하여 다양한 조직이나 개인의 활동을 조율할 필요가 있고, 이 과정에서 다양한 의견과 반대가 존재할 수 있다. 이 경우 타협이나 동의를 통하여 다양한 의견과 반대를 조율하는 것은 쉽지 않다. 반면에 강제력을 동원한다면 다양한 조직이나 개인의 반대에도 불구하고 조율하기가 쉽다. 계층제적 지시는 사회적 조정에 수반되는 거래비용을 가장 효율적으로 최소화할 수 있는 강력한 방법인 것이다.

다양한 개인이나 기관이 함께 사회문제를 해결하기 위한 과정에서 이루어지는 사회적 조정에는 '적극적 조정positive coordination'과 '소극적 조정negative coordination' 두 가지가 있다.[12]

먼저, 적극적 조정은 다양한 개인이나 기관이 공동활동을 수행하는 과정에서 전체적 효과와 효율성을 극대화하기 위하여 개인이나 기관의 공동활동을 적절하게 계획하고 조율하는 것을 말한다. 쉽게 말하자면, 공동의 목표달성을 위해서 다양한 개인과 기관이 참여하는 복잡한 협동 과정에서 이루어지는 일반적인 의미의 조정이 적극적 조정이라고 할 수 있다. 즉, 공동의 목적을 위하여 함께 일하는 과정에서 이루어지는 조정이 적극적 조정이다.

다음으로, 소극적 조정은 한 개인이나 기관의 활동이 다른 개인이나 기관의 활동을 방해하여 발생하는 부정적 외부 효과를 최소화하기 위하여 다양한 개인이나 기관의 활동을 적절하게 조율하는 것을 말한다. 다시 말하자면, 공동의 목표를 위하여 직접적으로 협동하지 않는 다양한 개인과 기관의 활동이 초래하는 의도하지 않은 부정적 외부 효과를 최소화하여, 새롭게 이루어진 활동이 이전 상황에 비하여 파레토 우위가 될 수 있는 가능성을 높이려고 하는 조정이 소극적 조정이라고 할 수 있다. 즉, 남의 일은 방해하지 않으면서 자신이 일을 하는 과정에서 이루어지는 조정이 소극적 조정이다.

계층제적 지시는 적극적 조정과 소극적 조정을 최소의 비용으로 수행할 수 있는 사회적 조정 방법이다. 먼저, 계층제적 지시는 적극적 조정을 수행하는 매우 효율적인 사회적 조정 방법이다. 강제적 권위를 활용하여 개인 또는 조직의 능력과 역량에 따라 참여자들을 체계적으로 전문화할 수 있고 특히 명령을 강제할 수 있으므로, 계층제적 지시는 일부 조직 구성원이나 참여자의 반발에도 불구하고 목표달성에 필요한 적극적 조정을 쉽게 수행할 수 있다.

또한, 다양한 개인이나 기관의 의사와 반하는 명령을 내릴 수 있는 강제력을 갖는 계층제적 지시는 소극적 조정의 경우 더욱 효과적인 사회적 조정 방법이다. 일반적으로 소극적 조정은 적극적 조정에 비하여 상대적으로 적절한 조정이 어려운 경우가 많다. 그러나 계층제적 지시의 경우 공식적으로 부여된 강제적 권위를 활용하여 개인이나 조직의 의사와 무관하게 개인 또는 조직의 활동을 얼마든지 간섭하고 통제할 수 있으므로 소극적 조정 또한 최소의 거래비용만으로 쉽게 수행할 수 있다. 바로 이러한 것이 전통적 행정학의 관료제 패러다임이 계층제적 지시를 유일무이한 최선의 '좋은 행정' 구축 대안으로 생각하는 이유이다.

3. 계층제적 지시의 조건: 정보문제와 동기문제

계층제적 지시는 일반적으로 사회문제를 해결하는 가장 효율적이고 바람직한 방법으로 간주된다. 계층제적 지시가 적극적 조정과 소극적 조정을 통하여 사회문제 해결에 필요한 집합행동의 거래비용을 줄여 결과적으로 사회 전체의 효용을 극대화할 수 있는 정책조정을 가능하게 할 수 있다고 생각하기 때문이다. 하지만 계층제적 지시가 거래비용을 줄일 수 있는 것은 사실이지만 언제나 불가피하게 개인의 선택의 자유를 제한하거나 박탈한다는 점에서 볼 때, 규범적인 차원에서 바람직한 것만은 아니다.

더욱 중요한 것은 계층제적 지시가 언제나 성공적으로 작동할 수 있는 것은 아니라는 사실이다. 일반적으로 계층제적 지시에 대한 긍정적 평가는 갈등이나 이해관계 충돌 없이 다른 사람들의 선호를 부정하고 사회문제의 효율적인 해결에 필요한 결정이나 선택을 강제하는 '이상적 정책결정가idealized policy maker'의 존재를 암묵적으로 가정한다. 이상적 정책결정가가 존재하는 경우 계층제적 지시는 사회적 조정 과정에서 수반되는 거래비용을 최소화할 수 있는 바람직하고 효율적인 사회문제 해결 방법이 될 수 있다. 이러한 암묵적 가정에 근거하여 대부분의 이론들은 계층제적 지시의 장점을 강조한다. 예를 들어, 정치학자들은 국가의 계층제적 지시를 통한 질서유지의 효용을 강조하고, 경제학자들은 계층제적 지시와 간섭을 통한 시장실패 치유의 효용을 강조한다.[13] 그러나 만일 이상적 정책결정가가 존재하지 않는다면 계층제적 지시는 더 이상 가장 효율적인 사회적 조정 양식이 될 수 없다.

샤프Scharpf는 이상적 정책결정가에 의해서 이루어지는 계층제적 지시를 "사회과학의 신화myth"라고 일축한다.[14] 대부분의 이론들이 계층제적 지시가 효과적으로 작동할 수 있는 맥락적인 전제조건을 무시한 채, 계층제적 지시가 잘 작동하는 경우의 사회적 편익만을 지나치게 강조하고 있다는 것이 그의 주장의 핵심이다. 그는 계층제적 지시가 작동할 수 있는 전제조건으로 '정보문제information problem'와 '동기문제motivation problem'의 해결을 제시한다. 이 두 가지 조건이 충족되지 않으면 계층제적 지시는 사회문제를 효율적으로 해결할 수 없다. 즉, 계층제적 지시 권한을 가진 사람이 (i) 사회문제 해결에 필요한 모든 정보를 확보하여 처리할 수 있는 능력을 갖고 있고(즉, 정보문제가 존재하지 않고), (ii) 자신의 이해관계를 떠나서 오직 사회 전체 편익만을 위하여 권한을 사용하는(즉, 동기문제가 존재하지 않는) 경우에만 계층제적 지시는 사회문제를 효율적으로 해결할 수 있다.

1) 정보문제

계층제적 지시 권한을 가진 개인 또는 기관이 사회문제 해결에 필요한 정보나 지식을 갖지 못한 경우 계층제적 지시는 사회문제를 성공적으로 해결할 수 없다. 심지어 경우에 따라서는 사회문제를 매우 심각한 수준으로 악화시킬 수도 있다. 계층제적 지시 권한을 가진 개인이나 기관이 사회문제의 본질에 관한 정보나 지식을 언제나 확보할 수 있는 것은 아니다. 하위계급의 개인이나 기관이 갖고 있는 정보 또한 적절하게 확보하지 못할 수 있다. 이와 같은 정보 부족은 정부조직 내부관리 과정에서 요구되는 사회적 조정과 정부의 중앙집권적 사회문제 해결 과정에서 나타나는 사회적 조정에서 모두 심각한 문제가 될 수 있다.

우선, 정부조직 내부관리의 경우, 계층제적 지시 권한을 공식적으로 갖는 조직 관리자가 하위계급 조직 구성원들이 갖고 있는 정보를 모두 갖고 있을 때에만 계층제적 지시를 통해서 조직 구성원들을 효율적으로 관리하고 조직의 목표를 성공적으로 달성할 수 있다. 만일 그렇지 못한 경우에는 계층제적 지시를 통해서 조직내부 관리에 필요한 사회적 조정을 성공적으로 수행하는 것은 불가능하다. 조직이 수행하는 업무의 복잡성이 증가할수록, 그리고 조직의 규모가 커질수록 정보문제는 불가피하게 더욱 심각해질 것이다. 이러한 점을 고려할 때, 복잡한 업무를 수행하는 대규모 조직인 정부의 경우 정보문제를 극복하는 것은 쉽지 않다. 그럼에도 불구하고 전통적 행정학의 관료제 패러다임은 정보문제라는 계층제적 지시의 조건과 한계에 큰 관심을 기울이지 않고, 언제나 계층제적 지시가 완벽한 정보에 근거하여 정보문제 없이 완벽하게 작동하는 경우만을 가정한다.

다음으로, 정부의 중앙집권적 사회문제 해결 과정의 경우도 마찬가지이다. 계층제적 지시 권한을 독점적으로 갖고 있는 정부가 사회문제 해결에 필요한 모든 정보를 갖고 있을 때에만 계층제적 지시를 통해서 사회문제를 성공적으로 해결할 수 있다. 만일 그렇지 않은 경우에는 정부의 계층제적 지시를 통한 중앙집권적 사회문제 해결은 불가능하다. 현대사회에서는 사회문제가 점점 더 복잡해져가고 있고, 그 결과 정부는 물론 사회의 어떤 조직도 사회문제 해결에 필요한 지식과 정보를 독점적으로는 확보하는 것은 현실적으로 거의 불가능하다. 이러한 점을 고려할 때, 정부가 독점적으로 정보문제를 극복하는 것은 쉽지 않다. 그럼에도 불구하고 전통적 행정학의 관료제 패러다임은 정부에 의한 중앙집권적 사회문제 해결의 핵심인 계층제적 지시의 조건과 한계에 큰 관심을 기울이지 않고, 계층제적 지시가 성공적으로 작동하는 경우의 편익만을 강조하는 실수를 범하고 있다.

2) 동기문제

계층제적 지시 권한을 가진 개인 또는 기관이 자신의 권한을 공익이 아니라 개인적 이익을 위해 사용할 경우에도 계층제적 지시는 사회문제를 심각한 수준으로 악화시킬 수 있다. 정보문제와 마찬가지로 동기문제는 정부조직 내부관리 과정에서 요구되는 사회적 조정과 정부의 중앙집권적 사회문제 해결 과정에서 나타나는 사회적 조정에서 모두 심각한 문제가 될 수 있다.

우선, 정부조직 내부관리의 경우, 계층제적 지시 권한을 공식적으로 갖는 정부조직 관리자는 국민을 위해 봉사할 의무를 갖는 국민의 대리인이라고 할 수 있다. 국민의 대리인인 조직 관리자가 공익을 위해서 최선을 다하지 않는 경우, 계층제적 지시 권한은 정부조직의 주인인 국민을 위해 봉사하고 사회문제를 해결하는 조직의 목표를 성공적으로 달성할 수 있도록 활용되는 것이 아니라 조직이기주의나 특정 개인의 이해관계를 위하여 남용될 수 있다. 소비자의 선택이 조직의 사활에 치명적인 영향을 주는 기업과는 달리, 정부조직의 경우 동기문제를 극복하는 것은 쉽지 않다. 그럼에도 불구하고 전통적 행정학의 관료제 패러다임은 이러한 동기문제로 인한 계층제적 지시의 조건과 한계에 큰 관심을 기울이지 않는다.

다음으로, 정부의 중앙집권적 사회문제 해결 과정의 경우도 마찬가지이다. 계층제적 지시의 공식 권한을 독점적으로 갖고 있는 정부가 정권의 이해관계나 정치적 목적을 위해서가 아니라 국민을 위하여 사회문제를 해결하려고 최선을 다하는 경우에만 계층제적 지시를 통해서 사회문제를 성공적으로 해결할 수 있다. 만일 그렇지 않은 경우에는 정부의 계층제적 지시를 통한 성공적인 사회문제 해결은 불가능하다. 현대 민주사회에서 주인과 정치적 대표, 그리고 정부 사이의 복대리인複代理人 관계에서 나타나는 대리인 문제를 극복하는 것은 매우 어렵다.[15] 이와 같은 심각한 대리인 문제가 수많은 정부실패를 통해서 현실에서도 많이 나타나고 있다. 그럼에도 불구하고 전통적 행정학의 관료제 패러다임은 정부에 의한 중앙집권적 사회문제 해결의 핵심인 계층제적 지시의 조건과 한계에 큰 관심을 기울이지 않고, 계층제적 지시가 성공적으로 작동하는 경우의 편익만을 강조하는 과오를 범하고 있다.

3) 계층제적 지시의 가능성과 한계

이처럼 현실에서 이 두 가지 조건이 충족되는 것은 쉽지 않다. 복잡한 현대사회의 사회문제 해결에 필요한 모든 정보를 거대한 중앙집권화된 정부조직의 최고관리자가 모두 파악하고 적절하게 처리하는 것은 거의 불가능에 가깝다. 또한, 계층제적 지시 권한을 가진 관리자들이 오로지 공익만을 위하여 권한을 사용하기를 기대하는 것 또한 매우 비현실적이다. 주인대리인 이론의 설명처럼, 계층제적 지시 권한을 가진 대리인이 주인인 국민을 위하여 최선의 노력을 기울이도록 할 수 있는 방법은 별로 없다. 특히 이윤추구를 목적으로 하는 기업과는 달리 사회문제를 해결하는 공공부문의 경우, 사회문제를 해결하기 위한 노력의 결과나 성과를 측정하기 어렵다는 점을 고려할 때 이러한 문제는 더욱 심각해진다. 법에 의한 지배와 정치적 책임성 확보 등이 동기문제를 극복하기 위한 일반적인 방안으로 받아들여지고 있다. 그러나 어느 방법도 계층제적 지시의 전제조건인 동기문제를 완벽하게 해결할 수 없다.

요컨대, 계층제적 지시는 강제적 권위를 통하여 사회문제 해결 과정에서의 거래비용을 줄일 수 있다는 점에서 효율적인 방법이라고 할 수 있을지 모르지만, 언제나 이상적으로 작동하지는 않는다. 사회문제 해결에 필요한 모든 정보가 확보되고 동시에 계층제적 지시 권한이 개인의 사적인 이해관계와 무관하게 활용될 수 있는 경우에만 효율적인 사회문제 해결 방법이 될 수 있으며, 이러한 경우는 극히 예외적인 경우인지 모른다. 그러나 이러한 한계에도 불구하고 계층제적 지시는 일반적으로 사회문제를 해결하는 유일한 최선의 방법, 특히 시장실패 등 사회문제를 해결하기 위한 가장 적절한 방법으로 인식되고 있다.

앞서 설명된 바와 같이 계층제적 지시의 장점은 어디까지나 '거래비용' 관점에서일 뿐이라는 사실을 주목할 필요가 있다. 만일 정보문제와 동기문제가 해결되지 않는다면, 조정 과정의 거래비용 최소화는 아무런 의미가 없다.

정보문제와 동기문제가 존재하지 않는 경우, 적극적 조정과 소극적 조정 과정에서 공동의 목표달성을 위하여 다양한 개인과 기관들의 의견이나 선호가 강제적으로 조정되는 것은 사회적으로 바람직하다. 사회문제 해결에 필요한 정보와 지식에 근거하여 마련된 조정을 받아들이지 않고 개인이나 기관의 의견에 따르는 것은 사회 전체적인 차원의 사회문제 해결 효율성을 극대화할 수 없기 때문이다. 그러므로 이 경우 강제적 권위를 통하여 조정을 강제하는 것은 불가피하며, 동시에 사회적으로 바람직하다. 즉 계층제적 지시가 사회적 조정 양식의 역할을 성공적으로 수행하게 되는 것이다.

만일 이런 조건이 충족되지 않는 경우에는 계층제적 지시는 사회 전체적인 차원의 사회문제 해결 효율성을 극대화할 수 없다. 전통적으로 행정에서 특히 이슈가 되는 것은 동기문제이다. 계층적 지시의 동기문제를 극복하기 위한 전통적 사회과학이론의 대안이 바로 민주적 방법으로 선출된 국민의 대표에 의한 정치적 통제이다.[16] 그러나 계층제적 지시와 대표민주주의가 국민의 의사를 정확하게 정책에 반영하고 국민 전체의 이익을 위하여 정부를 효과적으로 통제할 수 있는지 의문이다. 어쩌면 국민이 민주적인 절차에 따라 선출한 국민의 대표자가 국민을 위하여 관료제를 통제·관리하고 사회문제를 성공적으로 해결할 것이라고 믿는 것은 지나치게 순진한 생각일지 모른다. 이러한 의혹에도 불구하고 민주주의 사회에서 정부의 결정은 계층제적 권위에 의해 국민에게 강요되고 정부의 공권력에 의해 강제적으로 집행된다.

물론, 정부가 이와 같이 계층제적 권위와 공권력을 사용하는 것은 국민 전체의 동의에 근거한다. 사회문제를 해결하기 위하여 국민은 민주적 절차에 따라 사회문제 해결에 필요한 계층제적 권위와 공권력을 정부에 위임한 것이다. 그러나 어쩌면 민주사회에서도 정부는 국민의 의사와 무관하게 계층제적 권위와 공권력을 사용할 수 있는지 모른다. 그리고 정부의 계층제적 권위와 공권력 사용이 사회문제 해결에 큰 도움이 되지 않을 수도 있고, 심지어 사회문제를 악화시키거나 새로운 사회문제를 만들어낼 수도 있다.

4. 계층제적 지시 중독

1) 계층제 중독

　계층적 지시의 조건이나 단점을 적절하게 평가하지 않고 완벽하게 작동하는 계층제적 지시의 장점만을 무비판적으로 인정하는 현상을 "계층제 중독addiction to hierarchy"이라고 한다.[17] 경영 컨설턴트인 제라드 페어라우Gerard Fiartlough는 사람들이 계층제의 존재를 당연하게 여기고, 계층제가 존재하지 않거나 완벽하게 갖추어지지 않으면 무질서하고 혼돈스러울 것이라고 믿으며, 계층제의 기본개념이나 필요성, 조건 그리고 부작용 등에 대해 의문조차 제기하지 않는 "계층제 헤게모니the hegemony of hierarchy"가 계층제 중독 현상의 원인이라고 설명한다.

　그에 의하면 계층제 중독은 공사부문 모든 조직에 만연한 심각한 문제이다. 일반적으로 보수적이고 변화에 둔감하며 비효율적이라고 알려진 공공부문의 조직뿐만 아니라, 시장 압력에 노출된 민간부문 기업조직의 경우도 계층제 중독 현상이 심각하다는 것이 그의 주장이다. 그의 주장이 사실이라면 이러한 현상은 공공부문의 조직이 전통적 행정학의 관료제 패러다임의 기본가정을 벗어나지 못하는 것과 마찬가지로, 민간부문의 대표적인 조직인 기업마저도 계층제를 최선의 방법으로 간주하는 '계층제 헤게모니' 즉 '관료제 패러다임'을 크게 벗어나지 못하고 있는 셈이다.

　그렇다면 이는 매우 심각한 문제라고 할 수 있다. 시장 압력과 치열한 경쟁에 노출된 기업의 경우 이윤극대화를 위하여 조직의 효율성을 제고할 수 있는 다양한 조직관리 대안이 활용될 것이라는 것이 일 반적인 예상이다. 그러나 이러한 일반적인 예상과는 달리 시장 압력 과 치열한 경쟁에 노출된 기업에서조차 계층제가 조직을 효율적으로 관리하는 최선의 방법으로 무비판적으로 받아들여지고 있다면, 이와 같은 경쟁에서 자유로운 정부조직 내부관리의 경우 계층제의 한계나 문제점에 대한 의문 제기는 기대하기 어렵기 때문이다.

또한, 시장실패를 극복할 수 있는 유일하고 불가피한 존재라고 인 정되는 정부의 중앙집권적 사회문제 해결 과정에서 사용되는 계층제 적 지시의 한계와 문제점에 대한 의문 제기는 더욱더 기대하기 어렵 다.[18] 사회문제를 일으키는 다양한 당사자들 사이의 수평적이고 자발 적인 협력을 기반으로 적극적 조정이나 소극적 조정이 이루어질 수 없는 사회문제의 경우, 상대방의 의사에 반하여 조정을 강제할 수 있 는 계층제적 지시가 필요하다는 것이 일반적인 인식이기 때문이다. 조직 구성원 사이의 조정보다 다양한 개인과 기관 사이의 조정이 더 욱 어렵고, 따라서 조직 내부관리의 경우보다 사회문제 해결의 경우 에 더욱 강력한 계층제적 지시가 필요할 수 있다. 만일 이것이 사실이 라면, 계층제 중독은 사회문제 해결의 경우 더욱 심각하고 더욱 극복 하기 어렵다.

2) 조직의 본질과 계층제

페어라우는 계층제 중독을 극복하기 위해서 계층제의 본질에 대한 객관적이고 균형 있는 평가가 필요하다는 사실을 강조한다. 계층제는 조직을 구성하고 관리하는 유일무이한 대안이 아니라 조직을 구성하고 관리하는 다양한 대안 중의 하나이므로, 계층제가 존재하지 않는다고 하더라도 조직이 완전히 해체되고 무질서 상태에 빠지지 않는다는 사실을 인정하는 것이 계층제 중독을 극복하는 첫 단계라는 것이 그의 처방이다. 이를 위하여 조직과 계층제를 동일시하지 말고 조직과 계층제 각각의 본질을 정확하게 이해할 필요가 있다.[19]

먼저, 조직과 계층제의 본질을 생각해보자. 조직에서 필요한 것은 다양한 인적 자원과 물적 자원을 동원하고 관리하여 주어진 목적을 달성하는 것 즉, "수단과 목적의 조정coordination of ends and means"이지 계층제 그 자체가 아니다.[20] 계층제는 수단과 목적을 조정하는 다양한 제도적 수단 중의 하나일 뿐이다. 페어라우에 의하면, 수단과 목적을 조정하기 위해서는 일반적으로 체제system, 조직문화organizational culture, 리더십leadership, 그리고 권력power 등이 요구된다.

첫째, 조직은 조직 구성원을 잘 구조화할 수 있는 규칙을 마련하고 관리하여 예상하지 못한 상황에 안정적으로 대처할 수 있는 체제를 필요로 한다. 이러한 체제의 대표적인 형태가 바로 치밀한 표준운영절차를 갖춘 관료제, 또는 계층제라고 할 수 있다. 그러나 이러한 체제는 계층제적 지시에 의해 작동하는 '강압적인 체제enforcing system'로 계층제적 지시의 한계와 부작용으로부터 자유로울 수 없다는 본질적인 한계를 갖는다. 그러므로 계층제적 지시의 한계를 극복하기 위해서 자율적인 의사소통을 체계화하여 실수를 줄일 수 있는 자발적 조정이 가능한 소위 "가능하게 하는 체제enabling system"라는 새로운 체제 대안을 고려할 필요가 있다.[21]

둘째, 조직은 조직 구성원을 하나로 묶을 수 있는 조직문화를 필요로 한다. 체제와 마찬가지로 공유된 조직문화 또한 조직 구성원 사이의 원활한 의사소통을 가능하게 한다. 공유된 조직문화의 경우도 강압적인 성격을 갖는 조직문화가 있을 수 있고 원활한 의사소통을 가능하게 하는 조직문화도 있을 수 있다. 앞서 살펴본 바와 같이, 계층제적 지시에서 나타나는 정보문제와 동기문제를 극복하기 위한 공식적인 제도적 장치가 현실에서는 존재하지 않는다. 이러한 사실을 감안한다면 수단과 목적을 성공적으로 조정하여 조직의 목표를 달성하기 위해서는 서로 생각과 의견을 공유하고 신뢰하는 협력적 조직문화가 요구된다고 할 수 있다.

셋째, 조직은 조직 외부 환경 변화를 인식하고 이를 바탕으로 조직 구성원에게 비전을 제시하고, 조직 구성원을 설득하여 조직목표 달성을 가능하게 하는 리더십을 필요로 한다. 어떤 조직에서도 강력한 리더십의 존재는 매우 중요하다. 그러나 강력한 리더십은 공식적 지위나 권위에 근거하지 않는다. 공식적 지위나 권위가 없어도 비전, 전문성, 겸손, 자부심 등을 갖춘 리더는 조직 구성원들을 설득하고 조직을 이끄는 강력한 리더십을 발휘할 수 있다.

넷째, 조직은 실제 과업을 수행하기 위하여 요구되는 적극적 조정과 소극적 조정을 수행하기 위한 권력을 필요로 한다. 가장 전통적인 권력의 근원은 물리력이다. 민주주의 국가에서 정부는 민주적 절차에 의해서 물리력을 사용할 수 있는 권한을 독점적으로 보유하고 있으며, 대부분의 조직은 공식적으로 인정되는 계층제적 지시를 통하여 적극적 조정과 소극적 조정을 할 수 있는 권력을 갖는다. 그러나 현대 사회에서 권력은 전문성과 경험 등 비공식적 근원으로부터 나올 수 있고, 비공식적 근원을 갖는 비강제적 권력에 의해서도 적극적 조정과 소극적 조정이 가능하다.

요컨대, 과업을 수행하기 위하여 조직이 필요로 하는 것은 계층제가 아니라, 과업수행을 위해서 수단과 목적을 조정하는 것이다. 그리고 조직이 수단과 목적을 조정하기 위해 필요한 것은 계층제가 아니라, (i) 체제(강압적인 체제뿐만 아니라 가능하게 하는 체제), (ii) 조직문화(강압적인 조직문화뿐만 아니라 신뢰를 구축할 수 있는 조직문화), (iii) 리더십(공식적인 지위에 의존하는 리더십뿐만 아니라 비전, 전문성, 겸손, 자부심을 갖춘 리더십) 그리고 (iv) 권력(공식적인 권력뿐만 아니라 비공식적인 권력)인 것이다. 계층제는 이러한 기능을 수행하고 적극적 조정과 소극적 조정을 가능하게 하는 한 가지 방법일 뿐이다.

3) 계층제적 지시 영향력 아래의 자기 조정

계층제 중독 현상으로 우리는 조직이 계층제와 동의어이며, 계층제가 존재하지 않으면 조직은 혼돈에 빠지게 된다고 생각하기 쉽다. 또한 동일한 이유로 사회문제 해결은 계층제적 지시와 동의어이며 계층제적 지시를 통한 사회적 조정이 이루어지지 않으면 사회문제는 해결될 수 없다고 생각하기 쉽다. 그러나 계층제와 조직, 그리고 계층제적 지시와 사회문제 해결은 동의어가 아니다. 계층제 중독을 극복하고 조직 내부관리와 사회문제 해결의 효율적 대안을 탐색하기 위하여 계층제와 계층제적 지시는 조직을 관리하고 사회문제를 해결하는 다양한 방법 중 하나에 불과하다는 균형 잡힌 평가가 요구된다.

이러한 계층제 중독 현상에도 불구하고 조직 내부관리와 사회문제 해결에서는 실제로 이미 다양한 방법이 사용되고 있다.[22] 일반적으로 계층제 형태를 갖춘 조직 내에서 이루어지는 모든 조정은 계층제적 권위에 근거하는 조정, 즉 계층제적 지시라고 생각하기 쉽다. 그러나 조직구조로서의 계층제와 계층제적 지시는 다르다.[23] 실제로는 계층제 조직 내부에서도 많은 조정이 계층제적 권위에 의존하지 않는 '자기 조정self-coordination'에 의해 이루어지는 경우가 많다. 고도의 복잡성과 다양한 갈등에도 불구하고 실제로 많은 계층제 조직 내에서 대화나 자기 조정에 의한 문제 해결이 일반적인 예상보다 훨씬 더 많이 나타난다. 오히려 계층제적 명령과 권위에 의존하는 조정이 상대적으로 더 적게 이루어지는 것이 현실이며, 이러한 경향이 더 바람직하다고도 할 수 있다.[24]

물론, 비계층제적이고 수평적인 자기 조정의 높은 효과성은 계층제적 권위의 존재 여부에 의해 좌우되는 경우가 많다. 문제 해결에 필요한 조정이 계층제 상부조직에 의해 주도되고 승인되어야 한다는 사실만으로도 계층제적 권위에 근거하는 통제 없이도 긍정적 자기 조정이 크게 촉진될 수 있다. 또한, 갈등이 해결되지 않은 채 개인이나 집단이 일방적으로 추진하는 과제나 정책은 계층제상의 상관 또는 상부조직에 의해 받아들여지지 않을 것이라는 예상만으로도 부정적 자기 조정의 효과성은 크게 높아진다.

이러한 현상을 샤프는 "계층제적 지시 영향력 아래의 자기 조정self-coordination in the shadow of hierarchy"이라고 부른다.[25] 여기에서 주목할 점은 계층제 조직 내에서의 자기 조정이 가능하고 또한 바람직할 수 있다는 논리가 정부와 민간부문 간의 계층제적 통제 관계에도 동일하게 적용될 수 있다는 사실이다. 현대사회에서 정부의 계층제적 통제를 통한 일방적인 조정이나 사회문제 해결의 상당 부분이 이미 정부와 민간부문 사이의 비공식적 협상이나 합의에 의해 대체되고 있다.

정부와 민간부문 사이에서 나타나는 협상이나 자기조정 또한 많은 경우 계층제적 지시 영향력 아래의 자기 조정에 해당하는 것으로, 정부정책의 영향력 하에서 이루어지는 자기 조정이라 할 수 있다. 그러나 계층제적 지시가 존재하지 않는, 또는 성공적으로 작동하지 않는 상황에서도 자기 조정은 이루어져왔다. 어쩌면 자기 조정이 급박하게 필요한 경우의 대부분은 계층제적 권위에 근거하는 통제가 불가능한 계층제 조직의 범위를 초월하는 공공부분의 문제이거나, 공공부문과 민간부문을 모두 포함하는 문제이거나 또는 국가 간의 문제일지 모른다. 이러한 경우에도 계층제적 통제나 강제에 의존하지 않는 자기 조정이 성공적으로 이루어진 경우가 많았다. 특히 국가 간의 자기 조정이 필요한 상황에서는 더욱 그래왔던 것이다.

이러한 사례는 계층제적 권위에 전혀 의존하지 않는 자기 조정을 통한 사회적 조정이 가능하다는 것을 의미한다고 할 수 있다. 그리고 이와 같은 사실이 어쩌면 빈센트 오스트롬이 말하는 코페르니쿠스적 사고의 전환의 출발점인지 모른다. 이러한 관점에서 볼 때, 수많은 정부실패에도 불구하고 정부의 계층제적 권위에 의존하는 계층제적 지시만이 사회문제를 해결하는 유일한 대안이라는 전제하에 다양한 형태의 정부개혁을 통하여 정부실패를 극복하려 노력하였던 것이 바로 주류 행정학의 한계라고 할 수 있다.

계층제 조직과 중앙집권적 통제를 맹목적으로 신봉하는 주류 행정학의 한계 또는 사회과학의 한계는 행정학에만 국한된 것이 아니다. 앞서 살펴본 바와 같이 민간부문의 대표적인 조직인 기업의 조직과 경영에서도 계층제와 질서를 무비판적으로 동일시하는 계층제 중독 현상을 발견할 수 있다. 관료제 패러다임의 암묵적 기본가정인 조직 내부관리 원리로서의 계층제 중독 현상과 사회적 조정 양식으로서의 계층제적 지시 중독 현상을 극복하기 위해서 우리는 계층제적 지시를 포함하는 다양한 사회적 조정 양식에 대한 '균형 잡힌 평가'를 내릴 필요가 있다.[26]

5. 정부실패와 코페르니쿠스적 사고의 전환

주류 행정학의 이론적 처방인 계층제적 지시에 근거한 현대 정부의 비효율성과 낮은 생산성 그리고 부정부패 등의 문제는 매우 심각한 수준이다. 그러나 이러한 정부실패를 극복하기 위한 처방은 여전히 주류 행정학의 이론에 근거하고 있다. 마인츠Mayntz에 의하면 일반적으로 정부실패의 원인 분석은 정보문제, 집행문제, 동기문제, 그리고 거버넌스문제 등 네 가지 단계로 순차적으로 이루어지는데, 주류 행정학은 마지막 단계인 거버넌스문제에 관심이 없기 때문에 정부실패가 적절하게 극복되지 못한다고 한다.[27]

정부실패가 나타나는 경우 가장 먼저 이루어지는 것은 정부정책이 사회문제의 원인과 결과에 대한 충분한 정보를 확보하지 못해서 정부실패가 나타난 것이 아닌가(즉, 정보문제)를 분석하는 것이다. 정보문제가 존재하지 않는 것으로 확인되면 다음 단계로 집행 과정에서 정부가 정책목표와 정책가치를 적절하게 강제하지 못하였기 때문에 정부실패가 나타나지 않았는지(즉, 집행문제)를 분석한다. 이 과정에서 정부실패가 나타나지 않은 것으로 확인되는 경우에는, 정책대상 집단이 정부정책에 순응하지 않아 정부실패가 나타나지 않았는지(즉, 동기문제)를 분석한다. 그리고 만일 이 과정에서도 문제가 존재하지 않는 것으로 나타난다면, 정부의 중앙집권적 명령에 의한 사회문제 해결 자체의 문제 때문에 정부실패가 나타나지 않았는지(즉, 거버넌스문제)를 분석한다.

마인츠의 설명에 의하면, 통일된 명령이 가능한 단일 권력중추를 갖춘 하나의 정부에 의한 사회문제 해결이 최선이라는 가정에 근거하는 주류 행정학은 동기문제 단계 이상의 정부실패 원인 분석을 하지 못한다. 이것이 정부의 중앙집권적 명령이 사회문제 해결의 유일한 방법이라는 암묵적인 가정에 근거하는 주류 행정학의 근본적인 한계이다. 주류 행정학의 근본적인 한계를 극복하고, 정부실패의 원인을 파악하여 대안을 제시하기 위해서는 거버넌스문제에 대한 질문과 분석이 필요하다. 중앙집권적 정부가 주류 행정학이 처방하는 전통적 도구를 활용하여 사회문제를 해결하고 정책목표를 달성하는 것이 근본적으로 불가능해서 정부실패가 나타난 것이 아닌지에 대한 보다 근본적인 문제제기가 요구된다.

주류 행정학의 한계를 극복할 수 있는 코페르니쿠스적 사고의 전환이 필요하다는 빈센트 오스트롬의 주장은 지금도 여전히 유효하다. 정부실패뿐만 아니라 사회문제 해결 과정의 실패를 극복하고 사회문제 해결의 사회 전체 수준의 효율성을 제고하기 위한 노력이 필요하다. 특히, 샤프가 강조하는 것처럼 정부실패의 원인이 계층제적 지시의 본질적인 한계인 정보문제와 동기문제인 경우, 거버넌스문제에 대한 분석에 근거한 새로운 대안 없이 정부실패를 극복하는 것은 불가능하다.

정부가 사회문제 해결에 필요한 지식과 정보를 확보하지 못하였거나 또는 공익 이외의 사적 이해관계에 관심을 갖는 경우, 집행 과정에서 정책목표와 정책가치 자체의 적절성을 알 수 없으며, 따라서 이러한 목표와 가치를 아무리 적절하게 강제한다고 하더라도 정부실패를 피할 수 없다. 정책대상 집단이 정부의 정책에 순응하지 않는 경우도 마찬가지이다. 계층제적 지시의 성공조건이 충족되지 않은 경우 정책대상 집단의 순응 또한 정부실패를 막을 수 없다.

결론적으로, 계층제적 지시의 성공조건과 계층제적 지시를 통한 사회문제 해결 가능성에 대한 균형 잡힌 관심이 요구된다. 계층제적 지시만이 유일한 사회문제 해결책이라는 고정관념, 그리고 계층제적 지시의 성공조건에 대한 무관심을 극복하기 위한 사고의 대전환이 필요하다.

계층제적 지시의 성공조건이 충족되지 않고 계층제적 지시를 통한 사회적 조정의 부작용이 심각한 경우, 계층제적 지시의 불가피성을 무비판적으로 당연한 것으로 받아들이고 계층제적 지시의 부작용을 보완하는 대안만을 탐색하는 것은 적절하지 않다. 이러한 경우 필요한 것은 계층제적 지시의 조건과 본질적 한계에 대한 '균형 잡힌 평가'를 통하여 과감하게 주류 행정학의 기본가정을 부정하고 계층제적 권위에 의존하지 않는 새로운 대안적 사회적 조정 양식을 전향적으로 탐색하기 위한 적극적인 관심과 노력이다.

그러나 어쩌면 우리는 여전히 계층제적 지시를 너무나 당연하고 불가피한 사회적 조정 양식으로 받아들이고 있고, 계층제적 지시의 본질과 한계를 정확하게 이해하지 못하고 있으며, 그 결과 새로운 사회적 조정 양식의 대안을 탐색하는 데 실패하고 있는지 모른다. 이러한 문제의식에 근거하여, 다음 장에서는 최근 들어 사회문제를 해결하는 새로운 대안으로 평가받아왔던 대표적인 이론인 좋은 거버넌스 good governance와 신공공관리론New Public Management의 '새로운 이론 으로서의 차별성'을 살펴보기로 한다.

미주

1) 월리스Wallace는 유명한 고전 행정학 "정설의 절정기high noon of orthodoxy"라는 표현 으로 당시 행정학의 자신감을 표현하고 있다. Wallace Sayer, "Premises of Public Administration: Past and Emerging," *Public Administration Review*, 18(1958): 102-105, p.103.

2) Vincent Ostrom, *Intellectual Crisis of American Public Administration*, (Tuscaloosa, AL: University of Alabama Press, 1974): pp.3-41.

3) 여기에서 정글짐은 놀이터에서 흔히 볼 수 있는 '상자사다리'를 말하고, 지주회사는 상법에서 말하는 '다른 회사 주식을 소유하고 경영활동을 지배하는 것을 주된 사업 으로 하는 회사'를 말한다. 귤릭은 정부조직이 (i) 상당한 정도의 자율권을 갖는 다 양한 정부기구와 정부조직으로 구성된 (상자사다리처럼) 수평적인 구조를 가지며, (ii) 중앙정부는 (지주회사처럼) 하부 정부조직을 느슨하게 통제하고 관리하는 역할을 한 다고 설명한다.

4) Vincent Ostrom, *Intellectual Crisis of American Public Administration*, pp.33-41.

5) 앞의 책.

6) 빈센트 오스트롬은 단일중심성monocentricity을 강조하는 주류 행정학 이론을 비판하 면서, 중복된 관할권overlapping jurisdiction과 분절화fragmentation로 특징 지워지는 다중 심체제polycentricity 또는 지방공공경제local public economy체제를 통한 민주적이고 효 율적인 행정 서비스 제공을 강조하는 민주행정이론을 제시하였다. 자세한 내용은 Vincent Ostrom, *Intellectual Crisis of American Public Administration* 참조할 것.

7) 여기서 말하고 있는 계층제적 지시는 제5장에서 설명되는 세 가지 사회적 조정 양 식의 하나인 계층제 거버넌스이다. 자세한 내용은 제5장 참조할 것.

8) 앞의 책. 참고로, 빈센트 오스트롬은 주류 행정학의 특징을 행정학 형성 단계의 윌슨

의 행정이론의 중요성과 영향력을 강조하면서 윌슨 패러다임Wilsonian paradigm이라고
부른다. 그러나 여기에서는 윌슨 패러다임과 기본적인 가정을 공유하지만 이후의
이론적 변화를 포함하는 주류 행정학의 특징을 강조하기 위하여 '관료제 패러다임'
이라는 용어를 사용한다.

9) 사회적 조정의 정의와 유형에 대한 보다 상세한 설명은 이 책의 제5장 참조할 것.

10) 자세한 내용은 Fritz Scharpf, *Games Real Actors Play: Actor-centered
Institutionalism in Policy Research*, (Westview Press, 1997), 제8장 참조할 것.

11) 앞의 책, pp.147-151.

12) 앞의 책, pp.147-151.

13) 앞의 책, pp.173-174.

14) 앞의 책, p.174.

15) 대리인 관계는 주인이 대리인에게 재량권을 주고 주인을 위하여 대신 일하게 하
는 관계를 말한다. 이와 같은 대리인 관계에서는 흔히 (i) 대리인의 능력과 성실성
을 주인이 알 수 없어 대리인을 잘못 선택하게 되는 역선택adverse selection 문제, (ii)
대리인이 주인을 위하여 최선을 다하지 않는 문제, 즉 도덕적 해이moral hazard 문
제, (iii) 대리인이 최선을 다하고 있는지를 주인이 알 수 없는 정보비대칭information
asymmetry 문제 등이 나타나게 된다. 그러므로 유능한 대리인을 선발하여 주인을 위
해 최선을 다하게 관리하는 것은 매우 어렵다. 이러한 문제를 '대리인 문제'라고 한
다. 복復대리인 관계란 국민이 주인이고 정치적 대표들이 국민의 대리인인 동시
에, 정치적 대표들이 주인이고 정부관료가 정치적 대표들의 대리인인 관계, 즉 대
리인 관계가 중복되는 관계를 의미한다. 이와 같은 복대리인 관계에서 정부가 국민
을 위해 사회문제를 해결할 수 있도록 통제하고 정치적 책임성을 확보하는 것은 매
우 어렵다. 자세한 내용은 Fritz Scharpf, *Games Real Actors Play: Actor-centered
Institutionalism in Policy Research* 참조할 것.

16) 현대 대표민주주의 사회에서 어떤 정치체계도 정부가 국민의 요구를 완벽하게 반영
하는 대리인으로 작동하도록 정치적 책임성을 확보할 수는 없다. 자세한 내용은 앞
의 책 8장 참조할 것.

17) Gerad Fairtlough, *The Three Ways of Getting Things Done: Hierarchy,
Heterarchy and Responsible Autonomy in Organization*, (Triarchy Press Ltd,
2007).

18) 페어라우 스스로도 조직 관리에서뿐만 아니라 다양한 분야에서 계층제 중독 현상이
나타난다는 사실을 지적하고 있다.

19) 또한, 동일한 맥락에서 사회문제 해결과 계층제적 지시 역시 동일시하지 말고 각각의 본질을 정확하게 이해할 필요가 있다.

20) 앞의 책, p.19.

21) 앞의 책, pp.20-21.

22) 페어라우는 조직이 과업을 수행하는 방법으로 계층제 이외에 복합조직heterarchy과 책임 있는 자율responsible autonomy을 제시하고 있다. 자세한 내용은 앞의 책 제3장 참조할 것.

23) 앞의 책, p.149.

24) 앞의 책, p.148.

25) Fritzs Scharpf, "Games Real Actors Could Play: Positive and Negative Coordination in Embedded Negotiations," *Journal of Theoretical Politics*, 6 : 1(1994): 27-53, p.37.

26) 조직 내부의 관리 또한 사회문제의 하나라고 할 수 있다. 이러한 관점에서 본다면, 조직 원리로서의 계층제 중독 현상은 넓은 의미의 사회적 조정 양식으로서의 계층제적 지시 중독 현상에 포함된다고도 할 수 있다.

27) Renate Mayntz, "Governing Failures and the Problems of Governability: Some Comments on a Theoretical Paradigm," in Jan Kooiman, (ed.) *Modern Governance: New Government-society Interactions*, (Sage, 1993): 9-20.

제3장

좋은 거버넌스와 신공공관리론: 새로운 이론?

인류 역사상 좋은 거버넌스를 먼저 성취한 후 고도의 경제성장을 이룩한 국가의 사례를 찾는 것은 불가능하다.

– 무스타크 칸Mushtag H. Kahn,
　"부패, 거버넌스 그리고 경제발전"에서

미국 연방정부는 나쁜 체제의 함정에 빠져 있는 훌륭한 사람들로 가득 차 있다. … [훌륭한] 사람들을 비난하고 통제를 강화할수록 체제는 더욱 악화된다.

– 앨 고어Al Gore, 《문서주의에서 결과로: 일 잘하고 효율적인 정부 만들기》에서

1. 좋은 거버넌스: 새로운 행정학 이론?

1) 좋은 거버넌스의 정의

거버넌스 개념 중 어쩌면 전 세계적으로 가장 널리 알려진 개념은 '좋은 거버넌스good governance'일지 모른다. 학자들에 의해서가 아니라 세계은행World Bank이나 국제통화기금IMF, 그리고 국제연합UN 등 국제기구에 의해 널리 알려지게 된 좋은 거버넌스라는 개념은 흔히 '거버넌스의 바람직한 형태' 정도의 의미로 이해된다.[1] 그렇다면 여기에서 거버넌스의 의미는 무엇일까? 좋은 거버넌스는 '무엇'의 바람직한 형태인 것일까? 전통적인 주류 행정학 관료제 패러다임의 처방에 따라 관리되고 작동되는 정부를 대체하는 대안 중 '좋은 대안'을 의미하는 것일까? 아니면 여전히 전통적인 주류 행정학의 관료제 패러다임의 처방에 따라 관리되고 작동되는 '좋은' 정부를 의미하는 것일까?

일반적으로 거버넌스는 정부government 이상의 그 무엇인가를 의미하는 개념으로 이해된다. 정부뿐만 아니라 다양한 사회 구성원들의 협력에 의한 사회문제 해결 과정을 강조하는 개념인 거버넌스에서는 정부뿐만 아니라 정부를 둘러싸고 있는 정치제도 전반이 강조된다. 예를 들어, 세계은행은 거버넌스를 "국민들이 통치되고, 국가의 사무가 관리되고 규제되는 방법을 의미하며 … 따라서 정부의 범위를 초월하여 정치적 차원까지 포함하는 것"으로 정의한다.[2]

거버넌스를 이렇게 정의할 때, 좋은 거버넌스에서 말하는 거버넌스는 전통적 행정학의 관료제 패러다임이 말하는 '좋은 행정' 또는 '좋은 정부'와의 차별성을 특별히 강조하지 않는다. 좋은 거버넌스에서 말하는 거버넌스는 국가의 공공사를 관리하기 위하여 정치적 권력이 적절하게 제도화되고, 관리되고, 사용되는 것을 의미한다.[3] 따라서 좋은 거버넌스는 "효과적이고, 정직하고, 투명하고, 책임감 있는 정부에 의한 국가권력의 적절한 사용"이라고 정의될 수 있다.[4]

이렇게 정의되는 좋은 거버넌스의 개념을 좀 더 자세히 살펴보면 다음과 같다. 먼저, 캐나다국제개발기구Canadian International Development Agency에 의하면, 좋은 거버넌스는 (i) 건전한 경제정책과 사회정책을 개발하여 집행하고, (ii) 강력한 관리 능력을 가진 공공부문이 존재하고, (iii) 신뢰할 수 있고 독립적인 사법부를 갖춘 건전하고 예측가능한 법체계가 존재하고, (iv) 효과적인 부패통제 장치가 작동하며 공공부문 부패 수준이 낮고, (v) 재정적 책임성과 투명성을 확보할 수 있는 적절한 도구를 갖추고 있어 재정적 성실성과 책임성이 높고, (vi) 군부가 민간부문에서 적절한 역할을 담당하고 군비 수준이 적절한 것을 의미한다.[5]

또한 OECD는 (i) 공직자의 기술적·관리적 능력, (ii) 공공부문의 조직적 역량, (iii) 신뢰성과 예측가능성을 갖춘 법에 의한 지배, (iv) 책임성, (v) 투명성과 정보공개, 그리고 (vi) 참여 등을 좋은 거버넌스의 특징으로 들고 있다. 한편, 비슷한 맥락에서 UNDP는 (i) 참여, (ii) 법에 의한 지배, (iii) 투명성, (iv) 대응성, (v) 합의지향성, (vi) 형평성, (vii) 효과성과 능률성, (viii) 책임성, 그리고 (ix) 전략적 비전 등을 좋은 거버넌스의 특징으로 제시하고 있다.

좋은 거버넌스의 본질을 보다 구체적으로 이해하기 위해서 좋은 거버넌스를 측정하는 점수라고 할 수 있는 '좋은 거버넌스 지수good governance index'를 산출하는 데 사용된 세부 지표들을 살펴보면 다음과 같다. 일반적으로 가장 널리 알려진 좋은 거버넌스 지수인 세계은행의 국제거버넌스지수WGI: Worldwide Governance Indicators는 (i) 참여와 책임성voice and accountability, (ii) 정치적 안정과 비폭력성political stability and absence of violence, (iii) 정부 효과성government effectiveness, (iv) 규제 품질regulatory quality, (v) 법에 의한 지배rule of law, 그리고 (vi) 부패통제control of corruption 등의 6가지 범주로 구성된다.[6]

이러한 6가지 범주 세부 지수의 산출에 사용되는 구체적인 변수는 다음과 같다.

첫째, 참여와 책임성은 (i) 국민의 정부구성과 대표선출 참여 가능성, (ii) 의사표현과 집회의 자유 보장 여부, 그리고 (iii) 언론의 자유 보장 여부 등의 세부 지수로 구성된다. 이 세부 지수의 측정에는 민주주의, 인권, 군부 영향력, 자유롭고 공정한 선거, 정보공개 등과 관련된 변수가 활용된다.

둘째, 정치적 안정과 비폭력성은 (i) 정치 불안 가능성과 (ii) 테러

등 정치적 폭력 발생 가능성 등의 세부 지수로 구성된다. 이 세부 지수의 측정에는 폭동과 내전, 민주제도의 안정성, 정치적·사회적 통합, 사회불안, 국내외 여행 제한, 정치참여의 자유, 인종·정치·종교적 이유로 인한 구금 등과 관련된 변수가 활용된다.

셋째, 정부 효과성은 (i) 공공서비스의 품질, (ii) 공무원의 역량 및 정치적 중립성, (iii) 정책 형성과 집행의 품질, (iv) 정부정책 신뢰도 등의 세부 지수로 구성된다. 이 세부 지수의 측정에는 행정의 품질, 예산 및 재정 관리의 품질, 징세 및 재원 동원의 효율성, 공공서비스 만족도, 통신·전력·교통문제로 인한 기업활동 장애, 합의 형성, 관료제 품질, 정부실패 등과 관련된 변수가 활용된다.

넷째, 규제품질은 민간부문의 발전을 촉진할 수 있는 건전한 정책을 수립하고 집행할 수 있는 정부의 역량을 측정하는 지수이다. 이 세부 지수의 측정에는 통상정책, 기업규제 환경, 노동·조세·관세 및 통상정책으로 인한 기업활동 장애, 규제 부담, 세금 비일관성, 경쟁 등과 관련된 변수가 활용된다.

다섯째, 법에 의한 지배는 (i) 사회의 법률 준수 여부에 대한 신뢰, (ii) 계약 집행, 재산권, 경찰·법원의 역량, (iii) 범죄와 폭력 발생 가능성 등의 세부 지수로 구성된다. 이 세부 지수의 측정에는 소유권 및 법에 근거한 통제, 범죄 우려, 범죄피해, 법원신뢰도, 경찰신뢰도, 사법부의 공정성·실효성·신속성, 범죄·사법부로 인한 기업활동 장애, 법에 의한 지배 등과 관련된 변수가 활용된다.

여섯째, 부패통제는 (i) 사적 이익을 위한 정부권력 사용 가능성, (ii) 엘리트와 사적 이해관계에 의한 국가 포획 가능성 등의 세부 지수로 구성된다. 이 세부 지수의 측정에는 투명성 및 부패 정도, 정치인·사법부·공무원·세관·국경관리 부패도, 뇌물관행 빈도, 공무원·사법부 뇌물 규모, 부패로 인한 기업활동 장애, 반부패 정책 등과 관련된 변수가 활용된다.

이상의 내용을 종합하면, 좋은 거버넌스는 (i) 군부독재와 정치폭력이 존재하지 않는 정치적 안정성, (ii) 법에 의한 지배와 사법부의 독립 등이 보장되는 민주주의 체제, (iii) 공무원과 정부조직의 기술적·관리적 역량, (iv) 부패를 방지하고 투명성과 청렴성을 확보할 수 있는 제도적 장치, 그리고 (v) 시장친화적이고 적절한 수준의 규제 등을 갖춘 상태라고 할 수 있다.

2) 좋은 거버넌스의 본질: 좋은 계층제적 지시와 신자유주의

이렇게 정의되고 측정되는 좋은 거버넌스는 후진국이나 개발도상국의 국가발전과 정부개혁의 방향을 제시하는 역할을 수행할 수 있을 것으로 기대된다. 특히, 후진국의 민주화와 국가 형성 수준을 평가하는 중요한 기준을 제공할 수 있다. 실제로 많은 사람들이 위에서 열거된 목표를 달성하는 것이 정부나 행정을 개혁하는 '좋은 방법'이라고 생각한다. 그러나 좋은 거버넌스는 좋은 행정을 구현하고 사회문제를 보다 효율적으로 해결하는 차별화된 처방을 제시하는 '새로운 이론'이라고 하기에는 부적절하다.

좋은 거버넌스는 민주주의가 정착된 국가에서 이루어지는 '전통적 행정학이 말하는 좋은 행정'을 의미한다. 좋은 거버넌스에서 강조하는 정치적 안정성, 법에 의한 지배, 사법부의 독립 등은 민주주의가 정착되기 위한 조건이다. 그리고 공무원과 정부조직의 기술적·관리적 역량이 확보되는 것은 전통적 행정학의 관료제 패러다임에서 말하는 좋은 행정의 조건이다. 좋은 거버넌스는 또한 투명성과 청렴성을 확보할 수 있는 장치와 부패를 막을 수 있는 제도적인 장치에도 관심을 갖는다. 즉, 좋은 거버넌스는 전통적 행정학에서 말하는 좋은 행정을 강조하면서, 동시에 역량을 갖춘 행정부뿐만 아니라 사법부의 독립과 법에 의한 지배가 확보되어 행정부에 대해서 책임을 물을 수 있고 정부의 부패를 막을 수 있는 제도적 장치가 갖추어진 정부를 말한다.

한편, 좋은 거버넌스의 또 하나의 중요한 요소인 시장친화적이고 적절한 수준의 규제를 강조하는 경제정책은 다분히 신자유주의적 편향을 가지는 처방으로 논란의 여지가 있다. 좋은 거버넌스는 (i) 경제에 대한 정부의 제한적인 간섭, (ii) 시장 가격왜곡의 최소화, 그리고 (iii) 적극적인 수출장려정책 등이 빠른 경제성장을 가져올 수 있는 경제정책이라고 주장한다.[7] 따라서 산업에 대한 정부지원, 최저임금규제, 그리고 가격통제 등은 경제성장을 가로막는 걸림돌이 된다는 것이 좋은 거버넌스의 처방이다.

이러한 신자유주의적 경제정책은 어느 정도 이상 성숙된 시장경제를 가진 국가에서는 유용한 정책일 수 있다. 하지만 민간부문이 낙후된 후진국이나 개발도상국의 경우에는 정부주도적인 경제개발정책이 오히려 경제발전에 더 적합한 수단일 수 있다. 한국을 포함하는 아시아 국가들이 시장친화적 경제정책 때문에 경제발전을 이룰 수 있었다는 것이 대부분 국제기구들의 주장이다. 그러나 이러한 주장은 오류라는 견해가 있다. 아시아 국가의 경우, 특히 성공적인 경제성장을 달성한 한국의 경우에도 경제정책이 시장친화적이었다고 하기는

어려우며, 오히려 강력한 정부주도의 경제발전계획에 의해 경제성장이 이루어졌다는 것이다.[8]

특히, 좋은 거버넌스라는 개념이 학계가 아니라 주로 세계은행이나 국제통화기금과 같은 국제기구와 선진국들의 해외원조기관을 중심으로 사용되고 있다는 점을 고려한다면 좋은 거버넌스가 갖고 있는 신자유주의적 편향의 문제는 더욱 심각하다고 할 수 있다. 좋은 거버넌스를 원조 제공의 조건으로 사용하는 국제기구들이 대부분 선진국에 의해 주도되고 있으며, 따라서 신자유주의적 경제정책이라는 좋은 거버넌스의 처방은 원조 대상국이 아니라 오히려 국제기구를 장악하고 있는 선진국의 국익을 위한 처방일 수 있기 때문이다.[9]

이러한 관점에서 볼 때, 좋은 거버넌스는 전통적 행정학과 차별화되는 새로운 이론이라고 하기 어렵다. 전통적 행정학이 공무원과 정부조직의 역량에만 관심을 가졌던 것과 달리, 행정을 둘러싸고 있는 정치적인 환경과 제도 등에까지 관심을 넓혔다는 점에서 좋은 거버넌스는 전통적 행정정학과 어느 정도 차별화될 수 있다. 그러나 법에 의한 지배나 사법부의 독립 등이 보장되는 민주주의 체제를 주장하는 것은 새로운 이론적 주장이라고 할 수 없다. 좋은 거버넌스에서 강조하고 있는 것은 '새로운 사회문제 해결 방법'이 아니라 '민주적인 통제가 가능한 유능한 정부의 계층제적 지시에 의한 시장친화적이고 신자유주의적인 방식의 사회문제 해결'이다.

3) 신新발전행정론?

좋은 거버넌스의 이론적 차별성보다 더 논란의 여지가 있는 것은 어쩌면 좋은 거버넌스의 출현 배경 또는 좋은 거버넌스의 기본 목적인지 모른다. 좋은 거버넌스 이론의 주된 관심은 한마디로 '경제원조의 생산성 극대화'라고 할 수 있다.[10] 다시 말해서, 좋은 거버넌스는 경제원조를 받는 후진국 또는 개발도상국의 경제발전에 필요한 조건을 탐색하는 것을 주된 목적으로 한다. 이런 이유로 좋은 거버넌스는 신발전행정론이라는 비판을 받기도 한다.[11] 앞서 살펴본 바와 같이, 좋은 거버넌스는 개발도상국이나 후진국에 원조나 대출을 제공하는 국제기구에 의해서 주도적으로 도입되고 사용되어 왔다. 즉, 대출이나 원조를 받은 국가들이 어떤 조건을 충족하는 경우 성공적으로 경제발전을 이룰 수 있는지가 좋은 거버넌스의 핵심적인 관심사였던 것이다.

좋은 거버넌스 지수 점수와 경제발전 사이에 강력한 인과관계가 존재한다는 것이 좋은 거버넌스의 핵심적인 가정이다. 좋은 거버넌스가 갖추어지면 경제발전이 이루어질 수 있다는 것이다. 법에 의한 지배와 사법부의 독립 등이 보장되는 민주주의 체제, 공무원과 정부조직의 역량, 부패를 방지하고 투명성과 청렴성을 확보할 수 있는 제도적 장치 등이 갖추어지면 국가의 정치가 발전하고, 이러한 정치 발전이 경제발전으로 이어진다는 것이 좋은 거버넌스의 핵심 주장이다. 이와 같은 주장은 어쩌면 '상식적인 수준'의 주장으로, 새로운 주장이라고는 할 수 없을지 몰라도 큰 문제가 없는 주장일 수 있다.[12]

그러나 세계은행 등 국제기구가 주장하는 좋은 거버넌스와 경제발전의 인과관계 자체가 존재하지 않는다는 견해도 있다.[13] 아프리카 경제발전을 연구하는 런던대학의 경제학자 무스타크 칸Mustaq Kahn은 좋은 거버넌스와 경제발전의 관계에 대한 세계은행의 이론을 정면으로 비판한다. 좋은 거버넌스는 경제발전의 조건이 아니라, 오히려 경제발전이 좋은 거버넌스의 조건 또는 원인이라는 것이 그의 주장이다. 〈그림 3-1〉에서 보는 것처럼, 횡단면적인 통계자료를 사용하는 세계은행의 계량분석은 좋은 거버넌스를 X축으로 하고 경제발전을 Y축으로 하여 좋은 거버넌스와 경제발전 사이의 인과관계를 경험적으로 분석한다. 세계은행의 분석에 의하면, 두 변수 사이에는 통계적으로 유의한 정(+)의 상관관계가 존재한다. 즉, 좋은 거버넌스가 경제발전의 원인이 되는 인과관계가 존재한다는 것이다.

칸은 이 인과관계가 통계적 허구라고 주장한다. 그는 〈그림 3-1〉의 분석에 포함된 국가를 '그룹 1'(좋은 거버넌스 점수와 경제발전 점수가 모두

〈그림 3-1〉 좋은 거버넌스와 경제발전

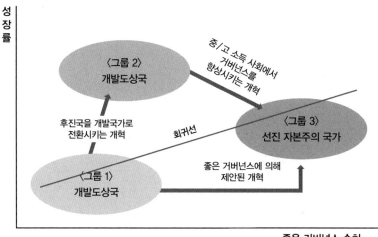

• 출처: Mushtag Kahn, "Corruption, Governance and Economic Development" in Jomo, K. S. and Ben Fine, (eds.) *The New Development Economics*, (Lonodn: Zed Press, 2004): 1–20; p.5.

낮은 국가), '그룹 2'(좋은 거버넌스 점수는 낮으나 경제발전 점수는 높은 국가), 그리고 '그룹 3'(좋은 거버넌스 점수와 경제발전 점수가 모두 높은 국가)으로 나누면서, 세계은행의 분석에서 주장하는 것처럼 '그룹 1'에서 '그룹 3'으로 발전한 국가는 역사상 존재하지 않는다고 설명한다. 즉, 좋은 거버넌스가 갖추어지지 않았고 동시에 경제발전도 이루지 못했던 국가가 좋은 거버넌스를 갖추게 되고 나서(즉, 법에 의한 지배, 사법부의 독립 등이 보장되는 민주주의 확립, 공무원 및 정부조직의 기술적·관리적 역량 구축, 부패 방지 등이 이루어지고 나서) 경제발전을 이룩한 사례는 역사적으로 찾아볼 수 없다는 것이다.

그는 역사적으로 볼 때 '그룹 1'에서 '그룹 2'로의 변화가 선행된다고 설명한다. 민주주의 정착 등과 같은 좋은 거버넌스로의 정치적 발전이 경제성장을 일으키는 원인이 아니라, 경제성장이 오히려 좋은 거버넌스로의 정치적 발전을 가져 오는 원인이라는 것이다. 이런 변화의 대표적인 사례가 한국과 중국이다. 두 국가의 경우 모두 정치적 민주화가 이루어지기 전에 경제발전이 선행되었다, 즉 '그룹 1'에서 '그룹 2'로의 변화가 먼저 이루어졌다는 것이 그의 설명이다.

한국의 경우 좋은 거버넌스를 갖추지 못한 상태에서 강력한 국가주도의 경제정책으로 경제성장이 이루어졌고, 경제성장이 이루어진 이후 정치적 민주화로 좋은 거버넌스를 갖추게 되었다. 또한 중국의 경우에도 마찬가지로 좋은 거버넌스와는 거리가 먼 공산주의 체제하에서 강력한 국가주도의 경제정책으로 경제성장이 이루어졌다. 중국의 경우 아직은 정치적 민주화나 좋은 거버넌스로의 변화가 한국에서만큼 나타나지는 않았지만, 이런 방향으로의 변화의 조짐이 서서히 나타나고 있으며, 장기적으로 이러한 변화가 이루어질 것이라고 예측

할 수 있다.

칸의 이러한 주장은 국제기구의 좋은 거버넌스 이론을 정면으로 반박한다. 예를 들어, 좋은 거버넌스 이론에 의하면 좋은 거버넌스에서 가장 중요한 요소 중의 하나는 부정부패에 대한 적절한 통제이다. 부정부패가 존재하면 정부가 제대로 작동할 수 없고 경제발전이 이루어 질 수 없다는 것이다. 그러나 칸은 국가의 사정에 따라 불가피한 부패를 인정해야 한다고 주장한다. 경제발전과 부패는 공존할 수 있고, 경우에 따라서는 부패가 경제발전을 위해서 필요할 수도 있다는 것이다.

이러한 주장은 다른 학자들 사이에서도 이미 제기된 적이 있는 것으로 새로운 주장이라고 할 수 없다. 후진국이나 개발도상국의 경우, 적절한 부정부패가 존재해야 능력 있는 관료를 유인할 수 있고 결과적으로 경제발전을 주도할 수 있는 정부의 역량이 제고될 수 있다는 주장이 있다.[14] 그러나 칸의 이론은 경제발전을 이끌 수 있는 '보편적으로 적용될 수 있는 좋은 거버넌스 단일 모형'이 존재한다는 좋은 거버넌스 이론에 대한 반론이라는 점에서 중요한 이론적·실천적인 의미를 갖는다.

요컨대, 좋은 거버넌스는 거버넌스를 후진국이나 개발도상국의 국가발전 조건으로 가정하고 연구한다는 점에서 신발전행정론에 해당한다고 할 수 있다. 그러나 좋은 거버넌스의 처방이 과연 후진국과 개발도상국의 경제발전에 실질적인 도움이 될 수 있을지는 아직 불확실하다.

4) 좋은 거버넌스의 한계

이상에서 논의된 좋은 거버넌스 이론의 핵심을 정리하면 다음과 같다. (i) 좋은 거버넌스는 민주적 통제가 가능한 유능한 정부의 계층제적 지시에 의한 사회문제 해결을 강조한다. (ii) 좋은 거버넌스는 보편적인 성격을 가지며 따라서 모든 국가에서 좋은 거버넌스는 강한 구조적 유사성을 갖는다. (iii) 경제발전을 위한 최선의 정책은 시장친화적이고 신자유주의적인 경제정책이다. (iv) 따라서 좋은 거버넌스의 완성이 경제발전과 국가발전의 필수조건이다.

이와 같은 좋은 거버넌스 이론은 다음과 같은 한계를 갖는다.

첫째, 좋은 거버넌스는 지나치게 시장친화적이고 신자유주의적인 경제정책을 강조한다. 그러나 후진국이나 개발도상국가에서, 특히 신생국가에서 이와 같은 경제정책으로 경제발전이 이루어진 경험적 사례가 거의 존재하지 않는다.[15] 좋은 거버넌스 개념과 이론을 주도적으로 사용하는 주체가 선진국과 선진국이 주도하는 국제기구라는 점을 고려할 때, 이와 같은 이념적 편향은 선진국의 이해관계와 맞물려 있다는 의구심조차 갖게 한다.

둘째, 좋은 거버넌스는 '후진국용' 이론이라는 한계를 갖는다. 예를 들어, 좋은 거버넌스 지수 중 참여라는 하위 지수에 투표의 자유가 포함되고 있고, 정치적 안정이라는 하위 지수에는 정치적 테러와 암살, 정치범 숫자 등이 포함되어 있다. 이와 같은 지수가 국가를 형성하는 과정에 있는 신생국가나 후진국의 경우 매주 중요한 의미를 갖는 것은 사실이다. 그러나 민주주의가 정착된 국가에서 이런 지수들은 거의 변별력이 없다.[16]

셋째, 좋은 거버넌스는 변화의 목표 또는 방향을 제시하고 있을 뿐 구체적인 실행대안은 제시하고 있지 않다는 점에서 새로운 이론이라 하기 어렵다. 좋은 거버넌스 개념을 사용하는 기관에 따라 약간씩 차이는 있지만 일반적으로 좋은 거버넌스는 (i) 참여와 책임성, (ii) 정치적 안정과 비폭력성, (iii) 정부 효과성, (iv) 규제품질, (v) 법에 의한 지배, 그리고 (vi) 부패통제 등을 강조한다. 그러나 이러한 요소들은 전혀 새로운 것이 없다. 이러한 것을 강조하지 않거나, 이러한 것이 불필요하다고 주장하는 이론은 없다. 새로운 이론이 되기 위해서는 이와 같은 목표를 어떻게 달성할 것인가에 대한 구체적인 대안을 제시하는 것이 필요하다.

마지막으로, 좋은 거버넌스는 전통적 행정학 이론의 가정을 크게 벗어나지 못하고, 그 결과 '좋은 거버넌스의 다양성'을 인정하지 않는다. 좋은 거버넌스 요소 중에서 선진국에서도 변별력을 가질 수 있는 요소는 정부 효과성이다. 그러나 좋은 거버넌스 이론은 정부 효과성과 관련하여 전통적 행정학과 차별화되지 않는다. 앞서 언급된 바와 같이 좋은 거버넌스의 핵심은 '민주적인 통제가 가능한 유능한 정부의 계층제적 지시에 의한 신자유주의적이고 시장친화적인 경제발전'이며, 행정학적 관점에서 볼 때 이는 여전히 정부의 강한 구조적 유사성을 강조하는 전통적 행정학의 관료제 패러다임에 근거하는 것이라고 할 수 있다.

결론적으로, 전통적 행정학에서 말하는 좋은 행정을 보완하는 과정에서 정치적인 차원으로 시야를 넓혔다는 점에서 좋은 거버넌스는 나름대로 차별화될 수 있다. 하지만 정치적 차원에 대한 고려 역시 이미 많은 행정학자들에 의해 이루어져 왔다는 점에서 그 차별성은 크지 않다. 전통적 행정학의 처방은 매우 효과적인 대안이기는 하지만 만병통치약이 아니다. 후진국이나 개발도상국가의 정치와 경제발전을 위한 대안에 관심을 갖는 좋은 거버넌스는 '하나의 유일무이한 좋은 거버넌스 대안'을 제시하고 있다는 점에서 전통적 행정학의 지적 위기를 반복하고 있다. 그리고 그 하나의 대안이 '민주적으로 통제되는 계층제적 지시'라는 점에서 전통적 행정학의 관료제 패러다임을 그대로 답습하고 있다.

이러한 관점에서, 좋은 거버넌스는 행정개혁을 위한 새롭고 구체적인 방법을 공격적으로 제시하지 못하고 있으며, 따라서 전통적 행정학의 관료제 패러다임의 한계를 극복하고 다양한 사회문제 해결방식을 탐구하려는 코페르니쿠스적 사고의 전환이라고 하기 어렵다.

2. 신공공관리론: 새로운 행정학 패러다임?[17]

1) 신공공관리론의 이론적 기초

1980년대 이후 20여 년간 행정개혁을 주도해온 행정학의 새로운 경향은 '신공공관리론New Public Management'으로 요약될 수 있다. 비효율적인 정부에 대한 실망으로 보다 작고, 보다 효율적이며, 보다 국민의 요구에 민감하게 대응하는 정부에 대한 요구가 급증하였고, 공공부문에 대한 근본적인 개혁의 필요성이 대두되었다. 학자들뿐만 아니라 일반 시민들 사이에서까지도 소위 '전통적 행정학 이론'과 이에 근거한 행정에 근본적으로 심각한 결함이 있다는 사실에 대한 광범위한 공감대가 형성되었다. 이러한 반정부적이고 반관료제적인 정서의 전 세계적인 확산으로, 세계 주요 국가들은 신공공관리론에 근거한 획기적이고 광범위한 행정개혁을 추진하기에 이르렀다. 그 결과, 신공공관리론에 근거한 행정개혁은 전 세계적으로 보편적인 현상이 되었다.

한국의 경우도 예외는 아니었다. 1997년 말, 한국은 외환위기라는 전대미문의 심각한 경제위기에 직면하게 된다. 외환위기를 극복하기 위하여 한국 정부는 한국 사회 전반에 대한 전면적 개혁을 추진하기에 이른다. 특히 주목할 만한 사실은 한국 정부가 '사회문제 해결책이 아니라 사회문제 자체'라는 인식이 국민들 사이에 팽배해지면서, 경제위기를 극복하기 위해서는 공공부문의 개혁이 선행되어야 한다는 공감대가 널리 형성되었다는 것이다. 이러한 상황에서 한국 정부는 공공부문에 대한 획기적인 개혁을 추진하지 않을 수 없었고, 소위 신공공관리론에 근거한 행정개혁을 추진하기에 이른다.

관료제 패러다임은 계층제적 통제, 전문화, 명확하게 규정된 규정과 절차 등을 통해서 '좋은 행정'을 구현할 수 있다고 주장하는 반면, 신공공관리론은 전통적 행정학의 이러한 처방들이 오히려 정부의 많은 문제들을 초래한 핵심적인 원인이라고 비판한다.[18] 작고 효율적인 정부에 대한 사회적 요구의 증가로 뉴질랜드, 영국, 미국, 캐나다 등의 서구 국가들에서 행정개혁이 진행되면서 신공공관리론이 '관료제 패러다임'에 근거한 전통적 행정학의 대안으로 급부상하였다.[19]

당시 진행된 서구의 행정개혁은 개혁의 규모, 성격, 접근 방법의 차이에도 불구하고 소위 '신공공관리론'이라고 불리는 새로운 패러다임으로 통합될 수 있는데,[20] 이러한 새로운 패러다임은 '관리주의

managerialism'와 '신제도주의 경제학new institutional economics'이라는 두 가지의 이론적 기초에 근거한다.[21]

먼저, 신공공관리론은 '관리주의'에 근거한다. 관리주의란 "관리가 중요하며 좋은 것이며, 따라서 행정은 민간부문의 경영기법을 받아들임으로써 합리화될 수 있다"는 일종의 이념ideology이다.[22] 일반적으로 효율적이고 대응적인 정부를 만드는 것이 관리주의적 개혁의 주 목적으로 이해되고 있다. 그러나 이러한 목적은 결코 새로운 것이 아니며 따라서 관리주의와 전통적 행정학을 구분하는 기준이 될 수 없다. 관리주의와 전통적 행정학을 구분하는 기준은 관리주의가 처방하는 개혁전략이다. 신공공관리론은 어떻게 효과적이고 대응적인 정부를 구현할 것인가 하는 문제에 대한 근본적인 관점의 변화를 의미한다.[23] 신공공관리론은 민간부문의 경영기법의 도입을 통해 효과적이고 대응적인 정부를 구현할 수 있다고 주장한다. 즉, 정부는 기업과 같이 운영되어야 하며, 관료는 공영기업가public entrepreneurs가 되어야 한다는 것이다.

이러한 이론적 관점은 '해방관리론liberation management'으로 요약될 수 있다. 해방관리론은 관료들을 "효율적인 관리기법을 이미 숙지하고 있는 숙련되고 헌신적인 전문가"라고 가정한다.[24] 즉, 해방관리론은 정부관료들이 관리기술이 부족해서가 아니라, 불필요한 규정과 규제에 얽매여 있기 때문에 정부관료제가 제대로 기능하지 못한다고 주장한다. 미국 부통령이었던 앨 고어Al Gore의 표현대로, 해방관리론은 관료를 "나쁜 체제의 함정에 빠진 좋은 사람good people trapped in bad system"이라고 가정한다.[25] 즉 신공공관리론은 전통적 행정학의 관료제 패러다임이 좋은 행정을 만드는 유일무이한 최선의 원리라고 주장하는 '조직 내부관리 원리로서의 계층제'가 바로 정부조직 비효율성의 '주범'이라고 주장한다. 따라서 정부관료제가 제대로 기능하기 위해서는 관료들을 내부규제라는 족쇄에서 '해방'시켜야 한다는 이론적 입장에 근거하여, 예산, 인사, 구매 등의 관리 절차의 분권화와 간소화가 추진된다.[26]

두 번째로, 신공공관리론은 제도적 제약 아래에서 이루어지는 개인들의 합리적 선택을 강조하는 '합리적 선택 제도주의rational choice institutionalism'의 영향을 받았다. 이러한 영향으로 신공공관리론은 공공선택론, 특히 관료제에 관한 공공선택론과 이론적 기초를 공유한다.[27] 이러한 점에서 신공공관리론은 구공공관리론과 구별된다. 비록 관료들이 훌륭한 관리기술은 가지고 있지만 관료들은 신뢰할 수 없다는 전제하에, 신공공관리론은 주인-대리인 이론과 거래비용이론의 처방을 차용하여 어떻게 하면 "도덕적 해이를 유발하는 행동을 할 선천적인 경향"[28]을 지닌 합리적인 인간들을 동기부여 할 수 있는 유인체제incentive structure를 설계할 수 있는가에 관심을 가진다. 이와는 대조적으로 구공공관리론은 관료들이 개인적인 효용을 극대화하지 않는다는 '묵시적인' 가정하에 어떻게 하면 관료들의 예측 및 기획 능력을 향상시킬 수 있는가에 관심을 갖는다.

신공공관리론의 이러한 측면은 '시장원리관리론market-driven management'이라 불리기도 한다. 앞서 설명한 바와 같이, 신공공관리론의 핵심인 해방관리론은 관료를 '나쁜 제도의 함정에 빠진 좋은 사람'이라고 가정한다. 그러나 중요한 사실은 관료들이 '좋은 사람'이라는 것이 관료들이 공익을 위해 헌신한다는 것을 의미하지 않는다는 것이다. 관리기술에 정통하다는 의미에서 관료들이 '좋은' 사람들인 것은 사실이나, 동시에 그들은 언제 최선을 다해야 하는가를 잘 알고 있는 존재이다. 따라서 관료들이 최선을 다하게 하기 위해서는 유인 체제의 구축이 필요하다. 시장원리관리론이 주장하는 유인체제는 '경쟁'이다. 여기에서 경쟁은 공공부문의 내부시장internal market에서의 '경합가능성rivalry'을 의미한다. 시장원리관리론 옹호자들은 관료들이 내부시장 압력에 노출될 경우 성과를 향상시킬 수밖에 없을 것이라고 주장한다.[29] 즉, 내부시장을 구축하는 것이 정부관료제의 통제기제로서 전통적 행정학의 계층제나 내부적 규제보다 훨씬 우월하다는 것이다.

이러한 논리에서 신공공관리론은 민간부문의 관리기법이 공공부문의 관리기법보다 우월하며, 공공부문과 민간부문의 관리가 본질적으로 다를 것이 없으며, 공공부문 조직원리로서의 계층제가 정부조직의 비효율성을 초래한다고 주장한다. 이러한 주장에 근거하여 신공공관리론은 다음과 같은 행정개혁 전략을 주장한다.[30]

  (i)   규정과 규제의 완화, 분권화 및 관료의 재량권 확대를 통한 내부관리 탈규제화deregulation

  (ii) 성과에 대한 명시적 기준과 측정에 의한 투입 통제 및 관료제적 절차 대체

  (iii) 계약제와 외부 계약 등을 통한 경쟁과 경합가능성 도입

  (iv) 공공부문 대규모 관료제의 준자율적 단위로의 분리, 정책결정과 정책집행 기능 분리

  (v) 민간기업 형태의 관리기법 도입, 기업가정신에 근거한 행정에 의한 전통적인 관료제적 행정 대체

  (vi) 자원배분과 보상을 측정된 성과와 연계하는 금전적 유인체제

에 의한 비금전적 유인체제 대체

(vii) 비용절감, 효율성 및 인원감축 강조

요컨대, 신공공관리론 행정개혁 전략의 핵심은 경쟁의 원리가 적용되는 유인체제를 마련하고, 그 체제하에서 관료를 관료제적 규제로부터 해방시켜 공공기업가로서 자유롭게 활동할 수 있게 하는 것이라할 수 있다. 즉, 신공공관리론은 전통적 행정학이 '좋은 행정'을 만들기 위한 최선의 대안으로 제시한 '조직 내부관리 원리로서의 계층제'의 문제점을 비판하면서, 관료제적 규제와 계층제적 지시에 근거하지않는 새로운 조직 내부관리 대안을 제시하고 있다는 점에서 전통적행정학 이론과 차별화된다.

2) 신자유주의?

신공공관리론은 '정치적 우익political right'의 주장이라고 오해되기도한다. 특히 한국의 경우, 신공공관리론은 소위 신자유주의라는 정치이념에 근거하고 있다는 주장이 존재한다.[31] 그러나 신공공관리론은정부의 역할을 대폭 시장에 맡겨야 한다는 것을 의미하지 않는다. 신공공관리론은 조직 내부관리 원리로서의 계층제 또는 관료제의 문제점을 비판하는 것이지, 사회문제 해결 방법으로서의 계층제적 지시의문제점을 비판하지 않는다. 신공공관리론이 주장하는 것은 정부관료제의 운영체제가 시장의 운영체제를 모방해야 한다는 것, 즉 오랜 동안 정부관료제의 효율성을 높이는 주요 기제로 간주되어온 계층제적통제를 시장경쟁의 원리로 대체해야 한다는 것이다. 신공공관리론의주장은 "시장이 정부를 대신해서 모든 사회문제를 해결해야 한다"는 것이 아니라, "관료들이 자유롭게 정부관료제를 관리하면서 사회문제 해결 과정에서 경쟁할 수 있도록 해야 한다."는 것이다.

신공공관리론이 신자유주의에 근거한다는 오해의 주된 이유는 신공공관리론이 '신자유주의neo-liberalism' 또는 '신우익new right'의 등장과 유사한 시기에 부상했기 때문이다.[32] 그러나 신공공관리론 자체는 정부의 역할에 대한 정치적 또는 이념적 편향을 갖지 않는 개념으로 이해되어야 한다. 신자유주의의 주된 관심사는 사회에서 정부가 담당하는 역할의 적정성과 시장에 대한 규제의 완화이다. 반면에, 신공공관리론은 정부관료제의 내부관리 효율성 향상에 관심을 갖는다.

그 증거로 좌파나 중도파 정부 역시 적은 비용으로 많은 일을 하기 위하여 신공공관리론을 받아들이고 있다는 사실을 들 수 있다.[33] 예를 들어, 신공공관리론은 호주와 뉴질랜드의 경우 '신우익'에 강력히 반대하는 노동당 정부에 의해 전폭적으로 수용되었다.[34] 또한 영국에서의 신공공관리론의 기원은 정치적 우익이 아니라 정치적 좌익과 더욱 밀접한 관련이 있다.[35]

신공공관리론이 '탈규제화'와 '시장원리관리론'을 주장하는 것도 이러한 오해의 빌미를 제공했다고 할 수 있다. 그러나 신공공관리론이 말하는 규제와 시장원리는 신자유주의의 규제와 시장원리와 근본적으로 다르다. 신공공관리론이 말하는 규제는 정부관료를 규제하는 정부관료제의 내부규제이고, 신자유주의가 말하는 규제는 산업에 대한 규제이다. 신공공관리론이 강조하는 시장원리는 정부 조직 내부에서 경쟁을 통하여 효율성을 제고하는 것을 의미하고, 신자유주의가 강조하는 시장원리는 정부의 간섭 없이 가격경쟁을 통하여 사회의 자원을 배분하는 것을 의미한다.

결론적으로, 신공공관리론은 민간기업의 관리전략과 관리기법을 적용하여 정부관료제의 '내부규제'를 완화하거나 철폐하고 정부관료제 내부관리를 합리화하려는 '관리개혁'이다. 이처럼 이론과 경험에 의해 개발된 신공공관리론은 신자유주의적인 이념의 영향을 받지 않았다.[36)]

3) 신공공관리론의 한계

1980년대와 1990년대에 신공공관리론의 이론적, 실천적 적실성은 거의 의심받지 않았다고 해도 과언이 아니다. 그러나 한때 행정학의 새로운 패러다임으로까지 인정되고 행정개혁 전략으로서 전 세계적인 인기를 누렸음에도 불구하고, 신공공관리론은 다음과 같은 이유로 비판을 받고 있다.

첫째, 공공부문은 민간부문과 다르기 때문에 민간부문의 관리기법을 공공부문에 적용하는 것은 불가능하다는 비판이 있다.[37)] 행정의 사회적·정치적·법적 환경은 민간기업의 그것과는 근본적으로 다르다. 특히, 좋은 행정의 구현에서 핵심적인 역할을 담당하는 사회와 정부 간의 관계, 그리고 정치와 행정과의 관계 등은 민간부문에는 존재하지 않는다. 정부관료제는 시장노출성의 정도, 공식적·법적 제약, 정치적 영향력, 강제성, 영향의 범위, 대중의 기대, 그리고 목표의 다양성 등의 측면에서 민간기업과는 근본적으로 다르다.[38)] 이러한 이유로, 공공관리는 기업경영과는 근본적으로 달라야 한다.[39)]

둘째, 민주적 책임성과 기업가적 자율성·재량권 간의 갈등으로 신공공관리론은 정부관료제의 효율성을 향상시킬 수 없다는 비판이 있다.[40] 성과 측정이 어렵거나 혹은 불가능한 경우가 많으므로, 공공부문에서는 흔히 투입에 대한 통제나 행정적 절차가 성과 측정의 대리변수로 사용된다. 즉, 관료제의 규칙과 규제는 행정의 책임성을 확보하는 전통적 행정학의 도구였던 것이다. 공공부문의 성과 측정이 곤란한 경우, 행정의 효율성 향상의 도구로 기업가적 재량권을 선호하는 신공공관리론적 처방은 심각한 공공책임성의 문제를 야기할 가능성이 있다.

셋째, 신공공관리론은 행정의 다른 중요한 가치들과 상충관계에 놓일 가능성이 있다는 지적이 있다. 후드Hood에 의하면, 행정은 (i) 효율과 검약, (ii) 정직과 공정, (iii) 공고함과 지속 등의 가치를 동시에 추구해야 한다고 한다.[41] 그러나 이러한 가치들은 서로 상충관계에 놓일 가능성이 높다. 만일 신공공관리론의 주장대로 효율과 검약이라는 가치만 추구하게 될 경우 다른 중요한 가치들이 희생되고 결과적으로 행정의 성과를 오히려 악화시킬 가능성이 존재한다.

넷째, 신공공관리론의 '고객중심의 논리'가 국민을 "단순히 행정 서비스를 좋아하거나 싫어하고, 관료가 행정 서비스를 국민이 원하는 대로 향상시켜줄 것이라고 기대하는 수동적인 존재"로 전락시킨다는 비판이 있다.[42] 그러나 행정의 경우 '소비자의 만족consumer satisfaction'과 '소비자의 주권consumer sovereignty'은 엄밀히 구분되어야 한다.[43] 강제성과 영향의 범위 등 행정의 특성을 고려할 때, 국민이 단순히 원하지 않는 행정 서비스를 거부하는 것만으로는 좋은 행정을 구현할 수 없다. 국민은 자신의 선호에 따라 행정 서비스를 주도적으로 결정하고 변경시킬 수 있는 기회를 제공받아야 한다.

다섯째, 신공공관리론의 보편적 적용가능성에 대한 비판이 존재한다. 린Lynn에 의하면, 신공공관리론이라는 이름으로 실행된 서구 국가들의 행정개혁은 외견적 유사성에도 불구하고 많은 근본적 차이점을 갖고 있다고 한다.[44] 이러한 사실은 신공공관리론의 개혁전략을 무비판적으로 수용하는 것이 매우 위험한 일종의 도박일 수 있다는 사실을 의미한다. 신공공관리론은 아직까지 경험적인 과학이론의 수준에 이르지 못한 단순히 "성공 사례를 모방하는 방법론best practice methodology"에 불과하다.[45]

여섯째, 관리주의적 논리인 신공공관리론은 행정에서 매우 중요한 많은 정치적인 문제들을 교묘히 회피하는 과오를 범하고 있다는 비판이 존재한다. 정부가 제대로 관리되지 못해서 사회문제의 해결자가 아니라 사회문제 자체로 전락했다는 관점에서 볼 때, 신공공관리론의 관리주의적 논리는 행정의 내부관리의 효율성 향상에 도움을 줄 수 있다는 긍정적인 측면이 있다. 경직되고, 비효율적인 정부관료제는 마땅히 개혁되어야 하고, 따라서 이러한 관점에서 정부를 기업처럼 운영되도록 하는 것은 매우 중요하다. 그러나 행정을 정치로부터 분리하여 기업처럼 운영되게 하는 것은 "'잘못 정의된 문제'의 문제'wrong-problems' problem"를 야기한다. 즉, 공공문제를 다루는 데 필요한 매우 어려운 정치적 선택을 의도적으로 무시하고, '좋은 관리'를 모든 공공문제를 해결할 수 있는 보편적인 해결책으로 강조하는 오류를 범하게 된다는 것이다. 이러한 논리에 의하면, 신공공관리론은 정행이원론의 현대적 모습이라 할 수 있다.[46] 그러나 행정은 필연적으로 정치적일 수밖에 없다. 행정은 "정치의 수단이요, 정치에 의해 지배된다."[47] 행정에 대한 연구는 정치에 대한 연구일 수밖에 없다는 사실이 행정개혁 과정에서 간과되어서는 안 된다. 관리 측면의 개혁이 모든 정부개혁의 구성요소가 되어야 하는 것은 사실이나, 관리 측면의 개혁만으로 정부 성과를 향상시키는 것은 불가능하다.[48]

마지막으로, 신공공관리론은 행정학의 새로운 이론이 아니라는 비판이 존재한다. 신공공관리론은 엄밀하게 검증된 이론이라기보다는 단순히 몇몇 개혁 아이디어의 모음이라는 것이다. 극단적으로 말하자면, 신공공관리론은 전혀 새로운 이론이 아니다. 대응적이고, 고객지향적이고, 효율적인 정부는 신공공관리론뿐만 아니라 전통적인 행정학의 목표이다. 기업경영과 같은 공공관리와 효율적이고 효과적인 행정은 현대 경영학이 학문으로 성립되기 이전부터 전통적 행정학의 목적이었다.[49]

요컨대, 비록 신공공관리론이 행정개혁의 새로운 방향을 제시하고 있기는 하지만, 신공공관리론은 구체적이고, 이론에 근거하며, 경험적으로 검증된 행정개혁 전략을 제시하지 못하고 있으며, 전통적 행정학의 오랜 문제들은 여전히 해결되지 않은 채로 남아 있다. 물론 정부조직을 관리하는 조직원리로서의 계층제를 대체할 수 있는 새로운 대안을 제시하고 있다는 점에서 신공공관리론은 전통적 행정학 이론과 차별화되는 새로운 이론이라고 할 수 있다. 그러나 신공공관리론은 정부조직 내부관리 문제에만 관심을 가질 뿐, 정부에 의한 중앙집권적 사회문제 해결, 즉 사회적 조정 양식으로서의 계층제적 지시의 한계와 문제점에는 관심을 기울이거나 대안을 제시하지 않는다. 이러한 이유로 신공공관리론이 과연 행정학의 '패러다임의 전환'을 가져왔는가의 여부를 확신할 수 없다.

3. 코페르니쿠스적 사고의 전환 필요성

좋은 거버넌스와 신공공관리론은 정부를 대신하는 새로운 거버넌스의 대표적인 대안으로 거론되곤 한다. 거버넌스 관련 저서와 논문에서 자주 인용되는 논문의 저자인 로즈Rhodes는 좋은 거버넌스와 신공공관리론을 거버넌스의 대표적인 사용 사례로 제시하고 있다.[50] 그렇다면 좋은 거버넌스와 신공공관리론이 행정학의 새로운 이론이거나 혹은 행정학의 새로운 패러다임이라고 할 수 있을까? 또는 빈센트 오스트롬이 말하고 있는 코페르니쿠스적 사고의 전환이라고 할 수 있을까?

결론부터 이야기하자면, 대답은 '아니다'이다. 전통적 행정학의 관료제 패러다임의 핵심은 계층제적 지시와 통제를 유일무이한 최선의 조직 내부관리 방법인 동시에 사회문제 해결 방법으로 받아들이는 것이다. 먼저, 좋은 거버넌스는 조직 내부관리 방법으로서의 계층제적 지시의 원리의 우월성을 인정하고 민주적 통제를 통하여 정부조직 내부관리의 책임성과 투명성을 제고할 것을 강조한다. 또한, 좋은 거버넌스는 사회문제 해결 방법으로서의 정부의 중앙집권적인 계층제적 지시의 필요성을 인정하고 정부의 사회문제 해결 과정의 책임성과 투명성 확보방안을 강조한다. 이러한 점에서 볼 때, 좋은 거버넌스는 전통적 행정학 이론을 보완하는 이론이라고 할 수 있다.

다음으로, 신공공관리론은 관료제 패러다임의 핵심인 '내부관리 원리로서의 계층제적 지시', 즉 관료제가 정부 비효율성의 주원인이라고 비판한다. 이처럼 조직 내부관리 방법으로서의 계층제적 지시의 우월성을 전면적으로 부인한다는 점에서 신공공관리론은 전통적 행정학의 관료제 패러다임과 크게 차별화된다고 할 수 있다. 그러나 신공공관리론은 정부조직 내부관리 효율성에만 이론적 관심을 가졌을 뿐, 정부 이외의 사회문제 해결 방법의 강구에는 관심을 갖지 않았다. 이는 신공공관리론이 좋은 거버넌스와 마찬가지로 사회문제 해결 방법으로서의 정부의 중앙집권적인 계층제적 지시의 필요성을 비판적으로 검토하지 않았다는 것을 의미한다.

요컨대, 내부관리 원리로서의 관료제 또는 계층제적 지시의 대안으로 '해방관리'와 '시장원리관리' 등 비교적 구체적인 대안을 제시하고 있다는 점에서 신공공관리론은 전통적 행정학 이론과 차별화될 수 있으며, 한때 행정학의 새로운 패러다임이라는 평가를 받았었다. 그러나 신공공관리론과 좋은 거버넌스 모두 사회문제 해결 방법으로서의 정부의 중앙집권적인 계층제적 지시의 필요성을 비판적으로 검토하고 새로운 대안을 적극적으로 탐색하려는 시도를 하지 않았다. 이러한 점에서 두 이론 모두 전통적 행정학의 관료제 패러다임을 크게 벗어나지 못하였고, 결과적으로 여전히 전통적 행정학의 지적 위기를 극복하지 못했다고 할 수 있다.

비록 정도의 차이는 있지만 좋은 거버넌스와 신공공관리론은 모두 계층제 중독 현상을 완전하게 극복하지 못하고 있다는 공통점을 갖는다. 물론, 좋은 거버넌스와 신공공관리론은 행정의 비효율성을 극복할 수 있는 효과적인 행정개혁 대안을 제시하는 매우 유용한 이론이라고 할 수 있다. 그러나 '정부'를 대체하는 새로운 사회문제 해결 방법을 의미하는 '거버넌스'를 제시하지 못한다는 점에서 새로운 이론과는 거리가 멀다. 이러한 관점에서 볼 때, 좋은 거버넌스와 신공공관리론은 적어도 빈센트 오스트롬이 말하는 코페르니쿠스적 사고의 전환이라고는 할 수 없다.

미주

1) 원조·개발과 관련된 개념인 좋은 거버넌스good governance는 1991년에 처음으로 세계은행에 의해 사용되기 시작하였다. 자세한 내용은 Ved P. Nanda, "The 'Good Governance' Concept Revisited," *The ANNALS of the American Academy of Political and Social Science*, 603:1(2006): pp.269-283 참조할 것. 참고로 좋은 거버넌스에는 UNDP가 정의하는 주로 공공부문의 경쟁력과 관련된 유형도 존재한다. UNDP의 좋은 거버넌스는 민주주의와 정치적 안정성 등 후진국과 관련된 세부 지표들이 빠진 좋은 거버넌스, 즉 좋은 거버넌스의 선진국형 버전이라고 할 수 있다. 그러나 일반적으로 좋은 거버넌스는 원조·개발과 관련된 개념으로 많이 사용되므로 이 책에서는 원조·개발과 관련된 좋은 거버넌스만을 다루기로 한다. 자세한 내용은, Mark Bevir, *Key Concepts in Governance*, (London, Sage, 2009) 참조할 것.

2) 앞의 논문, p.273.

3) World Bank, *Governance: The World Bank's Experience*, (Washington D.C., 1994), p.12.

4) Canadian International Development Agency, *Government of Canada Policy for CIDA on Human Rights, Democratization and Good Governance*, (Trade and Development Canada, 1996), p.21.

5) 앞의 책, p.22.

6) http://info.worldbank.org/governance/wgi/#home. 2016년 10월 4일 접속.

7) Ray Kiely, "Neoliberalism Revised? A Critical Account of World Bank Conceptions of Good Governance and Market Friendly Intervention," *International Journal of Health Services*, 28:4(1998): 683-702, p.685.

8) Canadian International Development Agency. *Government of Canada Policy for CIDA on Human Rights, Democratization and Good Governance*.

9) 실제로 한국의 경우도 1997년 한국에 구제 금융을 지원하면서 IMF는 균형예산, 대외개방, 시장 자유화, 규제완화 등 소위 신자유주의적인 경제정책을 요구하였다. 자세한 내용은 윤상우, "외환위기 이후 한국의 발전주의적 신자유주의화," 〈경제와 사

회〉, (2009): 40-68 참조할 것.

10) Ved P. Nanda, "The 'Good Governance' Concept Revisited." p.270.

11) 1960년대에 크게 유행한 발전행정론은 국가발전을 촉진하기 위해 국가발전계획을 수립하고 공공기관을 조직하고 관리하는 대안을 연구하는 행정학의 분야라고 할 수 있다. 후진국의 행정체계가 선진국에 비하여 열등하기 때문에 후진국의 국가발전이 이루어지지 못하며, 따라서 후진국은 선진국의 행정체계를 받아들일 필요가 있다는 것이 발전행정론의 핵심 내용이라고 할 수 있다. 그러나 지나치게 선진국 행정체계의 우월성을 강조하고 후진국의 특수한 상황을 고려하지 않는다는 등의 비판을 받았다. 좋은 거버넌스의 경우, 국가발전에 필요한 조건을 '선진국의 관점'에서 제시한다는 점에서 발전행정론과 유사한 주장이며 따라서 유사한 문제점을 가질 수 있다는 비판이 존재한다. 자세한 내용은 Carlos Santoso, "Good Governance and Aid Effectiveness: The World Bank and Conditionality," *The Goergetown Public Policy Review*, 7:1(2001): 1-22.

12) 이 주장에 대해서도 비판이 존재한다. 이와 관련된 내용은 이 절의 후반부에서 논의된다.

13) Mushtag Kahn, "Corruption, Governance and Economic Development," in Jomo, K.S. and Ben Fine, (eds.) *The New Development Economics*, (London: Zed Press, 2004): 1-20; Mushtaq Khan, *Governance and Growth: A Preliminary Report*. Research Paper supported by DFID grant, (SOAS: London, 2007).

http://mercury.soas.ac.uk/users/mk17/Docs/Preliminary%20Report.pdf

14) Nathaniel H. Leff, "Economic Development Through Bureaucratic Corruption," *The American Behavior Scientist*, November, 8:2(1964): 8-14; Samuel P. Huntington, *Political Order in Changing Societies*, (New Haven: Yale University Press, 1968).

15) Ray Kiely, "Neoliberalism Revised? A Critical Account of World Bank Conceptions of Good Governance and Market Friendly Intervention," pp.64-66.

16) 참고로, World Bank의 좋은 거버넌스 지표 중 '책임성'에는 '여행제한', '정치적 자유', '검열', 그리고 '정치적 안정성'에는 '군사 쿠데타 위험', '정치적 암살', '실종', '고문', '내전' 등 민주주의가 정착된 국가에서는 실질적인 의미가 없는 지표들이 다수 포함되어 있다.

17) 이 절은 이명석, "신공공관리론, 신거버넌스론, 그리고 김대중 정부의 행정개혁," 〈한국행정학회 2001년도 춘계학술대회 발표논문집〉, (서울: 한국행정학회, 2001): 305-

321을 요약·정리한 것임.

18) 참고로, 신공공관리론이란 명칭은 '구공공관리론old public management'의 존재를 의미한다. 구공공관리론은 PPBS 등으로 대표되는 경제학적 접근에 근거한 정책분석을 강조하는 1960년대의 정치경제학자들의 합리주의적 사고와 그 맥을 같이 한다. 구공공관리론은 사회문제 해결에 필요한 인간의 합리성에 대한 확신에 근거하여, 중앙집권화된 관료제에 의한 합리적 기획을 강조하였고 결과적으로 관료제의 팽창을 초래하였다. 이렇게 구공공관리론이 민간기업에서 사용되는 의사결정기법의 도입에 의한 정부관료제의 '의사결정 능력'의 향상에 관심을 두었던 반면, 신공공관리론의 주된 관심사는 어떻게 하면 치열한 시장경쟁에서 민간기업을 살아 남게 하는 관리기법을 정부관료제에 도입하여 정부의 성과를 향상시킬 수 있는가 하는 것이다. 자세한 내용은 Christopher Pollitt, *Managerialism and the Public Services: The Anglo-American Experience*, (Oxford: Basil Blackwell, 1990); Denis Saint-Martin, "Management Consultants, the State, and the Politics of Administrative Reform in Britain and Canada," *Administration and Society*, 30:5(1998): 533-569; Laurence E. Lynn, Jr., "The New Public Management: How to Transform a Theme into a Legacy," *Public Administration Review*, 58:3(1998): 231-238 참조할 것.

19) Al Gore, "The New Job of the Federal Executive," *Public Administration Review*, 54(1994): 317-321; Reginald Mascarenhaus, "Building an Enterprise Culture in the Public Sector in Australia, Britain, and New Zealand," *Public Administration Review*, 53(1993): 319-328.

20) OECD, *Public Management Developments Survey*, (Paris: OECD, 1993).

21) Christopher Hood, "A Public Management for All Season?" *Public Administration*, 69(1991): 3-19; Roderick AW. Rhodes, *Understanding Governance: Policy Networks, Governance, Reflexity and Accountability*, (Bristrol, PA: Open University Press, 1997): p.93.

22) Christopher Pollitt, *Managerialism and the Public Services: The Anglo-American Experience*. 참고로, 계량적·분석적 관리론quantitative·analytic management, 정치적 관리론political management, 해방관리론liberation management, 시장원리관리론market-driven management 등의 다양한 공공관리론의 접근들이 존재하지만 이들이 모두 이 특성을 공유한다고 한다. 자세한 내용은, Larry Terry, "Administrative Leadership, Neo-Managerialism, and the New Public Management," *Public Administration Review*, 58:3(1998): 194-200 참조할 것.

23) 앞의 논문, p.195.

24) 앞의 논문, p.195.

25) Albert Gore, *From Red Tape to Results: Creating a Government that Works Better and Costs Less*, (Washington, DC: National Performance Review, 1993).

26) Michael Barzelay, *Breaking through Bureaucracy*, (Berkeley: University of California Press, 1992); Guy Peters, *The Future of Governing: Four Emerging Models*, (Lawrence, KS: University Press of Kansas, 1996), p.31.

27) John Kamensky, "Role of the "Reinventing Government" Movement in Federal Management Reform," *Public Administration Review*, 56:3(1996): 247-255; Laurence Lynn, Jr., "The New Public Management: How to Translate a Theme into a Legacy"; Larry Terry, "From Greek Mythology to the Real World of the New Public Management and Democratic Governance," *Public Administration Review*, 59:3(1999): 272-277.

28) Lex Donaldson, "The Ethereal Hand: Organizational Economics and Management Theory," *Academy of Management Review*, 15:3(1990): 369-381, pp.372-373. 참고로, 도덕적 해이에 대한 설명은 제2장 미주 15 참조할 것.

29) Donald Kettle, "The Global Revolution in Public Management: Driving Themes, Missing Links," *Journal of Policy Analysis and Management*, 16:3(1997): 446-462.

30) Christopher Hood, "A Public Management for All Season?"; John Kamensky, "Role of the "Reinventing Government" Movement in Federal Management Reform," *Public Administration Review*, 56:3(1996): 247-255.

31) 김태룡, "한국과 미국의 행정개혁에 대한 비교-체제론적 관점에서 기획예산위원회와 NPR의 개혁활동을 중심으로,"〈한국행정학보〉, 33:1(1999): 1-18; 허철행, "김대중정부 신자유주의 정부혁신의 비판적 검토,"《행정개혁 2년: 성과와 반성》, (2000년도 한국행정학회 춘계학술대회 발표논문집, 2000): 1-26.

32) Christopher Pollitt, *Managerialism and the Public Services: The Anglo-American Experience.*

33) Daniel Cohn, "Creating Crises and Avoiding Blame: The Politics of Public Service Reform and the New Public Management in Great Britain and the United States," *Administration and Society*, 29:5(1997): 584-616.

34) Christopher Hood, "A Public Management for All Season?" *Public*

Administration, 69 : Spring(1991): 3-19, p.6.

35) Denis Saint-Martin, "Management Consultants, the State, and the Politics of Administrative Reform in Britain and Canada," *Administration and Society*, 30 : 5(1998): 533-569, p.540.

36) 보건소 개혁의 예를 들어 신공공관리론과 신자유주의의 차이점을 설명하면 다음과 같다. 먼저, 시장원리에 의한 재원배분의 효율성을 신봉하는 신자유주의에 입각한 개혁은 보건소를 폐쇄하고 보건소가 제공하던 보건의료서비스의 공급을 시장에 맡겨 모든 주민이 자신의 비용부담으로 보건의료서비스를 구입하도록 할 것이다. 이와는 대조적으로 공공조직의 내부관리 효율성 제고에 관심이 있는 신공공관리론에 입각한 개혁은 보건소를 공공재원으로 유지하되, 보건소에 대한 계층제적 지시와 통제를 폐지하고 보건소장에게 대폭 재량권을 위임한 후 보건소장과 성과계약을 통하여 보건소를 운영할 것이다.

37) Walter Kickert, "Public Governance in the Netherlands: An Alternative to Anglo-American 'Managerialism'," *Public Administration*, 75(1997): 731-752, p.733.

38) 앞의 논문, p.734.

39) Itzhak Galnoor, David H. Rosenbloom and Allon Yaroni, "Creating New Public Management Reforms: Lessons from Israel," *Administration and Society*, 30 : 4(1998): 393-420.

40) Carl Bellone and George Frederick, "Reconciling Public Entrepreneurship and Democracy," *Public Administration Review*, 52 : 2(1992): 130-145, p.131.

41) Christopher Hood, "A Public Management for All Season?" pp.10-11.

42) Hindy Lauer Schachter, "Reinventing Government or Reinventing Ourselves: Two Models for Improving Government Performance," Public Administration Review, 55 : 6(1995): 530-537.

43) Rita Mae Kelly, "An Inclusive Democratic Polity, Representative Bureaucracies, and the New Public Management," *Public Administration Review*, 58 : 8(1998): 201-208, p.202.

44) Laurence E. Lynn, Jr., "The New Public Management: How to Translate a Theme into a Legacy," p.232.

45) Michael Barzelay, *Breaking through Bureaucracy*, (Berkeley: University of California Press, 1992). 참고로, 탈관료제화나 탈규제와 같은 신공공관리론의 개혁

이 행정 서비스의 질을 오히려 악화시켰다는 경험적인 증거가 존재한다고 한다. 자세한 내용은 Gerald Caiden, "Administrative Reform-American Style," *Public Administration Review*, 54:2(1994): 123-128 참조할 것.

46) James D. Carroll, "The Rhetoric of Reform and Political Reality in the National Performance Review," *Public Administration Review*, 55:3(1995): 302-312.

47) Gerald E. Caiden, John J. Dilulio Jr., Gerald Garvey, Donald F. Kettl and Frank J. Thompson. "Administrative Reform-American Style," *Public Administration Review*, 54:2(1994): 123-28, p.126.

48) Patricia W. Ingraham, "Play It Again, Dam; It's Still Not Right: Searching for the Right Notes in Administrative Reform," *Public Administration Review*, 57:4(1997): 325-331. p.326.

49) Walter Kickert, "Public Governance in the Netherlands: An Alternative to Anglo-American 'Managerialism'," *Public Administration*, 75(1997): 731-752.

50) 신공공관리론과 좋은 거버넌스와 함께 로즈는 기업 또는 국가의 감사, 투명성, 정보 공개 등의 절차를 강조하는 '기업지배구조corporate governance' 정부·시민사회·시장 간의 경계 변화를 강조하는 '신정치경제new political economy' 단일 권력 중심의 부재를 강조하는 '국제적 상호관계international interdependence'와 '사회-사이버네틱 체계 socio-cybernetic system,' 그리고 '자기조직적 네트워크self-organizing network' 등의 7가지 거버넌스 사용 사례를 제시한다. 이 중 신정치경제, 사회-사이버네틱 체계, 그리고 자기조직적 네트워크는 다음에서 설명되는 네트워크 거버넌스에 해당된다. 자세한 내용은 Roderick AW. Rhodes, "Governance and Public Administration," in Jan Pierre, (eds.) *Debating Governance: Authority, Steering and Democracy*, (Oxford: Oxford University Press, 2000), pp. 54-90 참조할 것.

제4장

네트워크 사회와 사악한 문제

현대 전문직업주의의 근저를 이루어 온 전통적인 과학기술 패러다임은 사회문제 해결에 부적절하다. … 정책기획가들이 직면하는 사회문제는 과학자나 기술자들이 다루는 문제와 근본적으로 다르다. 기획의 문제는 근본적으로 사악한 문제이다.

－ 리텔과 웨버Rittel and Webber,
　　 "일반 기획이론의 딜레마"에서

1. 네트워크 사회의 도래[1]

현대사회는 많은 측면에서 과거와는 크게 차별화되는 특성을 갖는다. 해결하기 매우 어려운 다양한 사회문제가 양산되고 있고, 정부와 민간부문의 관계에서 많은 변화가 나타나고 있다. 특히, 현대사회에서는 다양한 사회 구성원들이 사회문제 해결에 필요한 지식과 정보 그리고 권력을 공유하는 현상이 심화되고 있다.[2] 이러한 특징을 갖는 현대사회는 '네트워크 사회network society'라고 정의되기도 한다. 네트워크 사회란 사회문제의 해결을 위한 사회적 조정이 '중앙집권적 방향잡기central steering'에 의해서가 아니라 다양한 참여자들 사이의 목적지향적 상호작용의 결과로 나타나는 사회를 말한다.[3]

네트워크 사회의 핵심적인 특징으로 계층제적 지시나 통제가 아니라 '협상을 통한 동의negotiated agreement'에 의한 사회문제 해결이 증가하는 현상을 들 수 있다.[4] 최근 들어 계층제, 특히 중앙정부의 본질적인 문제점이 노출되어 중앙정부가 사회에서 차지하는 역할이나 비중이 급격히 감소함에 따라, 중앙정부가 전통적으로 사용해왔던 계층제적 지시에 의한 사회문제 해결의 비중이 크게 감소했다. 그 결과, 다양한 사회 구성원들 사이의 비공식적 협력에 의해 사회문제가 해결되는 '무중심 사회centerless society' 또는 '다중심 사회polycentric society'가 출현하게 되었다.[5]

쿠이만Kooiman은 이러한 현대사회의 특징을 인공두뇌학cybernetics의 개념을 원용하여 역동성dynamic과 복잡성complexity 그리고 다양성diversity 등으로 설명한다.[6]

첫째, 역동성은 사회가 일정한 상태에 머물러 있지 않고 사회 구성원 간의 상호작용의 결과에 따라 항상 한 상태에서 다른 상태로 변화하는 것을 말한다. 사회의 현재 상태는 과거 상호작용의 결과인 동시에 미래 상태의 원인으로 작동하고, 이러한 변화의 인과관계가 비선형적인 것이 역동성의 특징이다.

둘째, 복잡성은 사회구조가 다른 더 큰 구조에 배태embedded되어 있으며, 전체 구조와 하위구조 사이에는 항상 다양한 상호작용이 존재한다는 것을 의미한다. 따라서 복잡성은 단순하게 하위구조의 숫자와 관련된 것이 아니라, 하위구조 내부 그리고 전체 구조와 하위구조 사이의 상호작용 유형의 복잡성과 관련된다.

셋째, 다양성은 현대사회의 개인화, 차별화, 그리고 전문화를 의미한다. 복잡성이 하위구조와 상위구조 사이의 관계의 종류 또는 형태에 관련된 것이라면, 다양성은 구성요소의 종류에 관련된 것이라고 할 수 있다. 즉, 현대사회의 특징은 이질적 가치를 추구하고 차별화된 전문성을 갖춘 다양한 사회 구성원들 사이의 복잡하고 중첩된 상호작용의 결과로 나타나는 끊임없는 변화로 요약될 수 있다.

현대사회의 이러한 특징으로 인해 사회문제를 해결하기 위해서는 사회문제가 발생하는 맥락에 대한 고려가 반드시 필요하다. 예를 들면, 역동성을 이해하기 위해서 사회과정이 어떤 추세로 변화하고 발전하여 왔는가를 고려하여야 한다. 복잡성을 이해하기 위하여 사회 구성원들의 관점, 상황, 전략 등으로 이루어지는 다양한 상호작용의 유형에 대한 고려가 필요하다. 그리고 다양성을 이해하기 위하여 사회 구성원들이 추구하는 가치에 대한 고려가 필요하다.

한편, 헤이어와 웨지나르Hajer and Wagenaar는 네트워크 사회의 특징을 다음과 같이 설명한다.[7]

첫째, 네트워크 사회에서 중앙집권적 정치체제는 다양한 사회 구성원들의 도전에 직면한다. 중앙정부와 국가 리더들에 의해 독점되던 정책결정이 지방정부와 지역 주민단체들에 의해 공유된다. 이러한 새로운 정치체제 출현은 생활정치life politics, 또는 일상정책결정자 everyday maker 등의 개념으로 설명되기도 한다.

둘째, 네트워크 사회에서는 고도의 불확실성하에서 정책결정이 이루어진다. 중앙정부에 대한 신뢰의 추락과 중앙정부 통제력의 급격한 감소, 그리고 과학적이고 절대적인 정책지식에 대한 신화의 붕괴로 사회 전체에 대한 조정가능성이 현저하게 낮아져 불확실성이 증가한다.

셋째, 네트워크 사회에서는 개인 간 차이의 중요성이 증가한다. 다양한 가치가 출현하고 결과적으로 다양한 세계관이 존재하게 됨에 따라 사회문제를 해결하기 위해서는 다양한 가치 사이의 갈등이 반드시 고려되어야 한다.

넷째, 네트워크 사회에서는 참여자들 간의 상호의존성이 증가한다.

이러한 특징 때문에 네트워크 사회는 상호의존적인 참여자들 간의 게임 상황으로 이해되기도 한다. 그 결과 어느 누구도 사회문제를 혼자 힘으로 해결하는 것은 불가능하게 되어 다양한 참여자들 간의 협조가 필요하게 된다.

다섯째, 네트워크 사회에서는 신뢰구축이 매우 중요하다. 다양한 참여자들 간의 협조가 가능하기 위해서는 상호의존적인 참여자들 사이의 신뢰가 필요하다. 따라서 정책결정에서 중요한 것은 단순히 해결책을 찾는 것이 아니라, 다양한 사회 구성원 사이의 신뢰를 구축할 수 있는 대안을 모색하는 것이다.

요컨대, 사회의 역동성과 복잡성 그리고 다양성이 증가하고 공식적 권위와 강제력에 의하지 않는 상호작용의 중요성이 증가함에 따라 사회문제에 대한 정확한 이해와 이에 대한 적실성 있는 정책 처방을 위해서 다양한 사회 구성원들의 상호작용에 대한 이해의 필요성이 훨씬 더 커지게 된다. 더 이상 직접적인 규제나 통제 등 '제1세대 정책수단'에 의한 사회문제 해결이 곤란해지고, 보다 간접적이고 정교한 '제2세대 정책수단'이 요구됨에 따라 사회문제가 발생하는 맥락에 대한 정확한 분석이 요구된다.[8] 또한, 중앙정부, 지방정부, 시민사회 등의 긴밀한 협조에 의해서만 해결이 가능한 사회문제가 증가함에 따라 정부의 역할이 변화하게 된다. 정부는 더 이상 규제나 행정서비스의 공급자 역할이 아니라 사회문제 해결의 촉매 역할, 또는 다양한 사회 구성원들의 협력에 의한 사회문제 해결에 필요한 여건 조성자의 역할을 담당하게 된다.[9]

이러한 정부와 시민사회의 역할 변화로 정책결정 과정이 참여적인 방향으로 큰 변화를 겪게 됨은 물론, 정책의 내용과 정책집행 원리까지 변화하게 된다. 사회문제 해결을 위해서 사회 구성원들 간의 상호작용과 협력을 촉진할 수 있는 여건이나 제도를 조성하는 정책이 증가한다. 또한, 정부의 공식적 강제력에 근거하지 않는 사회문제 해결이 증가함이 따라 협상 등의 상호작용이 정책집행에서 더욱 중요한 역할을 차지하게 된다. 이러한 이유로 사회문제가 발생하는 맥락과 다양한 사회 구성원들이 사회문제 해결을 위해 상호작용하는 맥락에 대한 심층적인 이해의 필요성이 증가한다.

2. 사악한 문제wicked problems

1) 사악한 문제의 정의 I: 문제의 속성

현대 네트워크 사회의 가장 큰 특징으로 일반적으로 언급되는 것은 사악한 문제wicked problems의 출현이다.[10] 단일 정부기관 또는 정부조직에 의해서는 효과적으로 해결되기 어려운 '사악한 문제'를 해결하는 과정에서 중앙정부, 지방자치단체 그리고 시민단체, 기업, 일반시민 등 다양한 파트너들로 이루어지는 수평적이고 자발적인 '네트워크network'의 역할이 크게 증가하는 것이 네트워크 사회의 특징이다.[11]

거버넌스를 다루는 연구에서 많이 인용되는 사악한 문제라는 표현을 처음 사용한 리텔과 웨버Rittel and Webber는 '사악한wicked'이라는 표현을 사용한 이유가 문제 자체가 '윤리적으로 개탄스러운 문제'라는 것을 의미하기 때문이 아니라, '악순환vicious cycle'이라는 표현의

'악한vicious'과 같은 의미의 특성을 갖는 문제라는 것을 표현하기 위해서라고 설명한다. 그러나 리텔과 워버는 사악한 문제를 순한 문제로 다루거나, 사악한 문제를 길들이거나, 또는 사회문제의 본질적인 사악성을 인정하기를 거부하는 것은 도덕적으로 옳지 않으므로, 사악하다고 설명한다.[12] 사악한 문제의 위험성을 인정하지 않거나 숨기고, 사악한 문제가 안전하게 해결될 수 있다고 속이는 것은 심각한 윤리적 문제를 야기한다는 것이다.

사악한 문제라는 표현을 어색하게 생각하는 사람들도 있다. 그것은 아마도 사악한 문제라는 표현이 윤리적으로 바람직하지 않은 문제라는 인상을 주기 때문일 것이다. 그러나 이 책은 사악한 문제라는 표현을 처음으로 사용한 리텔과 웨버의 의도와 논리를 존중하여 사악한 문제라는 표현을 사용하기로 한다.[13]

리텔과 웨버는 사악한 문제의 특징을 다음과 같이 설명한다.[14] (i) 문제 자체의 모호성과 이해당사자의 선호·관점·이해관계 등의 차이로 문제가 해결되기 전까지 문제의 정의가 불가능하다. (ii) 맞고 틀림의 문제가 아니다. (iii) 완전한 해결이 불가능하고, 단지 만족할 만한 수준의 해결만이 가능하다. (iv) 해결책의 성패를 판단할 수 있는 절대적이고 즉각적인 기준이 존재하지 않는다. (v) 전례가 없고 독특하고 유일하다. (vi) 한번 문제 해결이 추진되면 되돌릴 수 없어 시행착오가 용납되지 않는다. (vii) 제한된 범위의 기존 대안이 존재하지 않아, 대안을 창조적으로 고안해야 한다. (viii) 문제가 복잡하게 얽혀 있어 하나의 문제가 다른 문제의 징후일 수 있다. (ix) 문제 설명 방식이 다양할 수 있으므로, 문제 설명 방식 선택이 문제 해결책의 본질을 결정한다. (x) 문제 해결 실패의 막대한 영향력 때문에 문제 해결을 계획하는 담당자에게 실패는 용납되지 않는다.

이상과 같이 정의된 리텔과 웨버의 사악한 문제는 복잡하거나 난해한 문제와 뚜렷하게 구분된다. 아무리 복잡하고 난해한 문제라고 해도 이들이 말하는 사악한 문제의 속성을 갖지 않는 문제는 '순한 문제tame problem'이다. 대부분의 과학자나 기술자가 해결해야 하는 문제는 어렵지만 순한 문제이다. 순한 문제를 해결하는 것과 사악한 문제를 해결하는 것은 근본적으로 다르다.

예를 들어, 매우 난해한 수학문제는 복잡하거나 어려운 문제일지는 모르나 사악한 문제는 아니다. (i) 문제 해결 이전에도 얼마든지 문제를 분명하게 정의할 수 있고, (ii) 문제 자체의 정의와 이해당사자의 선호·관점·이해관계 등의 차이는 무관하고, (iii) 매우 난해하지만 완전한 해결이 가능하고, (iv) 맞고 틀림을 객관적으로 판단할 수 있고, (v) 유사한 유형의 문제가 존재하고, (vi) 문제 풀이 과정의 실수를 통한 학습이 용납되고, (vii) 문제 해결을 위한 창의성이 요구되나, 문제 해결에 필요한 제한된 범위의 기존 해결 방법이 존재하기 때문이다. 이와 같이 아무리 복잡하고 난해한 문제도 사악한 문제의 특성을 갖지 않는다면 '순한 문제'인 것이다.[15]

유사한 맥락에서, 반 뷰런과 그의 동료들Van Bueren et al.은 사악한 문제를 (i) 원인과 결과에 대한 과학적 지식 부족에 기인하는 인지적 불확실성, (ii) 다양한 이해관계자의 존재로 인한 전략적 불확실성, 그리고 (iii) 다양한 조직과 정책 영역에서 이루어지는 의사결정으로 인한 제도적 불확실성 등의 특성을 갖는 사회문제로 정의한다.[16]

또한, 웨버와 카데미안Weber and Khademian은 사악한 문제를 비구조적이고unstructured, 다분야 중첩적이며cross-cutting, 영속적인relentless

문제라고 정의한다.[17] 여기서 '비구조적'이라는 것은, (i) 정확한 인과관계 확인이 어렵고, (ii) 많은 정보가 요구되고, (iii) 문제 해결 과정이 유동적이고, (iv) 문제의 정의와 해결책에 대한 공감대 형성이 어렵다는 것을 의미한다. 또한, '다분야 중첩적'이라는 것은, (i) 다수의 이해관계자가 존재하고, (ii) 다양한 관점이 존재하고, (iii) 이해관계자 사이의 상호의존성이 높고, (iv) 경쟁적이고 다양한 가치 사이의 상충관계가 존재하여 갈등의 가능성이 높고, (v) 정치적이고 사회적인 복잡성이 높고, (vi) 비공식적이고, 사회적으로 배태되고, 다양한 출처에서 생성되는 지식의 중요성이 증가하는 문제라는 것을 말한다. 그리고 '영속적'이라는 것은 한 번에 해결될 수 없으며 문제가 지속적으로 다른 문제로 변화한다는 것을 의미한다.

참고로 문제의 사악성wickedness은 '정도의 문제'로, 여기에서 제시된 조건의 일부만을 갖는 다양한 유형의 사악한 문제가 존재할 수 있다. 그러므로 문제의 유형에 따라 상이한 접근이 필요하다. 그러나 계층제적 지시에 익숙한 대부분의 조직은 문제의 본질, 즉 문제의 사악성의 정도를 적절하게 인식하지 못하고 모든 사회문제를 '복잡하고 난해하지만 순한 문제'로 잘못 인식하는 경향이 존재한다.[18] 사악한 문제를 전통적인 계층제적 지시, 또는 명령과 통제 패러다임에 입각하여 대처하는 전형적인 방법은 (i) 문제를 과학적으로 연구하고 studying, (ii) 문제를 순하게 길들이는 것taming이다.[19] 그러나 사악한 문제의 속성상, 이러한 방법으로는 사악한 문제를 성공적으로 다룰 수 없다.

어려운 수학문제를 풀기 위해서는 수학자의 연구가 필요한 것과 마찬가지로, 복잡하지만 순한 문제의 경우에는 전문가들의 자료수집과 분석 그리고 연구하기studying를 통해서 문제를 이해하고 해결하는데 많은 도움을 받을 수 있다.[20] 그러나 사악한 문제의 경우는 사정이 전혀 다르다. 사악한 문제의 경우에는 전문가들의 자료수집과 분석을 통해서 얻거나 배울 수 있는 것이 거의 없다. 사악한 문제의 특성상 객관적 자료의 수집과 과학적 분석으로 알아낼 수 있는 것이 많지 않기 때문이다. 이러한 사악한 문제의 특성을 감안하지 않고 지나치게 분석과 연구에 치중하다보면 생각이 너무 많아 행동에 옮기지 못하는 분석마비analysis paralysis의 함정에 빠질 수도 있다.

길들이기taming 또한 전혀 도움이 되지 않는다. 문제 길들이기는 사악한 문제를 마치 순한 문제인 것처럼 재정의하여 해결 가능한 문제로 전환하는 것이다. 일반적으로, (i) 문제를 임의로 단순하게 정의하여 하위 문제를 부각시키고, (ii) 문제 해결을 공식적으로 인정하거나 선언하고, (iii) 문제 해결 기준을 임의로 설정하고, (iv) 제한된 대안만을 대상으로 해결 방법을 탐색하고, (v) 겉으로 보기에 유사한 과거 문제와 같은 유형으로 분류하여 과거의 해결책을 적용하는 등의 방법으로 사악한 문제를 해결하기 쉬운 순한 문제로 길들일 수 있다. 그러나 길들여진 순한 문제가 해결된다고 해서 원래의 사악한 문제가 해결되는 것은 아니다.[21]

대부분의 정책 과정에서 이러한 문제 길들이기가 나타나는지 모른다. 그러나 이런 방법으로 사악한 문제를 성공적으로 해결하는 것은 불가능하다. 사악한 문제의 '사악성'은 결코 쉽게 사라지지 않는다. 지나친 연구로 문제 해결 방안을 실천에 옮기지 못하는 것도 문제지만, 엉뚱한 해결책 실행에 자원을 낭비하는 것은 더욱 심각한 문제일 수 있다. 문제 길들이기는 단기적으로는 성과를 거둘 수 있을지 모르지만, 장기적으로는 심지어 문제를 오히려 악화시키는 심각한 부작용을 초래한다. 따라서 문제의 속성을 정확하게 이해하고, 문제의 속성에 적합한 해결 방법을 강구해야 한다.

요컨대, 대부분의 사회문제가 사악한 문제의 성격을 가지므로 계획을 통한 사회문제 해결 노력은 근본적인 한계를 갖는다고 할 수 있다. 이러한 우려는 사회가 복잡해짐에 따라 점차 현실화되고 있다. 모든 사회문제가 리텔과 웨버가 말하는 사악한 문제의 특성을 모두 갖고 있는 것은 아니지만, 적어도 일부의 특성은 갖는 경우가 대부분이기 때문이다. 그러므로 전체적 수준의 계획을 통한 사회문제 해결, 또는 계층제적 지시를 통한 사회문제 해결뿐만 아니라 다양한 사회문제 해결 방법을 총망라할 수 있는 '사회문제 유형에 따른 적합한 대안'의 탐색이 필요하다.

3) 사악한 문제의 정의 II: 상호의존성

한편, 거버넌스를 다루는 최근의 연구들은 문제 해결을 위하여 다양한 조직과 개인의 지식과 자원이 요구되는 해결 주체 사이의 상호의존성을 기준으로 사악한 문제를 정의한다. 이러한 관점에 의하면, 사악한 문제는 '문제의 범위가 하나의 조직 또는 기관의 관할권과 일치하지 않아 다양한 조직이나 기관의 자원과 정보와 노력을 함께 동원해야만 성공적으로 해결될 수 있는 문제'라고 정의된다.[22] 이와 같이 사회문제 해결 당사자들 사이의 상호의존성으로 사악한 문제를 정의하는 경우, 전통적으로 사회문제 해결에 필요한 전문성과 자원을 독점하였던 정부가 더 이상 혼자 힘으로는 해결할 수 없는 사회문제

가 증가하게 된 현상을 사악한 문제라는 개념으로 설명할 수 있다.[23]

사회문제 해결 당사자 사이의 상호의존성은 다양한 형태로 나타난다. 톰슨Thompson에 의하면, 상호의존성은 집합적 상호의존성pooled interdependence, 순차적 상호의존성sequential interdependence, 그리고 호혜적 상호의존성reciprocal interdependence 등의 세 가지 유형으로 분류될 수 있다.[24]

첫째, 집합적 상호의존성은 사회문제 해결에 필요한 자원을 다양한 행위자들이 갖고 있으며, 다양한 행위자들이 각자 자신이 보유한 자원으로 각자의 역할을 수행하면 역할수행 순서와 상관없이 사회문제를 해결할 수 있는 경우를 의미한다. 따라서 이 경우에는 행위자들 사이의 직접적 접촉이나 상호작용은 필요하지 않으며, 또한 정밀한 조정도 필요하지 않다.

둘째, 순차적 상호의존성은 사회문제 해결에 참여하는 한 행위자의 산출이 다른 행위자의 투입으로 요구되는 연속적인 관계를 갖는 경우를 의미한다. 집합적 상호작용과는 다르게, 이 경우에는 행위자들의 역할수행 순서가 중요하다. 따라서 행위자들의 역할수행 순서를 조정할 수 있는 보다 정교한 계획이 요구된다. 그러나 조정을 위해서 행위자들 사이의 직접적 접촉이나 상호작용이 필요하지는 않다.

셋째, 호혜적 상호의존성은 사회문제 해결에 참여하는 행위자들의 역할수행을 실시간으로 조정하지 않으면 사회문제를 성공적으로 해결할 수 없는 경우를 의미한다. 이 경우에는 행위자들이 동시에 역할을 수행하면서 서로의 행동을 지속적으로 조정할 필요가 있어 직접적 접촉과 상호작용이 요구된다. 아울러, 행위자들의 역할수행을 실시간으로 조정하기 위한 보다 정밀하고 체계적인 조정이 필요하다.

이와 같이 사회문제 해결을 위해서 행위자들의 자원과 정보와 노력이 필요한 경우, 즉 사회문제 해결에 참여하는 조직이나 기관 사이의 상호의존성이 존재하는 경우 사회적 조정이 요구된다. 단일 조직에서는 타인의 의지나 선호와 무관하게 타인의 선택을 강제할 수 있는 능력, 즉 계층제적 지시가 작동할 수 있다.[25] 앞장에서 설명한 바와 같이, 계층제적 지시는 일반적으로 의견과 행동을 조율하는 거래비용을 최소화시킬 수 있는 방법이라는 점에서 가장 효율적인 상호작용 조정 방법으로 인정된다. 그러므로 특히 정밀한 조정이 요구되는 호혜적 상호의존성이 존재하는 경우 계층제적 지시는 매우 효율적인 사회적 조정 방법이 될 수 있을 것이다. 그리고 바로 이것이 전통적 행정학이 계층제적 지시를 '좋은 행정'을 만드는 최선의 대안이라고 주장하는 이유라고 할 수 있다.

그러나 계층제적 지시는 만병통치약이 아니다. 이 책의 2장에서 설명된 바와 같이, 계층제적 지시가 효과적으로 작동하기 위해서는 정보문제와 동기문제가 존재하지 않아야 한다. 즉, 계층제적 지시 권한을 가진 개인이나 조직이 (i) 사회문제 해결에 필요한 지식과 정보를 보유하고, (ii) 계층제적 지시 권한을 사적 이해관계와 무관하게 공공의 목적을 위해서만 사용하는 등의 전제조건이 충족되어야만 계층제적 지시를 통하여 성공적으로 사회문제를 해결할 수 있다. 만일 이러한 전제조건이 충족되지 않는다면 계층제적 지시는 적절한 사회문제 해결 방법이 될 수 없다.

상호의존성을 기준으로 정의되는 사악한 문제의 경우, 문제 해결에 필요한 정보나 자원을 단일 조직이 보유하지 못한다는 사실은 계층제적 지시가 작동할 수 없다는 것을 의미한다. 정부 부처의 경우처럼 단일 조직으로의 통합이 물리적으로는 가능한 경우에는 조직통합을 하나의 대안으로 고려해볼 수도 있을 것이다. 그러나 정부 부처의 경우도 실질적으로는 통합이 물리적으로 불가능한 경우가 많다. 단일 조직으로의 통합이 물리적으로나 제도적으로 불가능한 다수 조직의 공동의 노력이 요구되는 사악한 문제의 경우, 전체를 총괄하는 공식적 권한을 통한 통제나 조정이 불가능하게 된다. 그러므로 이러한 경우에는 불가피하게 자율성을 갖는 조직 또는 기관 간의 수평적 협력과 조정이 요구된다.

특히, 사악한 문제 해결에 필요한 정보와 자원이 정부뿐만 아니라 민간부문에도 존재하는 경우에는 정부 부처만의 통합, 또는 정부 부처 사이의 수평적 협력만으로 사악한 문제를 성공적으로 해결하는 것은 불가능하다. 그러므로 이와 같은 특성을 갖는 사악한 문제의 경우 정부 부처 간뿐만 아니라 민간부문과의 수평적 협력이 필요하게 된다.

물론, 민간부문의 경우에도 단일 조직으로의 통합은 어렵지만 규제 등 계층제적 지시를 통한 통제는 물리적으로 가능하다. 그러나 이와 같은 계층제적 지시를 통한 통제가 성공적으로 작동하기 위해서는 정부가 민간부문이 갖고 있는 정보를 모두 파악할 수 있어야 한다. 정보의 완전한 파악이 불가능하다는 사악한 문제의 본질적 속성을 고려할 때, 비록 계층제적 지시가 물리적으로는 가능하다고 하더라도 사악한 문제를 성공적으로 해결할 수 있는 현실적인 방법이라고 하기는 어렵다.

3. 사회문제 유형과 계층제적 지시

1) 사회문제 유형화

사악한 문제의 정의 I과 정의 II는 상호독립적이라기보다는 서로 연관되어 있으며, 현실에서는 다양한 유형의 사악한 문제가 존재한다. 참고로, 호주 공공서비스 위원회Australian Public Service Commission는 사악한 문제를, (i) 명확한 정의가 곤란하고, (ii) 다양한 상호의존성과 복잡한 원인을 갖고, (iii) 해결책은 불가피하게 예측하기 어려운 부작용을 유발하고, (iv) 불안정하고 지속적으로 변화하고, (v) 명백하고 옳은 해결책이 존재하지 않고, (vi) 다양한 이해관계자가 존재하는 사회적 복잡성을 갖고, (vii) 다수의 조직에 문제 해결 책임성이 분산되어 있고, (viii) 해결을 위해서 시민과 이해관계자의 가치관과 행태 변화가 요구되고, (ix) 만성적인 정책실패가 불가피한 문제라고 정의한다.[26]

이러한 정의는 정의 I과 정의 II를 종합하는 정의라고 할 수 있다. 따라서 네트워크 사회의 사악한 문제에 성공적으로 대처하기 위해서 사악한 문제의 유형화가 필요하다. 이상의 논의를 토대로 사회문제의 유형을 예시적으로 분류하면 다음과 같다. 여기에서 사회문제 유형 분류에 사용된 기준은 두 가지이다. 첫 번째 기준은 리텔과 웨버가 말하는 사악한 문제의 특성이고(정의 I), 두 번째 기준은 사회문제 해결에 필요한 행위자 사이의 상호의존성이다(정의 II).

먼저, 사회문제 자체의 특성에 따라 문제 정의 및 문제 해법에 대한 일반적인 동의가 존재하는 사회문제와 그렇지 않은 사회문제 등의 두 가지 유형의 문제를 생각해볼 수 있다. 다음으로, 문제 해결에 필요한 행위자 사이의 상호의존성, 즉 지식과 자원의 분포에 따라 지식과 자원이 단일 공공조직에 의해 독점된 사회문제, 다수의 공공조직에 분포되어 있는 사회문제, 그리고 다수의 공공조직과 민간조직에 분포된 문제 등 세 가지 유형의 사회문제를 생각해볼 수 있다. 또한, 다수의 행위자의 지식과 자원이 필요한 경우를 상호의존성의 유형에 따라 각각 집합적 상호의존성, 순차적 상호의존성, 그리고 호혜적 상호의존성 등의 세 가지 유형으로 나눌 수 있다. 이러한 유형 분류를 정리하면 〈표 4-1〉과 같다.[27]

〈표 4-1〉 사회문제 유형

		문제정의 동의 존재 문제해법 동의 존재	문제정의 동의 부재 문제해법 동의 부재
단일 공공조직(부처) 정보/자원 필요		문제 유형 1	문제 유형 8
다수 공공 조직(부처) 정보/자원 필요	집합적 상호의존성	문제 유형 2	문제 유형 9
	순차적 상호의존성	문제 유형 3	문제 유형 10
	호혜적 상호의존성	문제 유형 4	문제 유형 11
다수 정부와 민간 정보/자원 필요	집합적 상호의존성	문제 유형 5	문제 유형 12
	순차적 상호의존성	문제 유형 6	문제 유형 13
	호혜적 상호의존성	문제 유형 7	문제 유형 14

2) 계층제적 지시의 한계

일반적으로 〈표 4-1〉의 유형 중 '문제 유형 1'을 제외한 13가지 유형의 사회문제를 모두 사악한 문제라고 정의할 수 있다.[28] 그러나 사악한 문제도 모두 동일한 특성을 갖는 것은 아니다. 특성에 따라 차별화된 해결방안을 마련하는 것이 중요하다. 예를 들어, '문제 유형 2~4'의 경우, 정부기관이나 조직을 단일 조직으로 통합하거나 또는 공통의 상위 기관이나 조직의 직접적인 계층제적 지시를 활용하는 등의 전통적인 방법으로 성공적으로 해결할 수 있을 것이다. 이는 리텔과 웨버가 말하는 사악성을 갖지 않는 사회문제이므로, 지식과 자원을 확보하게 되면 '길들이기'의 오류나 부작용 없이 '연구하기'를 통하여 사회문제 해결방안을 도출하고 적절한 자원을 활용하여 해결방안을 집행할 수 있을 것이기 때문이다.

그러나 같은 사악한 문제라고 하더라도 '문제 유형 5~7'의 경우에는 이러한 방법의 적용이 곤란하다. 사회문제 해결에 필요한 지식과 자원을 보유한 민간부문의 조직과 정부기관이나 조직을 단일 조직으로 통합하는 것은 현실적으로 불가능하기 때문이다. 규제 등을 통한 계층제적 지시를 활용하여 민간부문 조직을 강제할 수는 있으나, 이와 같은 강제가 언제나 가능한 것은 아니다. 따라서 이 경우에는 민간부문 조직과의 수평적 협력을 위한 노력이 요구된다.

전통적인 사회문제 해결 방법의 부적절성은 리텔과 웨버의 사악성을 갖는 사회문제(문제 유형 8~14)의 경우 더 심각해진다. 이러한 문제의 경우, 계층제적 지시와 같은 전통적인 사회문제 해결 방법으로는 문제의 정의나 해결이 불가능할 뿐만 아니라, 바람직하지도 않다. 사악한 문제의 속성상 계층제적 지시의 전제조건인 '정보문제'의 극복이 본질적으로 불가능하기 때문이다.

앞서 언급된 바와 같이 사악한 문제에 대한 전문적이고 과학적인 '연구하기'는 사악한 문제의 해결에 도움이 되지 않는다. 그럼에도 불구하고 '연구하기'를 통하여 문제를 명확하게 정의하고 해결책을 찾아내는 것이 가능하고 심지어 반드시 필요하다는 것이 정부와 학자들의 일반적인 생각이다. 실제로 정부가 계층제적 지시 권한을 사용하여 문제 해결책을 찾기 위한 연구에 많은 시간과 노력을 투자하는 경우가 많다. 물론 사회문제 유형에 따라서는 연구를 통해 효과적인 해결방안을 찾을 수 있는 경우도 있다. 그러나 연구와 전통적인 사회문제 해결 방법으로는 사악성을 갖는 사회문제를 성공적으로 해결할 수 없다.

정부가 일반적으로 사용하는 또 하나의 전통적인 사악한 문제 해결 방법은 '길들이기'이다. 계층제적 지시 권한을 독점적으로 갖고 있는 정부는 매우 손쉽게 사악한 문제를 '순한 문제'로 길들일 수 있다. 사회문제 해결에 필요한 공식적 권한이 있는 정부는 문제를 임의로 정의하고, 문제 해결 기준을 임의로 설정하고, 제한된 대안만을 대상으로 해결 방법을 탐색하고, 겉으로 보기에 유사한 과거 문제와 같은 유형으로 분류하여 과거의 해결책을 적용하는 등의 방법으로 사악한 문제를 순한 문제로 길들일 수 있는 것이다. 어쩌면 정도의 차이는 있을지 몰라도 정부정책의 상당 부분은 이와 같은 '순한 문제로 길들이기'에 해당되는지 모른다.[29] 그러나 이러한 방법으로 사악한 문제를 성공적으로 해결하는 것은 불가능하다.

사악한 문제를 사악한 문제로 받아들이고 사악한 문제에 맞는 해결책을 강구해야 한다. 그러나 단일 조직의 독자적인 노력만으로는 해결되기 어려운 사악한 사회문제가 존재하는 많은 경우에도 여전히 사회문제 유형에 대한 관심이나 고려 없이 계층제적 지시를 통하여 다수 기관의 자원과 노력을 동원하는 방법으로 문제 해결을 시도하는 경향이 있다.[30] 사악한 문제를 계층제적 지시와 같은 전통적인 방법으로 해결하는 것은 바람직하지 않다. 특히, 의도적으로 사악한 문제의 속성을 외면하고 사악한 문제를 길들이려 하는 것은 도덕적으로 옳지 않은 '사악한'일이다. 사악한 문제는 계층제적 지시나 권위적 방법에 의존하기보다 '협력적 전략collaborative strategies'을 통하여 해결할 필요가 있다.[31]

결론적으로, 계층제적 지시는 더 이상 현대 네트워크 사회의 다양한 사악한 문제를 성공적으로 해결할 수 있는 적절한 사회적 조정 양식이 아니다. 다양한 유형의 사악한 사회문제를 성공적으로 해결하기 위해서 필요한 다양하고 새로운 전략을 탐색하기 위한 적극적인 관심과 노력이 요구된다. 그리고 이러한 다양하고 새로운 전략을 탐색하기 위해서 새로운 사회적 조정 양식의 개념과 특성을 명확하게 이해하고 정의할 필요가 있다.

미주

1) 이 절은 이명석, "네트워크 사회의 정책학-Lasswell 패러다임과 신제도주의를 중심으로," 〈정책분석평가학회보〉, 16(2006): 1-23의 내용 일부를 재구성한 것임.

2) 이명석, "거버넌스의 개념화: '사회적 조정'으로서의 거버넌스," 〈한국행정학보〉, 36:4(2002): 321-338, p.332.

3) Joachim Blatter, "Beyond Hierarchies and Networks: Institutional Logics and Changes in Transboundary Spaces," *Governance: An International Journal of Policy, Administration, and Institutions*, 16 : 4(2002): 503-526, p.504; 이명석, "거버넌스에서 정부로?: 한국장기이식 거버넌스 사례를 중심으로," 〈정책분석평가학회보〉, 16 : 3(2006): 195-220, p.199.

4) 상호작용의 형식에는 '시장market', '네트워크network', '협회association', '계층제 hierarchy' 등이 있고, 상호작용의 유형으로는 '일방적 행동unilateral action', '협상에 근거한 합의negotiated agreement', '다수결majority voting', '계층제적 명령hierarchical direction' 등이 있다. 자세한 내용은 Frantz Scharpf, *Games Real Actors Play: Actor-Centered Institutionalism in Policy Research*, (Westview Press, 1997) 참조할 것.

5) Vincent Ostrom, *Intellectual Crisis in American Public Administration*, (AL: University of Alabama Press, 1974).

6) Jan Kooiman, "Governance and Governability: Using Complexity, Dynamics and Diversity," in Jan Kooiman, (ed.), *Modern Governance: New Government-society Interactions*, (Sage, 1993): 35-48.

7) Maarten. A. Hajer and Hendrik Wagenaar, "Introduction," in Maarten. A. Hajer and Hendrik Wagenaar, (eds.) *Deliberative Policy Analysis: Understanding Governance in the Network Society*, (Cambridge: Cambridge University Press, 2003): 1-32.

8) Walter Kickert, "Public Governance in the Netherlands: An Alternative to Anglo-American 'Managerialism'," *Public Administration*, 75(1997): 731-752.

9) 앞의 논문; Erik-Hans Klijn, "Analyzing and Managing Policy Processes in Complex Networks: A Theoretical Examination of the Concept Policy Network and Its Problems," *Administration and Society*, 28 : 1(1996): 90-119.

10) Roderick AW. Rhodes, "The Governance Narrative: Key Findings and Lessons from the ESRC'S Whitehall Programme," in Roderick AW. Rhodes, (ed.) *Public Administration: 25 Years of Analysis and Debate*, (West Sussex: Wiley-Blackwell, 2000): 41-58.

11) Robert Agranoff and Michael McGuire, *Collaborative Public Management*, (Washington, D.C.: Georgetown University Press, 2003): p.117; 이명석, "거버넌스에서 정부로?: 한국장기이식 거버넌스 사례를 중심으로," 〈정책분석평가학회보〉, 16 : 3(2006): 195-220, p.206.

12) Horst WJ Rittel and Melvin M. Webber. "Dilemmas in a General Theory of

Planning," *Policy Sciences*, 4(1973): 155-169, pp.160-161 참조할 것.

13) '사악한 문제'라는 표현보다 '난해한 문제', 또는 '난제'라는 표현이 더 적절하다는 지적도 존재한다. 그러나 미주 15)에서 언급되는 바와 같이, 'wicked problems'는 '어려운' 문제와는 차별화되는 개념이므로 이 글에서는 사악한 문제라는 용어를 사용한다. 참고로, 아무도 난해한 문제나 난제를 영어로 'wicked problems'라고 번역하지는 않을 것이다.

14) Horst WJ Rittel and Melvin M. Webber. "Dilemmas in a General Theory of Planning," pp.161-167.

15) 예를 들어 증명에 300년 이상이 걸린 '페르마의 마지막 정리'와 같은 매우 어려운 수학문제의 경우, 문제를 푸는 것은 매우 어렵다. 그러나 문제의 정의는 명확하고, 난해하지만 완전한 해결이 가능하고, 맞고 틀림을 객관적으로 판단할 수 있고, 유사한 유형의 수학문제가 존재하고, 문제풀이 과정의 실수를 통한 학습이 용납되고, 문제 해결을 위한 창의성이 요구되나, 문제 해결에 필요한 제한된 범위의 기존 해결 방법이 존재하기 때문에 사악한 문제가 아니라 순한 문제라고 할 수 있다.

16) Ellen M. Van Bueren, Erik-Hans Klijn, and Joop FM Koppenjan, "Dealing with Wicked Problems in Networks: Analyzing an Environmental Debate from a Network Perspective," *JPART*, 13:2(2003): 193-212, pp.193-194.

17) Edward P. Weber and Anne M. Khademian, "Wicked Problems, Knowledge Challenges, and Collaborative Capacity Builders in Network Settings," *Public Administration Review*, 68:2(2008): 334-349, p.336.

18) Jeff Conklin, "Dialog Mapping: An Approach for Wicked Problems," *CogNexus Institute*, 3(2003).

19) 앞의 논문; Ellen M. Van Bueren, Erik-Hans Klijn, and Joop FM Koppenjan, "Dealing with Wicked Problems in Networks: Analyzing an Environmental Debate from a Network Perspective," p.194.

20) 이러한 점에서 사악한 문제는 하딘Hardin이 말하는 "기술적인 해결책이 존재하지 않는 문제no technical solution problems"에 해당하는 문제라고 할 수 있다. 그에 의하면, 자연과학적인 해결책, 즉 기술적인 해결책에 의한 해결이 불가능한 많은 사회문제가 존재하며, 이와 같은 문제를 해결하기 위해서 필요한 것은 기술적인 해결책이 아니라, 인간의 행태, 도덕 그리고 가치관의 변화라는 것이다. 그러나 사회문제를 '기술적인 해결책이 존재하는 문제'인 것으로 가정하고, 기술적인 해결책을 탐색하기 위한 과학적인 연구를 강구한다면 성공적인 문제 해결은 불가능하게 될 것이다. 자세한 내용은, Gerret Hardin, "The Tragedy of the Commons," *Science*, 162(1968): 1243-1247, p.1243 참조할 것.

21) Jeff Conklin, "Dialog Mapping: An Approach for Wicked Problems."

22) 앞의 논문.

23) 이명석, "거버넌스의 개념화: '사회적 조정'으로서의 거버넌스," 〈한국행정학보〉, 36:4(2002): 321-338, p.332.

24) James D. Thompson, *Organizations in Action: Social Science Bases of Administrative Theory*, (Transaction Publishers, 1967), p.56.

25) Herbert Simon, *Models of Man: Social and Rational; Mathematical Essays on Rational Human Behavior in a Social Setting*, (New York: Wiley, 1957).

26) Australian Public Service Commission, *Tackling Wicked Problems: A Public Policy Perspective*, (Australian Public Service Commission, 2012), pp.3-7.

27) 본문에서도 간략하게 언급된 바와 같이, 이 표는 사악한 문제 유형이 다양하다는 것을 보여주는 하나의 예시일 뿐이다. 기준과 기준의 범주 선정에 따라 다양한 유형 분류가 가능하다.

28) 사악한 문제를 본문에서 제시된 10가지 특성 각각의 유무에 따라 보다 상세하게 분류할 수도 있다. 혹은, (i) 단순한 문제(문제 정의와 문제 해법에 대한 동의 존재), (ii) 복잡한 문제(문제 정의에 대한 동의는 존재하나, 문제 해법에 대한 동의 부존재), 그리고, (iii) 사악한 문제(문제 정의와 문제 해법에 대한 동의 부존재) 등으로 분류할 수도 있다. 그러나 이 글에서는 논의의 편의를 위하여 〈표 4-1〉과 같이 분류하기로 한다. 자세한 내용은 Nancy Roberts, "Wicked Problems and Network Approaches to Resolution," *International Public Management Review*, 1:1(2000): 1-19 참조할 것.

29) 예를 들면, 저출산 고령화 문제의 경우 출산율 제고나 인구고령화 문제를 해결하는 과정에서 정부는 정책목표를 다양한 관련 정책의 예산집행률 100% 달성으로 한정할 수 있다. 이 경우, 사악한 문제인 저출산 고령화 문제는 '예산집행률 100% 달성'이라는 '순한 문제로 길들여지게 되고 출산율 제고나 노령인구 증가 문제가 해결되지 않더라도 예산집행률 100%라는 목표는 달성될 수 있다.

30) 전통적인 정부의 사회문제 해결 방식이 현대사회의 사악한 문제 해결 방법으로 부적절하다는 논의가 이미 오래전부터 미국 행정학계에서 진행되어 왔다. 자세한 내용은 Edward P. Weber and Anne M. Khademian, "Wicked Problems, Knowledge Challenges, and Collaborative Capacity Builders in Network Settings" 참조할 것.

31) Nancy Roberts, "Wicked Problems and Network Approaches to Resolution," pp.2-3.

제5장

네트워크 거버넌스: 새로운 사회적 조정 양식

공식적 조정 과정은 많은 시간이 소요되며, 결론에 도달하지 못하는 경우가 많다. 진정한 조정은 오히려 공식적 절차 밖에서 이루어지는 경우가 많다. … 이러한 조정 기제는 법적 근거를 갖지 않는다. … 이러한 조정 기제의 중요성과 영향력은 광범위하고 지속적이다.

— 도널드 치섬Donald Chisholm,
  《계층제 없는 조정》에서

1. 사회적 조정

1) 중앙집권적 통제: 집합행동을 위한 유일한 조정?

사회적 조정social coordination은 집합행동의 문제를 극복하기 위한 노력이다. 일반적으로 조정coordination은 '어떤 목적이나 효과를 달성하기 위하여 상이한 이해관계를 가진 사람이나 조직들이 함께 일하도록 하는 행위'라고 정의될 수 있다.[1] 사회문제와 관련된 집합행동의 경우, 조정은 사회적 딜레마 극복을 위하여 상이한 이해관계를 가진 개인이나 조직을 함께 일하도록 하는 행위, 즉 사회적 딜레마 극복에 필요한 집합행동을 가능하도록 하는 행위라고 할 수 있다.

사회적 딜레마를 해결하기 위해서는 법적 권한을 독점적으로 보유하는 정부에 의한 중앙집권적 통제 또는 계층제적 지시를 통한 강제적 조정이 불가피한 것으로 인정되어 왔다. 그리고 사회적 딜레마를 극복하는 유일한 방법으로 인정되어 온 중앙집권적 통제가 언제나 조정과 동일시되어 왔다.[2] 전통적 행정학의 관료제적 패러다임에서 행정은 언제나 관료제, 계층제, 또는 통제 등과 동의어로 인식되어 왔던 것이다.[3]

이 책의 2장에서 설명된 바와 같이, 전통적 행정학의 관료제 패러다임은 (i) 어떤 정부체제에서나 단일 권력중추가 존재하고, (ii) 권력은 분산될수록 무책임해지고, (iii) 행정기능이나 조직과 관련하여 모든 국가는 강한 구조적 유사성을 갖고, (iv) 전문지식을 갖춘 관료들로 구성된 계층제의 완성이 "좋은 행정"의 구조적인 필요조건이고, (v) 계층제적 조직의 완성은 조직의 효율성을 극대화하고, 결론적으로 (vi) 이상의 조건을 충족하는 좋은 행정의 완성이 인류문명과 인류복지 증진의 필요조건이라는 등의 가정에 근거한다. 요컨대, 전통적 행정학의 기초가 되는 관료제 패러다임의 핵심은 단일 권력중추를 갖는 계층제적 구조로 특징지어지는 관료제적 행정을 통한 사회적 조정의 우월성 또는 불가피성을 당연한 것으로 받아들이는 것이라고 할 수 있다.

물론 전통적 행정학의 가정에 대한 도전이 전혀 없었던 것은 아니다. 관료제 패러다임은 그동안 조직인본주의organizational humanism, 정책학, 신행정학New Public Administration 등으로부터 많은 이론적 도전을 받아 왔다.[4] 그러나 전통적 행정학의 핵심 가정인 '단일중심성monocentricity'의 우월성에 대한 이론적 도전은 거의 전무했다고 할 수 있다.[5] 실제로 전통적 행정학의 단일중심성 가정은 최근까지도 여전히 널리 받아들여지고 있다. 아직도 많은 학자들이 중앙집권적 사회적 조정과 통제가 좋은 행정을 위하여 반드시 필요하다고 믿고 있다. 행정이 다루어야 하는 문제는 일반 국민에게는 너무 복잡하고 어려우므로, 일반 국민들은 사회문제를 대신 해결해줄 수 있는 기술적 지식과 전문성을 갖춘 관료를 선발한 후, 관료에게 사회문제 해결을 맡겨야 한다는 것이다.[6]

2) 사회적 조정 양식의 유형

그러나 사회적 조정은 계층제적 통제에 의해서만 가능한 것이 아니다. 예를 들어, 제솝Jessop은 '교환을 통한 사후적 조정ex-post coordination through exchange', '하향식 계획을 통한 사전적 조정ex-ante coordination through imperative top-down planning' 그리고 '성찰적 자기조직화를 통한 조정coordination based on reflexive self-organization' 등 3가지의 사회적 조정 유형을 제시한다.[7]

먼저, 교환을 통한 사후적 조정은 일반적으로 시장에 의해 이루어지며, 자발적이고 수평적인 교환을 통하여 희소한 자원을 효율적으로 배분하는 데 탁월한 역할을 담당한다. 그러나 사회적 딜레마의 경우 그 기능을 적절하게 수행하지 못하며, 환경문제 등과 같은 부정적 외부 효과의 문제가 대표적인 한계로 지적된다.

다음으로, 하향식 계획을 통한 사전적 조정은 일반적으로 정부 또는 계층제를 통하여 이루어지며, 이해관계의 갈등이 존재하는 경우에 강제적 통제력을 활용할 수 있는 공식적 권한을 보유한 개인 또는 조직이 집합행동을 강제할 수 있다는 장점을 갖는다. 그러나 계획에 필요한 정확한 사전적 지식을 필요로 하고, 과도한 통제로 인하여 의도하지 못한 부작용이 발생할 수 있다는 등의 한계를 갖는다.

마지막으로, 성찰적 자기조직화를 통한 조정은 다양한 개인이나 조직 간의 지속적인 협의와 협상을 통하여 이루어지며, 제한된 합리성과 기회주의적 행동의 문제를 극복할 수 있다는 장점을 갖는다. 그러나 자발적 협력에 근거한 사회적 조정이 항상 가능한 것은 아니라는 한계를 갖는다.

제솝의 이러한 3가지 사회적 조정의 유형은 다른 학자들에 의해 (i) 시장, 계층제, 민주주의,[8] (ii) 시장, 계층제, 네트워크,[9] (iii) 교환, 권한, 설득,[10] (iv) 가격, 권한, 신뢰,[11] (v) 거래, 권한, 설득,[12] 그리고 시장, 관료제, 공동체[13] 등 다양한 이름으로 불린다.

첫째, 시장market, 교환exchange, 그리고 가격price 등으로 불리는 사회적 조정 양식은 개인의 자유를 침해하거나 불평등한 지위를 요구하지 않고 다수의 행위자들의 행동을 자연발생적으로 조정하는 것을 의미한다.[14] 일반적으로 시장으로 불리는 이 사회적 조정 양식은 다양한 이해관계를 갖는 행위자들 사이의 자발적 교환과 경쟁에 의해 이루어지는 교환을 통한 사후적 사회적 조정이다. 하이에크Hayek가 표현한 것처럼, "시장에서의 조정은 인간 행동human action의 결과이지 인간 설계human design의 결과가 아니다."[15] 의도적인 설계와 자신의 이해관계와 의도에 반하는 강제를 특징으로 하는 정치적 권위의 존재 없이 개인들의 자발적 교환에 의해 사회문제가 해결된다는 의미에서, 사회적 조정 양식으로서의 시장은 흔히 '보이지 않는 손invisible hand'이라고 불린다.

인간의 의도적인 설계 없이도 가격경쟁을 통해서 다양하고 상충되는 이해관계와 목적을 가진 소비자 개인과 기업들이 행동을 질서 있게 정리해서 희소한 자원의 효율적 배분을 가능하게 하는 것이 시장의 특징이다. 이와 같은 조정을 자동적으로 수행하는 사회적 조정 양식인 시장은 흔히 기업과 소비자 등 조직과 개인 사이 또는 조직 사이의 문제를 해결하는 사회적 조정 양식으로 이해된다. 하지만 시장은 조직 간 문제뿐만 아니라 조직 내부관리 문제를 해결하는 사회적 조정 양식으로도 작동할 수 있다. 조직에 '내부 시장internal market'을 구축하여 시장경쟁의 원리를 통하여 조직을 관리하는 신공공관리론의 사례가 바로 조직 내부관리와 관련된 조정에 활용되는 시장의 대표적인 예라고 할 수 있다.[16]

둘째, 계층제hierarchy, 권한authority, 그리고 관료제bureaucracy 등으로 불리는 사회적 조정 양식은 전통적 행정학의 관료제 패러다임이 가정하고 있는 사회적 조정 양식인 하향적 계획을 통한 사전적 조정을 공통적으로 의미한다. 이들은 모두 명시적 또는 암묵적으로 어떤 행동을 할 수 있는 공식적 권한을 부여받는 누군가에 의한 사회적 조정 양식을 의미한다.[17] 일반적으로 계층제라고 불리는 이 사회적 조정 양식은 공식적인 정치적 권위와 규칙에 의해 강제적으로 이루어지는 사회적 조정이다.[18] 이해관계의 갈등이 존재하는 경우, 타인의 의도나 이해관계와 반하여 집합행동을 하기 위해서 필요하다고 생각되는 특정한 행동을 강제할 수 있는 권한이 존재하는 것이 사회적 조정 양식으로서의 계층제의 특징이다.[19]

관료제와 동의어로 사용되기도 하는 계층제는 흔히 조직 형태 또는 조직 내부관리 원칙으로 이해되는 경우가 많다. 그러나 계층제는 조직 내부관리 원칙 또는 양식인 동시에 조직 간 조정 원칙 또는 양식이기도 하다.[20] 조직 내부관리의 문제와 조직 간 문제를 조정하는 사회적 조정 양식을 모두 의미하는 계층제는 이 책의 2장에서 설명된 '계층제적 지시'에 해당된다. 계층제에서는 바람직한 방향으로 사회문제를 해결하기 위한 총체적인 계획 또는 의도적인 설계가 이루어지며, 이런 의미에서 사회적 조정 양식으로서의 계층제는 일반적으로 '보이는 손visible hand'이라고 불린다.

셋째, 앞에서 설명된 계층제나 시장에 비해 사회적 조정 양식으로서의 인지도가 상대적으로 낮은 네트워크network, 민주주의democracy, 설득persuasion, 신뢰trust, 그리고 공동체community 등은 자발적으로 인정되는 정치적 권위에 의하여 행위자들 간의 행동을 조정하는 성찰적 자기조직화를 통한 사회적 조정을 의미한다. 흔히 네트워크라고 불리는 이 사회적 조정 양식은 정치적 권위가 형성되고 집행되는 과정에 의해 계층제나 시장과 차별화된다.

먼저, 공동의 필요에 따라 개인의 자유를 상당한 수준 침해할 수 있는 강제력이 작동한다는 점에서 시장과 뚜렷하게 구분된다. 사회적 조정 양식으로서의 네트워크는 규범, 가치, 호혜성 등에 의해 개인의 자유를 침해하는 강제력이 작동하는 사회적 조정 양식이라고 할 수 있다.[21]

또한, 개인의 자유를 침해하는 정치적 권위가 제3자의 강제 없이도 집행된다는 점에서 계층제와 구별된다. 네트워크는 동등한 지위를 갖는 행위자들이 자신들의 상호작용을 규정할 규칙을 결정하는 과정에 능동적으로 참여하고, 결정된 사항을 실행에 옮기는 데 필요한 집합행동에도 자발적으로 참여하는 것을 의미한다.

요컨대, 새로운 사회적 조정 양식인 네트워크의 핵심적인 특징은 법적 강제력에 의존하지 않는 정치적 권위political authority의 존재이다.[22] 제3의 사회적 조정 양식인 네트워크에서는 시장과는 달리 정치적 권위에 의한 강제가 존재한다. 하지만 계층제와는 달리 네트워크에서는 공식적 권위에 의한 법적 강제력이 아닌, 자발적 협력에 의해서 이루어지는 사회적·규범적 강제력에 근거하여 사회문제를 해결하기 위한 사회적 조정이 이루어진다. 이러한 사회적 조정은 "공유지의 비극The Tragedy of the Commons"이라는 논문으로 유명한 하딘Hardin이 제시하는 "상호 동의에 의해서 자치적으로 집행되는 강제"와 유사하다.[23] 이러한 의미에서 네트워크는 시장의 '보이지 않는 손'이나 계층제의 '보이는 손'과 대비되는 의미에서 '보이는 협력하는 손visible handshake'이라고 할 수 있다.[24] 계층제나 시장과 마찬가지로 네트워크 또한 조직의 형태 또는 조직 내부관리 문제를 해결하는 사회적 조정 양식인 동시에 조직 간 문제를 해결하는 사회적 조정 양식이다.

3) 계층제, 시장 그리고 네트워크: 거점locus 또는 초점focus?

흔히 계층제와 시장 그리고 네트워크로 불리는 사회적 조정 양식의 세 가지 유형은 행위자 또는 행위가 이루어지는 장소를 의미하는 개념으로 오해되기도 한다. 계층제는 정부에 의해, 또는 정부에서 이루어지는 사회적 조정이고, 시장은 시장의 기업에 의해 또는 시장에서 이루어지는 사회적 조정이며, 네트워크는 시민사회의 비영리단체에 의해 또는 시민사회에서 이루어지는 사회적 조정이라는 것이다. 일반적으로 계층제가 정부에 의해 또는 정부에서 이루어지고, 시장은 이름 그대로 시장에 의해 또는 시장에서 이루어지며, 네트워크는 시민사회에 의해 또는 시민사회에서 이루어지는 것은 사실이다. 그러나 이러한 관계는 필연적인 것이 아니다.

쉽게 생각할 수 있는 이러한 세 가지 사회적 조정 유형과 행위자 또는 행위 장소 사이의 관계는 개념적으로 적절하지 않다. 앞에서 설명된 것처럼 사회적 조정에서 중요한 것은 행위자나 행위 장소가 아니라 사회적 조정의 양식 또는 방법이다. 중요한 것은 행위 주체 또는 행위 장소 즉 거점locus이 아니라, 행위 자체의 특성 또는 행위가 이루어지는 방법 즉 초점focus인 것이다.

거점과 초점은 니콜라스 헨리Nicholas Henry에 의해 행정을 정의하는 기준으로 사용된 개념이다.[25] 행정을 '정부가 하는 일' 또는 '정부에서 일어나는 일'이라고 정의하는 것은 거점을 기준으로 행정을 정의하는 것이다. 이렇게 거점을 기준으로 행정을 정의한다면, 정부가 하는 일은 모두 행정이 되고, 정부가 아닌 다른 주체가 하는 일은 어떤 것도 행정이 될 수 없다.

반면에, 행위 주체 또는 행위 장소와 상관없이 행정을 '하는 일' 즉 '사회문제를 해결하는 것'으로 정의하는 것은 초점을 기준으로 행정을 정의하는 것이다. 초점을 기준으로 행정을 정의한다면 행위의 주체나 장소는 더 이상 중요하지 않다. 정부가 하는 일도 행정이 아닐 수 있으며, 반대로 정부가 아닌 다른 행위자가 하는 일도 행정이 될 수 있다.

이와 같은 거점(행위자 또는 행위 장소)과 초점(행위 자체의 특성)의 기준을 통하여 사회적 조정 양식의 특성을 좀 더 분명하게 이해할 수 있다.

첫째, 공식적 권위와 규칙에 의해 강제적으로 이루어지는 사회적 조정인 계층제의 경우 정부가 아닌 행위자에 의해서도 이루어질 수 있고, 정부가 아닌 곳에서도 이루어질 수 있다. 시장의 중요한 행위자인 기업에서도 계층제는 활용될 수 있다. 기업 사이에서 이루어지는 경쟁은 전형적인 시장에 의한 사회적 조정이다. 하지만 기업에서 이루어지는 다양한 내부관리는 일반적으로 공식적 권위와 강제력에 의해서 이루어진다. 따라서 이 경우 비록 시장에서 활동하는 기업 내부에서 이루어지는 사회적 조정이지만 '시장'이 아니라 '계층제'에 해당한다. 시민사회의 대표적인 행위자인 비영리단체에서도 계층제가 활용될 수 있다. 기업과 마찬가지로 다양한 내부관리에는 공식적 권위와 강제력이 활용될 수 있는 것이다.

둘째, 다양한 이해관계를 갖는 행위자들 사이의 자발적 교환과 경쟁에 의해 이루어지는 사회적 조정인 시장의 경우도 마찬가지이다. 계층제와 동의어로 여겨지는 정부 또한 시장의 중요한 행위자나 행위 장소가 될 수 있다. 정부도 기업 등 다른 민간부문 행위자들과 자발적인 교환과 경쟁을 통한 사회적 조정에 행위자의 하나로 참여할 수 있는 것이다. 예를 들어, 정부기관이 사회 서비스 제공 과정에서 민간기업과 자유롭게 경쟁하는 경우를 생각해볼 수 있다.

그리고 이 책의 3장에서 언급된 신공공관리론의 경우는 정부조직 내부관리에서 시장이 활용되는 전형적인 사례이다. 신공공관리론은 계층제적 통제가 정부조직 비효율성의 근본적인 원인이라는 문제의식에서 출발하여 정부 관료제의 내부관리에 시장원리를 도입한다. 계층제적 통제에 의존하지 않고 관리자에게 재량권을 부여한 후 성과를 기준으로 경쟁하도록 하는 경우, 정부 관료제는 계층제가 아니라 시장에 의해 관리되는 셈이 된다. 또한, 민간부문의 비영리단체 역시 시장에 행위자로 참여하거나 시장을 내부관리 원리로 활용할 수 있다.

셋째, 네트워크도 다양한 행위자에 의해 그리고 다양한 장소에서 활용될 수 있다. 시장의 경우와 마찬가지로 정부는 수평적이고 자발적인 협력의 주체로 참여할 수 있다. 흔히 정부와 시민사회 사이의 수평적 협력만이 네트워크라고 생각한다. 물론 정부와 시민사회 단체 그리고 기업 사이에서도 수평적 협력 네트워크는 활용될 수 있다. 그러나 수평적이고 자율적인 협력을 의미하는 네트워크는 정부 조직 사이에서도 활용될 수 있고, 기업 사이에서도 활용될 수도 있으며, 시민사회 단체 사이에서도 활용될 수 있다.

요컨대, 사회적 조정 양식은 거점에 의해서가 아니라 초점에 의해서 구분된다. 중요한 것은 사회적 조정의 주체 또는 장소가 아니라, 사회적 조정의 작동 원리 또는 사회적 조정이 이루어지는 방식인 것이다.

4) 사회적 조정 양식의 이념형

이와 같이 정리되는 사회적 조정의 세 가지 양식 또는 유형은 '이념형ideal type'이다.[26] 여기에서 이념형이란 이상형과 같은 바람직한 형태를 의미하는 것이 아니라, 사회적 조정 양식을 이해하고 평가하는 유용한 기준이나 출발점을 제시하는 일종의 '개념형'을 의미한다.[27] 계층제, 시장 그리고 네트워크 등 세 가지 사회적 조정 양식의 이념형은 상호독립적이고 배타적인 유형이다. 세 가지 사회적 조정 양식은 모두 이념형이어서 현실에서는 완벽하게 작동하는 순수한 형태로 나타날 수 없으며 항상 실패할 수 있는 가능성이 존재한다.[28] 따라서 현실에서는 이들 이념형은 순수한 형태로 존재하지 않고, 혼합된 형태로 사회문제 해결 과정에서 사용된다.

거래비용 없이 완벽하게 작동하는 시장이 이상적 존재라는 것은 설명이 필요 없는 자명한 사실이다. 정치적 권위에 의존하지 않고 자동적으로 이루어지는 사회적 조정 양식인 시장은 현실에서 정부의 도움 없이는 성공적으로 작동할 수 없다. 시장의 작동에는 화폐가 필요한데, 화폐의 발행과 유통에는 법적 강제력을 갖는 사회적 조정 양식인 계층제가 반드시 필요하다. 시장에서 이루어지는 많은 상호작용들은 계약에 의해서 이루어지는데, 이러한 계약을 강제하기 위해서도 계층제가 필요하다.

시장과 마찬가지로 계층제도 순수한 형태로 존재하고 작동할 수 있는 완벽한 존재가 아니다. 정보문제와 동기문제가 항상 존재하기 때문에 완벽하게 작동할 수 있는 계층제는 현실에서 거의 찾아보기 어렵다. 계층제는 공식적 권위에 근거하는 강제력을 바탕으로 작동하는데, 통제 대상의 모든 활동을 일일이 강제적으로 조정하는 것은 지극히 비효율적이며 현실적으로도 불가능하다. 이러한 점에서 계층제는 네트워크나 시장의 도움이 필요하다. 따라서 계층제만으로 이루어지는 사회적 조정은 현실적으로 불가능하고, 바람직하지도 않다.

네트워크의 경우는 사정이 약간 다르다. 자발적이고 수평적인 협력과 상호동의에 의해서 자치적으로 집행되는 강제를 의미하는 네트워크는 계층제나 시장보다 오랜 역사를 갖고 있다. 현대적인 의미의 정부가 출현해서 법적 강제력이 가능하게 되고, 시장이 본격적으로 작동하기 전부터 자발적이고 수평적인 협력과 상호동의에 의해서 자치적으로 집행되는 강제는 가능했을 것이다. 그렇지만 네트워크가 완벽하게 작동하여 사회적 조정이 이루어지기 위해서는 높은 수준의 신뢰가 요구된다. 이와 같이 높은 수준의 신뢰는 거래비용 없는 완전경쟁 시장이나 동기문제와 정보문제 없는 계층제만큼이나 비현실적이다. 또한, 네트워크도 계층제와 시장의 도움을 필요로 한다. 네트워크가 작동하지 않는 경우를 대비할 수 있는 강제력을 가진 계층제가 존재하는 경우, 그리고 네트워크에 동참할 수 있는 경제적 유인이 존재하는 경우 수평적 협력을 통한 사회적 조정의 효율성과 가능성은 높아진다.

이상의 내용을 요약하여 3가지 사회적 조정 양식의 이념형의 특징을 간략하게 정리하면 〈표 5-1〉과 같다.

〈표 5-1〉 사회적 조정 양식 이념형

	시장	계층제	네트워크
의사소통 수단	가격	표준절차	신뢰
갈등해결 수단	소송, 사법적 판단	관리적 명령, 감독	호혜성, 평판
유연성	고	저	중
분위기	정확, 의심	관료적, 공식적	개방적, 호혜적
구성원 행동·선호	독립적	의존적	상호의존적
운영원리	계약에 의한 관리	관료적, 공식적	신뢰, 협력
전제 조건	완전 경쟁, 외부효과 및 거래비용 부재	완벽한 정보, 사적 동기 부재	신뢰, 평판, 이타심

• 출처: Walter Powell, "Neither Market nor Hierarchy," *The Sociology of Organizations: Classic, Contemporary, and Critical Readings*, 315(2003): 104-117; Louis Meuleman, "Internal Meta-governance as a New Challenge for Management Development in Public Administration," *Director*, 31:6(2006): 1-24 정리 및 재구성.

2. 새로운 사회적 조정 양식으로서의 네트워크 거버넌스

1) 거버넌스: 최광의, 광의 그리고 협의의 정의[29]

거버넌스는 다양한 의미를 갖는다. 첫째, 거버넌스는 공공문제는 물론, 개인적인 문제를 포함하는 다양한 문제를 해결하는 방법, 즉 일반적인 의미의 사회적 조정을 의미한다. 이러한 정의를 거버넌스의 '최광의의 정의'라고 할 수 있다. 이렇게 거버넌스를 포괄적으로 정의한다면 거버넌스는 공동의 문제에 직면한 행위자들의 관계 및 권한과 의무의 유형, 또는 권력과 권한의 형태와 관련된 것을 의미한다고 할 수 있다.[30] 즉, 거버넌스는 공적 또는 사적인 공동의 문제를 함께 해결하기를 원하는 행위자들의 상호작용과 관련된 권리와 의무를 규정하는 방법을 의미한다. 여기에는 앞서 설명된 세 가지 사회적 조정 양식인 계층제와 시장, 그리고 네트워크가 모두 포함된다.

둘째, 거버넌스는 보다 일반적으로 사회문제 또는 공공문제를 해결하는 방법, 또는 사회적 조정 양식을 총칭하는 개념으로 정의된다. 이러한 정의를 거버넌스의 '광의의 정의'라고 할 수 있다. 여기도 역시 계층제와 시장, 그리고 네트워크가 모두 포함된다. 앞의 최광의 정의와 다른 것은 개인적인 문제가 아니라 공공문제만을 대상으로 한다는 점이다. 전통적으로 정부의 계층제적 지시 또는 계층제적 통제가 공공문제를 해결하는 유일한 방법으로 간주되어 왔다. 이러한 이유로 거버넌스는 국가의 자원을 관리하는 과정에서 권력이 사용되는 유형이나 방법이라고 정의되기도 한다.[31] 하지만 광의의 정의에는 계층제 뿐만 아니라 시장과 네트워크도 포함된다.

마지막으로, 거버넌스는 공공문제를 해결하는 방법 또는 사회적 조정 양식의 특정한 유형으로 정의된다. 이러한 정의를 거버넌스의 '협의의 정의'라고 할 수 있다. 이 경우 거버넌스는 시장과 계층제의 대안이라고 할 수 있는 제3의 사회적 조정 양식인 네트워크를 의미한다.[32] 샤프Sharpf는 네트워크의 특성을 '일방적인 행동unilateral action'과 '협상에 의한 동의negotiated agreement'만이 가능하고 '계층제적 지시hierarchical direction'는 이루어지지 않는 사회적 조정이라고 설명한다.[33] 이와 같이 공식적 권한과 계층제적 통제에 의존하지 않고 신뢰구축, 협의를 통한 자율적 협동을 통하여 사회문제를 해결하는 방식을 의미하는 협의의 거버넌스의 특징을 부각시키기 위하여 '복합조직 거버넌스heterarchic governance)',[34] 또는 '공동 거버넌스shared governance'[35] 등의 용어가 사용되기도 한다.

일반적으로 거버넌스를 다루는 연구에서 거버넌스는 협의의 거버넌스, 즉 네트워크를 의미하는 용어로 주로 사용된다.[36] 그러나 모든 사회적 조정 양식을 총칭하는 광의의 거버넌스와 네트워크만을 의미하는 협의의 거버넌스가 혼용되어 많은 사람들에게 혼란을 주고 있는 실정이다.[37]

이와 같은 개념적 혼란을 방지하기 위하여 이 책에서는 거버넌스를 광의의 거버넌스로 정의하고, 협의의 거버넌스는 수식어를 사용하여 '네트워크 거버넌스'로 부르기로 한다. 같은 맥락에서 계층제적 지시를 통한 사회적 조정 양식인 계층제는 '계층제 거버넌스', 그리고 시장의 가격기제를 통한 사회적 조정 양식인 시장은 '시장 거버넌스'라고 각각 부르기로 한다.

2) 네트워크 거버넌스의 특징

계층제 거버넌스나 시장 거버넌스와 차별화되는 제3의 사회적 조정 양식인 네트워크 거버넌스는 계층제적 통제에 의존하지 않고 신뢰 등에 의해 형성되는 네트워크에 의한 사회문제 해결을 의미한다.[38] 최근 들어 정부 관료제와 계층제 거버넌스의 역할이 감소하고, 그 자리를 새로운 사회문제 해결 양식인 네트워크 거버넌스가 성공적으로 대체하고 있다.[39]

법적 근거를 갖는 공식적 권한에 의해 이루어지는 정부에 의한 사회문제 해결과는 달리, 네트워크 거버넌스는 공유된 목적에 의해 이루어지는 사회문제 해결을 의미한다.[40] 네트워크 거버넌스 논리의 핵심은 대등한 행위자들 사이의 비공식적 관계이다. 네트워크 거버넌스는 정부의 계층제적 통제 권한이나 정부의 간섭에 의존하지 않고 사회구성 단위 스스로 협력을 통하여 사회문제를 해결할 수 있는 능력을 의미한다.[41] 공식적 권한과 강제력 등 법적인 특성을 갖는 계층제 거버넌스와는 대조적으로 네트워크 거버넌스는 당사자들 간의 관계, 상호 이익, 평판 등에 의존한다는 점에서 사회적인 특성을 갖는다고 할 수 있다. 계층제 거버넌스에서의 제재가 법적인 것이라면 네트워크 거버넌스에서의 제재는 사회적이라고 할 수 있다.[42]

스토커Stoker는 네트워크 거버넌스의 특징으로 (i) 공공문제 해결에 정부와 민간의 행위자와 조직이 모두 참여하고, (ii) 사회·경제적 문제해결 담당자와 책임의 경계가 흐려지고, (iii) 집합행동에 관련된 당사자들 사이의 권력 의존관계가 중요하고, (iv) 행위자들 간의 자율적 네트워크가 존재하며, 그리고 (v) 정부의 공식적 권위에 의존하지 않

고도 사회문제를 해결할 수 있는 능력이 존재하는 등의 특성을 제시한다.[43]

유사한 맥락에서 로즈Rhodes는 네트워크 거버넌스의 특징을 (i) 정부와 비정부조직 등 공사 부문을 초월하는 다양한 조직 사이의 상호의존성, (ii) 공유된 목적 달성에 필요한 자원을 교환하기 위한 지속적 상호작용, (iii) 상호간에 협상되고 동의된 규칙과 신뢰에 근거하는 게임과 같은 상호작용, (iv) 정부로부터의 자율성 등으로 설명한다.[44]

또한, 소렌슨과 토핑Sørensen and Torfing은 네트워크 거버넌스의 특징으로, (i) 상호의존적이지만 독자적으로 운영되고 행동하는 조직과 행위자로 구성된 상대적으로 안정적이고 수평적 네트워크, (ii) 협상에 의한 상호작용, (iii) 자기규제적인 규제와 규범 체계, (iv) 공익 달성에의 기여 등을 제시한다.[45]

요컨대, 새로운 사회적 조정 양식인 네트워크 거버넌스는 신뢰trust, 상호이해mutual understanding, 호혜성reciprocity, 비공식성informality, 협력cooperation, 상호조정mutual adjustment, 윤리적·도덕적 헌신의 공유 shared ethical or moral commitment, 목적의 공유sense of common purpose, 신뢰할 수 있는 의사소통trustworthy communication 등의 특징을 갖는다.[46] 특히, 공유된 가치와 규범이 네트워크 거버넌스의 복잡한 관계를 하나로 연결하는 접착제와 같은 역할을 한다는 점에서 '신뢰'는 네트워크 거버넌스의 가장 핵심적인 요소 또는 특징이라고 할 수 있다.

여기에서 다시 한 번 사회적 조정 양식으로서의 네트워크를 의미하는 네트워크 거버넌스는 행위자에 의해 결정되는 것이 아니라는 사실에 주목할 필요가 있다. 일반적으로 '정부에 의존하지 않는다'는 것은 공식적 권위에 의한 강제력에 의존하지 않는다는 것을 의미하는 것이지, 정부조직이나 부처가 아닌 민간부문 행위자들만의 협력을 의미하는 것은 아니다. 계층제적 지시에 의존하지 않는 다양한 정부 부처나 다양한 수준의 정부 사이의 자율적이고 수평적 협력 또한 당연히 네트워크 거버넌스에 해당된다. 실제로 계층제적 명령과 통제의 관계가 존재하는 정부 부처 간의 공동작업의 경우에도, 계층제적 지시나 통제에 앞서 자발적이고 수평적인 협력이 이루어지는 경우가 많다. 이와 같은 정부 부처 사이의 수평적 협력은 "계층제 영향하의 네트워크network in the shadow of hierarchy"의 대표적인 사례라고 할 수 있다.[47]

3) 네트워크 거버넌스의 불가피성과 가능성

네트워크 거버넌스와 관련하여 가장 큰 학문적인 관심의 대상이 되는 것은 자치적 네트워크의 현실적 가능성이다.[48] 자발적 동의와 수평적 조정을 통하여 다양한 형태의 사회적 조정이 이루어지는 네트워크는 비공식적이고, 유동적인 존재로, 구성원들의 관계나 책임이 모호하다는 특징을 갖는다.[49]

전통적으로 사회적 조정은 시장 거버넌스와 계층제 거버넌스라는 두 가지 유형의 조정기제를 통해서만 이루어진다고 생각되어 왔으며, 네트워크 거버넌스는 시장과 계층제 거버넌스의 중간 형태 또는 혼합물hybrid 정도로 여겨져 왔다.[50] 이처럼 '시장-계층제 이분법적 사고'를 갖는 경우, 수평적 상호관계, 상호의존적 자원교환, 그리고 호혜적 의사소통 등으로 특징지어지는 네트워크라는 제3의 사회적 조정 양식의 가능성과 중요성을 인식하지 못하게 된다.

네트워크 거버넌스는 수평적 자기 조정을 특징으로 한다. 수평적 자기 조정은 일반적으로 협상에 의해 이루어지는 경우가 많다.[51] 샤 프Scharpf에 의하면, 협상이 성공하기 위해서는 (i) 당사자 공동의 노력으로 얻을 수 있는 편익을 극대화할 수 있는 방안을 모색하는 것과 (ii) 공동의 노력에 수반되는 비용과 편익을 배분하는 방안을 모색하는 등의 두 가지 문제가 해결되어야 한다. 수평적 자기 조정 과정에서 이루어지는 협상의 경우 협상 당사자의 수가 증가하면 협상의 비용은 크게 증가하고, 결과적으로 협상의 성공 가능성은 낮아지게 된다.[52]

이처럼 당사자가 많은 경우 흔히 계층제적 권위를 활용하여 당사자의 선호나 의견과 상관없이 조정을 강제할 수 있는 계층제 거버넌스가 최선의 대안으로 간주된다. 그러나 사이먼Simon이 말하는 '쉽게 해체 가능한nearly decomposable' 조직 구조가 존재하지 않는 경우 계층제 거버넌스는 효과적으로 작동할 수 없게 된다.[53] 여기서 '쉽게 해체 가능한' 조직 구조란 하부 조직 단위 또는 하위 시스템 내부의 상호작용 빈도와 중요성이 외부와의 상호작용 빈도와 중요성보다 훨씬 큰 조직 구조를 말한다. 이러한 조직 구조를 가진 조직의 경우, 조정에 필요한 정보가 적절하게 걸러질 수 있어 계층제적 통제를 통한 조정이 용이하다. 그러나 하부 조직 단위 사이의 상호작용의 빈도와 중요성이 큰 조직에서는 정보의 과부하로 계층제적 조정의 장점은 사라지고, 수평적 조정만이 유일한 대안이 된다.

또한, 공식적 임무나 규정의 충돌로 인한 갈등의 경우에는 계층제적 권위를 통한 조정은 어렵게 된다.[54] 이러한 문제는 대규모 조직일수록 심각하다. 대규모 조직의 경우 수직적 통합의 장점은 크게 나타나지 않고 대규모 관료제 또는 계층제의 부작용이 더욱 심각해진다. 대규모 조직에서 계층제적 권위에 근거하는 공식적 조정 과정은 일반적으로 시간 소모가 매우 크면서도 결론을 도출하지 못하는 경우가 많다.[55] 실질적 조정은 오히려 공식적 권위나 절차에 의존하지 않는 비공식적 과정이나 절차를 통하여 이루어지는 경우가 많다.[56] 이와 같은 비공식적 과정이나 절차를 통한 조정은 법적인 지위나 정당성을 갖지 않는다는 점에서 '초법적extralegal' 기제라고 불리기도 한다.[57]

흔히 계층제적 권위에 의존하지 않고 네트워크 거버넌스를 통하여 수평적 조정이 이루어지는 경우, 책임성과 지속성 등의 문제로 조정이 성공적으로 이루어지지 못할 것으로 우려되는 경우가 많다. 계층제적 권위를 가진 공식적 상위조직이 존재하지 않는 다수의 조직이 함께 일을 하는 경우에는 최적 산출을 달성할 수 없다는 것이다. 이러한 문제의 해결책으로 중앙집권적 통제와 수직적 통합이 가능한 완벽한 계층제적 권위의 독점이 해결책으로 처방되곤 한다. 그러나 공식적 권위에 의존하지 않는 소위 '조직의 비공식적 측면'이 조직 구성원의 행태를 결정하는 중요한 요인으로 작동할 뿐만 아니라, 매우 효과적인 조정수단으로 활용될 수 있다.[58]

특히, 공식적 권위가 존재할 수 없는 상황에서 네트워크 거버넌스는 유일하게 활용가능한 사회적 조정 양식이라는 점을 주목해야 한다. 이 경우 모든 조건이 충족되어 이상적으로 완벽하게 작동하는 계층제적 거버넌스를 통한 조정의 성과를 네트워크 거버넌스를 통해서도 달성할 수 있는가 하는 것은 중요한 문제가 아니다. 중요한 문제는 조정 부재 상황의 혼란과 무질서를 네트워크 거버넌스를 통하여 얼

마나 줄일 수 있는가 하는 것이다.[59]

신뢰할 수 있는 의사소통과 약속이 존재하는 경우 계층제적 강제력 없이도 네트워크 거버넌스를 통해서 적극적 조정과 소극적 조정이 이루어질 수 있다. 물론 소극적 조정의 경우에는 적극적 조정에 비하여 더욱 높은 수준의 신뢰trust와 신뢰성trustworthiness이 요구된다. 특히 정부 기관은 타 기관의 영역이나 분야에 미치는 부정적인 외부효과를 고려하지 않고 자신만의 정책목표 달성을 위하여 정책수단을 사용하는 경우가 많다.[60] 그러나 경우에 따라서 개인이나 조직은 법적으로 보호되지 않는 상대방의 권리나 이익을 훼손하지 않기 위해서 자신에게 큰 이익이 되는 행동을 자제하기도 한다. 이처럼 높은 수준의 신뢰와 신뢰성 그리고 믿을 수 있는 의사소통이 가능한 경우에는 수평적 자기 조정을 통한 소극적 조정이 가능하다.

이러한 수평적 자기 조정은 당사자들 사이의 상호작용의 빈도가 높을수록 가능성이 높아진다. 특히, 참여자들이 공동의 목표를 추구하거나 가치관을 공유하는 등 협력적인 관계를 맺고 있다면 소극적 조정 가능성은 더욱 높아진다. 그러므로 높은 신뢰와 신용, 믿을 수 있는 의사소통 등의 조건이 충족되는 경우에는 계층제 조직 내부관리와 정부의 계층제적 통제 과정에서 요구되는 적극적 조정은 물론 소극적 조정까지도 네트워크 거버넌스를 통해 얼마든지 가능하다.

4) 네트워크의 세 가지 관점과 네트워크 거버넌스

네트워크는 다양한 의미로 해석될 수 있다. '연결된 무엇인가'라는 의미로 네트워크를 아주 넓게 해석한다면, 조직 원리로서의 계층제 또한 네트워크라고도 할 수 있다. 그리고 시장도 네트워크인 셈이다.

다양한 행위자들로 이루어진 사회문제 해결을 위한 네트워크에 대한 관점 또한 다양하다. 정부의 역할과 관련된 네트워크 관점을 통하여 사회적 조정 양식으로서의 네트워크 거버넌스의 특성을 좀 더 명확하게 이해할 수 있다. 정부의 역할과 관련하여 네트워크는 크게 '도구적instrumental' 관점, '상호작용적interactive' 관점, 그리고 '제도적institutional' 관점 등의 3가지 관점에서 이해될 수 있다.[61]

먼저 도구적 관점은 네트워크를 정부의 정책도구의 하나로 간주하고, 중심 행위자인 정부에 의한 네트워크 '방향잡기steering'를 강조한다. 규제나 보조금 등 전통적인 '제1세대 정책수단first generation instruments'이 더 이상 효과적으로 작동할 수 없는 새로운 상황에서 정교해진 '제2세대 정책수단second generation instruments'인 네트워크에 대한 정부의 목적지향적 조정 활동의 중요성이 강조되는 것이다. 정부는 사회문제 해결을 위하여 다양한 행위자들로 구성된 네트워크를 설계하고 통제한다. 도구적 관점의 네트워크에서는 통제자controller와 피통제자controllee가 명확하게 구분되며, 정부의 바람직한 역할은 교향악단의 '지휘자conductor'와 같다. 도구적 관점의 네트워크는 정부가 사회에 대한 실질적인 통제력은 유지하면서 책임을 회피하려는 수단으로 악용될 가능성이 있다는 한계를 갖는다. 또한, 아무리 네트워크가 정교하게 설계된다고 하더라도 중앙집권적 명령과 같은 타율적 방법에 의해서는 네트워크가 적절하게 통제되지 않을 가능성이 존재한다.

다음으로, 상호작용적 관점은 정부를 네트워크를 구성하는 다양한 행위자의 하나로 보고, 다양한 행위자들 사이의 집합행동에 관심을 둔다. 통제자와 피통제자를 명확히 구분하는 도구적 관점과 달리, 상호작용적 관점은 행위자들의 '상호영향력mutual influence'을 강조한다. 네트워크를 구성하는 다양한 행위자 중 하나인 정부는 다양한 행위자들과 함께 집합행동을 위한 상호작용에 직접 참여한다. 이러한 관점에서 정부의 바람직한 역할은 다양한 네트워크 구성원들과 협력을 도모하기 위한 '중재자intermediator'의 역할이 된다. 상호작용적 관점의 네트워크에서는 의사소통, 설득 그리고 장기적 관계구축 등을 위한 역량이 요구된다. 그리고 협상 시간과 같은 협력의 비용이 증가하고, 결과가 불명확할 수밖에 없다는 등의 한계가 존재한다.

마지막으로, 제도적 관점은 다양한 행위자들 사이의 자발적이고 수평적인 네트워크의 형성과 활성화에 관심을 둔다. 이 관점에서 중요한 것은 네트워크를 형성하고 활성화하기 위한 제도, 규범 그리고 행위자 간의 권한과 의무 관계 등을 어떻게 구축할 것인가 하는 것이다. 협력을 통한 사회문제 해결 가능성을 높이기 위하여 유인구조, 규칙 그리고 문화 등을 점진적으로 변화시키는 것이 정부의 역할이다. 특히, 다양한 사회 구성원 간의 관계를 규정하는 네트워크가 어떻게 형성·변화·대체되는가 하는 것이 제도적 관점의 주요 관심사이다. 따라서 정부의 바람직한 역할은 네트워크의 구조와 문화에 영향을 주어 문제 해결에 필요한 보다 적절한 조건을 창출하는 것이다. 이 경우도 한계가 존재한다. 아무리 점진적으로 유도한다고는 하지만 유인구조, 규칙 그리고 문화를 타율적으로 변화시키는 것은 매우 어렵다. 또한, 정부와 같이 네트워크에 참여하지 않는 외부의 제3자의 참여나 접근이 현실적으로 어렵다는 점도 협력을 유도하려는 노력을 어렵게 할 수 있다.

이 세 가지 관점의 네트워크 중 도구적 관점의 네트워크는 사회적 조정 양식으로서의 네트워크 거버넌스라고 하기 어렵다. 형식적으로는 네트워크에 의해 사회문제가 해결되는 것처럼 보이지만, 실제로는 정부가 계층제적 지시를 통하여 네트워크를 조정하는 것이기 때문이다. 반면에 상호작용적 관점의 네트워크와 제도적 관점의 네트워크는 네트워크 거버넌스에 해당된다고 할 수 있다. 먼저, 상호작용적 관점의 경우 정부가 다른 행위자들과 동등한 관계로 수평적 협력에 참여하는 것이므로 네트워크 거버넌스에 해당된다. 제도적 관점의 경우, 정부는 계층제적 지시 없이 다양한 행위자들 사이의 자발적이고 수평적인 협력을 촉진하기 위한 여건을 마련하기 위하여 노력한다는 점에서 네트워크 거버넌스에 해당된다고 할 수 있다.

참고로, 앞서 언급된 바와 같이 세 가지 관점의 네트워크는 정부 부처 사이에서도 얼마든지 나타날 수 있다. 한 정부 부처가 주도적으로 다른 정부 부처들 또는 지방정부로 구성된 네트워크를 설계하고 통제하는 경우는 도구적 관점의 네트워크에 해당된다. 정부 부처들이 서로 수평적 관계를 유지하면서 자발적으로 협력하는 경우는 상호작용적 관점에 해당된다. 그리고 한 정부 부처가 다른 정부 부처 사이의 수평적 협력을 촉진할 수 있는 여건이나 제도를 만드는 경우는 제도적 관점에 해당된다. 다시 한 번 강조하지만 네트워크 거버넌스와 다른 거버넌스는 행위자에 의해서 구분되는 것이 아니라, 행위자 사이에서 이루어지는 상호작용의 조정 양식에 의해서 구분된다.

3. 네트워크 거버넌스의 이론적 차별성

1) 관료제 패러다임과 네트워크 거버넌스

거버넌스를 새로운 사회적 조정 양식인 네트워크 거버넌스로 정의하는 것은 다음과 같은 의미를 갖는다. 첫째, 계층제적 지시를 통한 강제적이고 상의하달식 사회문제 해결만이 유일한 사회문제 해결 방법이라는 고정관념을 극복할 수 있다. 둘째, 거버넌스의 대상을 '사람'이 아니라 '사회문제'라고 정의함으로써 다양한 사회문제를 효율적으로 해결할 수 있는 대안을 모색하는 과정에서 계층제 거버넌스나 시장 거버넌스 이외의 다양한 사회적 조정 양식을 고려할 수 있다. 셋째, 법적 근거나 중앙집권적 통제 없이 사회적 조정이 이루어질 수 있는 가능성을 강조함으로써, 다중심체제 구현의 현실적 방안을 제시한다.[62] 공식적 권위에 근거하는 법적 통제력 없이 협상과 신뢰 등을 기반으로 사회적 조정이 이루어질 수 있다면, 다중심체제 구현을 통한 효율적인 사회문제 해결이 가능하게 된다.

네트워크 거버넌스는 사회적 조정 양식으로서의 네트워크 논리에 근거한다는 점에서 전통적 행정학의 관료제 패러다임과 차별화된다.[63] 관료제 패러다임은 법적 강제력에 근거하는 계층제적 지시의 논리에 근거하고 네트워크 거버넌스는 비공식적이고 자발적인 네트워크의 논리에 근거한다. 즉, 네트워크 거버넌스는 전통적 행정학의 관료제 패러다임과는 근본적으로 차별화되는 새로운 방법으로 사회적 딜레마를 극복하기 위한 대안이라고 할 수 있다.

독자적 이론으로서의 네트워크 거버넌스의 정체성을 파악하기 위해서 관료제 패러다임의 특징을 다시 한 번 살펴볼 필요가 있다. 관료제 패러다임의 특징을 간단하게 요약하면, 계층제를 통한 정부조직 구성과 중앙집권적 행정체제를 통한 사회문제 해결을 강조하는 것이라고 할 수 있다.[64] 킹과 맥스와이트King and McSwite에 의하면, 전통적 행정학은 일반시민이 공공문제를 해결할 능력이 부족하므로 유능한 지도자들로 하여금 공공문제를 해결하게 하는 것이 필요하고, 따라서 참여적이고 민주적 행정은 현실에서는 이루어질 수 없는 환상에 불과하다는 기본적인 가정에 근거한다.[65]

이러한 기본가정에 근거하여 관료제 패러다임은 전문적 지식을 가진 관료들로 구성된 효율적 정부관료제 계층제 조직의 필요성을 강조한다. 또한 관료제 패러다임은 민주적인 방법으로 운영되기 어려운 정부관료제 계층제 조직의 정당성 확보를 위하여 정부관료제에 대한 민주적 통제의 필요성을 강조한다. 이처럼 전통적 행정학의 기초가 되는 관료제 패러다임의 핵심 연구과제는 정부관료제 계층제 조직의 역량 강화와 민주적 통제 가능성이다.[66] 이러한 관점에서 관료제 패러다임의 핵심은 '조직구성 원리로서의 계층제'만이 아니라 '제3자에 의한 집권적 사회적 조정 양식으로서의 계층제'라고 할 수 있다.[67]

네트워크 거버넌스는 관료제 패러다임과 상반되는 기본가정에 근거한다. 계층제나 중앙집권적 행정체제에 의한 사회문제 해결이 아니라 공식적 권한에 의존하지 않는 자발적 협력에 의한 사회문제 해결을 강조한다.[68] 전통적으로 자발적 협력에 의한 사회문제 해결은 작은 규모의 특수한 사회문제를 해결하는 경우에만 제한적으로 활용될 수 있다고 생각되어 왔다.[69] 그러나 사회가 복잡해지면서, 중앙정부, 지방자치단체, 기업, 시민단체, 일반시민 그 어느 누구도 혼자의 힘만으로는 해결할 수 없는 사회문제가 증가하고, 이러한 복잡한 사회문제를 해결하기 위해서 다양한 사회 구성원들 간의 '복잡한 협력 네트워크'가 필요하게 되었다.

여기서 복잡하다는 것은 다양한 사회 구성원들 간의 관계를 규정하는 공식적 규정이나 절차가 존재하지 않고, 따라서 중앙집권적 조정이나 통제가 불가능한 상황을 의미한다. 또한 협력 네트워크란 공식적 조정이나 통제가 없는 상황에서 사회 구성원들 사이의 의사결정이나 활동 등이 공동의 목적을 달성하기 위하여 필요한 수준으로 조정되는 것을 말한다. 따라서 거버넌스 이론의 핵심 연구과제는 '제3자에 의한 집권적 사회적 조정 양식으로서의 계층제'의 도움 없이 다양한 구성원들 간의 자발적 협력을 통한 사회문제 해결 방법을 탐구하는 것이다.

네트워크 거버넌스는 체제의 복잡성과 자치조직적 특성을 강조한다. 복잡한 사회문제의 해결을 위해 다양한 사회 구성원들로 구성된 복잡한 네트워크가 필요하고, 네트워크에서 조정의 역할을 주도적으로 담당할 수 있는 사회 구성원이 존재하지 않는다는 사실을 강조한다. 즉 전통적인 관점에서 보면 무질서하고 혼돈스러운 체제를 통해서 복잡하고 해결하기 어려운 문제가 해결될 수 있다는 것이 네트워크 거버넌스의 핵심이다.

일반적으로, 네트워크 거버넌스의 이러한 사회문제 해결 방식에 대한 가장 큰 우려는 중심 존재의 부재로 인한 책임성 확보의 어려움에 대한 것이다.[70] 앞에서 언급된 바와 같이, 전통적 관료제 패러다임에서 가장 중요한 연구문제는 정부관료제 계층제 조직의 역량 강화와 정부관료제 계층제 조직에 대한 민주적 통제의 조화를 이루는 것이다. 이러한 관료제 패러다임은 사회에서 나타나는 혼란이나 무질서 등을 극복하고 질서를 회복하는 것이 정부의 목적이나, 정부관료제 또한 혼란이나 무질서로부터 자유로울 수 없는 존재이므로 정부관료제의 책임성 확보가 매우 중요한 문제라는 사실을 강조한다.

그러나 네트워크 거버넌스에서 계층제적 통제를 통한 공식적 책임성 확보는 중요한 문제가 아니다. 공식적 책임성 확보 장치를 갖춘 사회문제 해결기제는 복잡한 사회문제를 적절하게 해결하는 데 필요한 수준의 복잡성을 확보할 수 없기 때문이다. 이러한 점에서 네트워크 거버넌스에서 중요한 연구문제는 책임성 확보라기보다는 다양한 사회 구성원들 사이의 협력을 증진하는 것이라고 할 수 있다. 그러나 관료제 패러다임은 책임성을 확보할 수 있는 공식적 제도를 갖추지 않은 네트워크 거버넌스라는 사회문제 해결 방식을 불확실하고 무질서한 것으로 인식할 수밖에 없다.

이러한 점에서 관료제 패러다임과 네트워크 거버넌스는 통약불가능성을 갖는다고 할 수 있다. 네트워크 거버넌스는 관료제 패러다임과 뚜렷하게 구분되는 독자적 패러다임 또는 독자적 이론이다. 네트워크 거버넌스는 관료제 패러다임이 인식하지 못하였던 새로운 사회문제 해결 방식을 제시하고 있다는 점에서 빈센트 오스트롬이 말하는 코페르니쿠스적 사고의 전환, 또는 행정학의 새로운 패러다임이라고 할 수 있다.

그러나 네트워크 거버넌스가 관료제 패러다임을 완전하게 대체하였다는 의미에서 행정학의 '신패러다임' 또는 '정상과학'이라고는 할 수 없다. 네트워크 거버넌스는 관료제 패러다임의 이례현상anormalies을 모두 설명하고 극복하지 못하였으며, 또한 관료제 패러다임의 처방으로 보다 효과적으로 해결할 수 있는 문제가 여전히 존재하기 때문이다.

네트워크 거버넌스를 관료제 패러다임이 유용성이 전혀 없으므로 용도폐기되어야 한다는 주장으로 이해하는 것은 적절하지 않다. 전통적인 관료제 패러다임을 비판적으로 분석한 빈센트 오스트롬이 생각하는 전통적 행정학이 저지른 실수는 관료제 패러다임이 모든 정부에 공통적으로 적용될 수 있는 좋은 행정을 구현할 수 있는 '유일무이한 대안'이라고 주장한 것이지, 효용성이 전혀 없는 관료제 패러다임을 제시한 것이 아니다.[71] 관료제 패러다임이 주장하는 계층제적이고 중앙집권적인 통제가 언제나 어떤 조건에서나 모든 사회문제를 효율적으로 해결할 수 있는 '만병통치약panacea'은 결코 아니지만, 경우에 따라서는 특정 사회문제를 효율적으로 해결할 수 있는 훌륭한 사회적 조정 양식이다.

2) 네트워크 거버넌스와 유사(?) 거버넌스

네트워크 거버넌스 이론과 좋은 거버넌스 이론, 그리고 신공공관리론은 명확하게 구분된다. 비썸Beetham의 사회적 조정 양식 유형 분류를 활용하여 이들의 차별성을 정리하면 〈표 5-2〉와 같다.[72] 먼저 〈표 5-2〉에서 볼 수 있는 것처럼 사회적 조정 양식으로서의 계층제 거버넌스에 해당되는 좋은 거버넌스는 전통적 행정학의 관료제 패러다임과 차별화되지 않는다. 다음으로, 신공공관리론은 조직 내부관리를 위한 사회적 조정 양식으로서의 계층제 거버넌스를 대체하는 새로운 이론이라는 점에서 전통적 행정학의 관료제 패러다임과 차별화된다.

그러나 여전히 사회문제를 해결하는 사회적 조정 양식으로서의 계층제 거버넌스에 해당된다는 점에서는 전통적 행정학의 관료제 패러다임과 차별화되지 않는다.

결론적으로, 네트워크 거버넌스는 현대 네트워크 사회의 사악한 문제를 해결할 수 있는 새로운 대안이라고 할 수 있다. 그러나 이 장에서 논의된 네트워크 거버넌스는 이념형이다. 현실에서는 계층제 거버넌스, 시장 거버넌스 그리고 네트워크 거버넌스 등 사회적 조정 양식

<표 5-2> 네트워크 거버넌스, 좋은 거버넌스 그리고 신공공관리론

광의의 거버넌스			
정치적 권위political authority에 의한 사회적 조정			자발적 교환에 의한 사회적 조정
계층제 거버넌스		네트워크 거버넌스	시장 거버넌스
▷ 전통적 행정학 ▷ 관료제 거버넌스 ▷ 좋은 거버넌스good governance ▷ 네트워크 거버넌스 (도구적) ▷ 방향잡기steering	▷ 신공공관리론 NPM	▷ 복합조직 거버넌스 heterarchy ▷ 네트워크 거버넌스 (상호작용적/제도적)	▷ 신자유주의 거버넌스 ▷ 경쟁 메커니즘
- 계층제적 지시 강조 - 상의하달식 관리 강조	- 조직 내부관리 강조 - 내부규제 완화 강조 - 내부시장 구축 강조	- 수평적 협력 강조 - 조직간 신뢰 강조	- 자발적 교환 확대 강조 - 정치적 권위 축소 강조
구舊거버넌스	새로운 거버넌스들		

• 출처: 이명석, "거버넌스의 개념화: 사회적 조정으로서의 거버넌스," 〈한국행정학보〉, 36:4 (2002): 321-338, p.333 수정.

의 순수한 형태, 또는 이념형은 존재하지 않으며, 사회문제는 계층세 거버넌스, 시장 거버넌스 그리고 네트워크 거버넌스 등의 어느 한 가지의 사회적 조정 유형의 이념형에 의해서만 해결될 수 없다.

사회적 조정 유형의 순수한 형태 또는 이념형은 모두 각각의 장점과 단점을 갖는다. 외부 효과가 전혀 존재하지 않고, 완전한 경쟁이 보장되고, 거래비용이 존재하지 않는 완벽한 이념형 시장은 현실에서 거의 찾아볼 수 없다. 시장 거버넌스의 이념형인 완전경쟁 시장은 현실에 존재하지 않고, 시장은 실패하기 마련이다.

완전경쟁 시장이 현실에서는 존재하기 어려운 시장 거버넌스의 이념형인 것과 마찬가지로, 정보문제와 동기문제가 존재하지 않는 계층제 거버넌스 역시 현실에서는 존재하기 어려운 이념형이다. 완벽한 이념형의 계층제 거버넌스는 현실에서 존재하지 않는다. 현실에서 계층제 거버넌스 또한 거의 언제나 실패한다. 정부의 비효율성과 낮은 생산성, 그리고 부정부패 등이 바로 정부실패의 대표적인 사례이다. 특히, 앞장에서 살펴본 것처럼 정보문제와 동기문제가 해결될 수 없는 경우 계층제 거버넌스는 성공적으로 사회문제를 해결할 수 없다.

네트워크 거버넌스도 마찬가지이다. 완벽하고 순수한 형태의 네트워크 거버넌스는 현실에 존재하지 않는다. 그리고 네트워크 거버넌스 역시 실패한다. 구성원 사이의 신뢰 등 조건이 현실적으로 충족되기 어렵기 때문이다.

이와 같이 3가지 사회적 조정 양식은 모두 실패할 가능성을 지닌 완전하지 못한 거버넌스 유형이다. 각각의 사회적 조정 양식은 모두 제한된 범위 내에서만 효율적으로 작동할 수 있다. 따라서 국가 전체의 사회문제 해결 효율성을 높이기 위해서는 세 가지 사회적 조정 양식의 특성과 장단점에 대한 균형 잡힌 평가가 요구된다. 그리고 이러한 평가를 토대로 사회문제를 적절하게 해결하기 위해서 사회적 조정 양식의 적절한 혼합에 관심을 가질 필요가 있다.

미주

1) Donald Chishlom, *Coordination without Hierarchy: Informal Structures in Multiorganizational Systems*, (CA: University of California Press, 1989).

2) 앞의 책, pp.1-5.

3) Robert B. Denhardt and Janet Vinzant Denhardt, "The New Public Service: Serving Rather Than Steering," *Public Administration Review*, 60:6(2000): 549-559, p.550.

4) Dwight Waldo, "The Perdurability of the Politics-Administration Dichotomy," *Politics and Administration*, 23:2(1984): 219-233.

5) 빈센트 오스트롬은 이러한 이론들이 모두 계층제의 완성에 의한 효율성 극대화와 단일 권력중추에 의한 책임성 확보 등의 전통적 행정학의 근본가정을 암묵적으로 인정하고, 전통적 행정학의 행정체제가 지닌 한계를 보완하기 위한 대안을 제시하고 있다고 설명한다. 자세한 내용은 Vincent Ostrom, *Intellectual Crisis of American Public Administration* 참조할 것.

6) Cheryl Simrell King and O. C. McSwite, "Public Administration at Midlife?" *Public Administration Review*, 59:3(1999): 256-262, p.257.

7) Bob Jessop, "The Governance of Complexity and the Complexity of Governance: Preliminary Remarks on Some Problems and Limits of Economic Guidance," in Ash Amin and Jerzy Hausner, *Beyond Market and Hierarchy: Interactive Governance and Social Complexity*, (Lyme, U.S.: Edward Elgar, 1997): 95-128.

8) David Beetham, *Bureaucracy*, 2nd edition. (Buckingham: Open University Press, 1996).

9) Michael Thompson Richard Ellis and Aaron Wildavsky, A. *Cultural Theory*,

(Westview Press, 1990); Jeffrey L. Bradach and Robert G. Eccles, "Price, Authority, and Trust: From Ideal Types to Plural Forms," *Annual Review of Sociology*, 15(1989): 97-118; Walter Powell, "Neither Market nor Hierarchy," *The Sociology of Organizations: Classic, Contemporary, and Critical Readings*, 315: (2003): 104-117.

10) Charles Edward Lindblom, *Politics and Markets*, (New York: Basic, 1977).

11) Jeffrey L. Bradach and Robert G. Eccles, "Price, Authority and Trust: From Ideal Types to Plural Forms."

12) Michael James and Peter L. Hupe, *Implementing Public Policy: Governance in Theory and Practice* (No. 04; H97, H5.), (London: Sage, 2002).

13) Hal K. Colebatch and Peter Larmour, *Market, Bureaucracy, and Community: A Student's Guide to Organisation*, (Pluto Press, 1993).

14) David Beetham, *Bureaucracy*, p.20.

15) Friedrich August Hayek, "The Use of Knowledge in Society," *The American Economic Review*, 35:4(1945): 519-530, p.527.

16) Jenifer Frances, Rosalind Levacic, Jeremy Mitchell and Graham Thompson, (eds.) "Introduction," p.8.

17) Charles E. Lindblom, *Politics and Markets*.

18) Roderick AW. Rhodes, "Understanding Governance: Ten Years On," *Organization Studies*, 28:8(2007): 1243-1264.

19) Frantz Scharpf, *Game Real Actors Play: Actor-Centered Institutionalism in Policy Research*, (Boulder, Colorado: Westview, 1997), pp.172-174.

20) Jenifer Frances, Rosalind Levacic, Jeremy Mitchell and Graham Thompson, (eds.) "Introduction," in *Markets, Hierarchies and Networks: The Coordination of Social Life*, (London: Sage, 1993): 1-20.

21) Hal K. Colebatch and P. Larmour, *Market, Bureaucracy, and Community: A Student's Guide to Organisation*. 따라서 계층제의 강제가 법적 구속력을 갖는 legally binding 반면, 네트워크의 강제는 사회적 구속력을 갖는다socially binding고 할 수 있다.

22) David Beetham, *Bureaucracy*. 참고로 파월Powell은 계층제를 '혼인신고 된 결혼 licensed marriage', 그리고 네트워크를 '혼인신고 되지 않은 동거cohabitation'라고 비유한다. 두 경우 모두 표면적으로는 동일하게 보이나, 혼인신고 된 결혼의 경우 권리

와 의무관계가 법적으로 보호되는 반면, 혼인신고 되지 않은 동거의 경우 당사자들 사이의 자발적인 동의에 의해 권리와 의무 관계가 유지될 수 있다. 자세한 내용은 Walter Powell, "Neither Market nor Hierarchy" 참조할 것.

23) "mutually agreed-upon self-enforcing coercion" 자세한 내용은 Gerrett Hardin, "The Tragedy of the Commons," *Science*, 162(1968): 1243-1248 참조할 것.

24) Bob Jessop, "The Governance of Complexity and the Complexity of Governance: Preliminary Remarks on Some Problems and Limits of Economic Guidance," in Amin and Jerzy Hausner, (eds.) *Beyond Market and Hierarchy: Interactive Governance and Social Complexity*, (Lyme, U.S.: Edward Elgar, 1997): 111-47.

25) Nicholas Henry, "Paradigms of Public Administration," *Public Administration Review*, July/August:(1975): 378-86.

26) Louis Meuleman, "Internal Meta-governance as a New Challenge for Management Development in Public Administration," *Director*, 31:6(2006): 1-24.

27) 이념형이란 바람직한 유형을 말하는 것이 아니라, 복잡한 현상을 이해하기 위한 추상적 개념이라고 할 수 있다. 즉, 복잡한 현상을 유형화하여 그 특징을 이해하기 위해서 유형의 중요한 특성을 정리한 것이 이념형이다. 예를 들어, 관료제를 통한 정부의 조직관리와 민간기업의 조직관리, 그리고 정부 규제를 통한 사회문제 해결 등은 서로 다른 수준과 실체를 갖는 사회적 조정이지만 모두 계층제 거버넌스로 이해될 수 있다. 자세한 내용은 Jeffrey L. Bradach and Robert G. Eccles, "Price, Authority and Trust: From Ideal Types to Plural Forms" 참조할 것.

28) Tom Entwistle, Gillian Bristow, Frances Hines, Sophie Donaldson and Steve Martin, "The Dysfunctions of Markets, Hierarchies and Networks in the Meta-governance of Partnership," *Urban Studies*, 44:1(2007): 63-79, pp.64-68.

29) 이 항의 내용은 이명석, "거버넌스의 개념화: '사회적 조정'으로서의 거버넌스," 〈한국행정학보〉, 36:4(2002): 321-338의 내용을 재구성한 것임.

30) Janet Newman, *Modernising Governance: New Labour, Policy And Society*, (Sage, 2001), p.11.

31) World Bank, *Governance and Development*, (Washington: World Bank, 1992). www.iog.ca/about.html

32) Tanja Börzel, "What's So Special About Policy Networks? - An Explanation of the Concept and Its Usefulness in Studying European Governance," *European Integration Online Papers*, 1:16(1997): http://eiop.or.at/eiop/texte/1997-016a.htm; Roderick AW. Rhodes, "The Governance Narrative: Key Findings and Lessons from the ESRC's Whitehall Programme," *Public Administration*, 78:2(2000): 345-363.

33) Frantz Scharpf, *Games Real Actors Play: Actor-centered Institutionalism in Policy Research*, (Boulder, CO: Westview Press, 1997), p.47.

34) Jan Kooiman, "Societal Governance: Levels, Modes, and Orders of Social-Political Interaction," in Jan Pierre, (ed) *Debating Governance*, (Oxford University Press, 2000).

35) Peter Aucoin and Ralph Heinnzman, "The Dialectics of Accountability for Performance in Public Management Reform," in Guy Peters and Donald J. Savoie, (eds.) *Governance in the Twenty-first Century: Revitalizing the Public Service*, (London: McGill-Queen's University Press, 2000): 244-280, p.246.

36) James Rosenau, "Governance, Order, and Changes in World Politics," in Rosenau, J. and E. Czempiel, (ed.) *Governance without Government: Order and Change in World Politics*, (Cambridge University Press, 1992): 1-29; Bob Jessop, "The Governance of Complexity and the Complexity of Governance: Preliminary Remarks on Some Problems and Limits of Economic Guidance," in Ash Amin and Jerzy Hausner, *Beyond Market and Hierarchy: Interactive Governance and Social Complexity*, (Lyme, U.S.: Edward Elgar, 1997): 95-128; Gerry Stoker, "Urban Political Science and the Challenge of Urban Governance," in Jan Pierre, *Debating Governance*, (Oxford University Press, 2000).

37) Myungsuk Lee, "Conceptualizing the New Governance: A New Institution of Social Coordination," Unpublished paper presented to the Institutional Analysis and Development Mini-Conference in May. Vol. 3. 2003.

38) David Beetham, *Bureaucracy*.

39) Michael M, Harmon and Richard T. Mayer, *Organizational Theory for Public Administration*, (Glenview: Scott, Foresman, 1986); Gerry Stoker, "Governance as Theory: Five Propositions," *International Social Science Journal*, 50:1(1998): 17-28. 참고로, 거버넌스는 시민, NGO, 중앙정부, 지방정부 등의 다양한 구성원으로 이루어지는 네트워크 형태의 '새로운 정부와 시민사회 간의 관계'를 강조한다. 이

러한 의미에서 거버넌스의 초점은 '조직 간 관계'에 있다고 할 수 있다.

40) James N. Rosenau, "Change, Complexity, and Governance in Globalizing Space," in Jan Pierre, *Debating Governance*, (Oxford University Press, 2000): 167-200.

41) Gerry Stoker, "Urban Political Science and the Challenge of Urban Governance," in Jan Pierre, *Debating Governance*, (Oxford University Press, 2000): 91-110.

42) Walter Powell, "Neither Market nor Hierarchy."

43) 앞의 글.

44) 실제로 로즈Rhodes는 초기 연구에서 거버넌스의 특징으로 이들을 제시한다. 자세한 내용은 Roderick AW. Rhodes, *Understanding Governance: Policy Networks, Governance, Reflexity and Accountability*, (Bristrol, PA: Open University Press, 1997) 참조할 것. 그러나 나중에는 개념적 명확성을 위하여 '네트워크 거버넌스 (network governance)'라는 용어를 사용하는 것이 더 적절하다고 주장한다. 여기에 관한 내용은 Roderick AW. Rhodes, "Understanding Governance: Ten Years On," *Organization Studies*, 28:8(2007): 1243-1264 참조할 것.

45) Eva Sørensen and Jacob Torfing, "The Democratic Anchorage of Governance Networks," *Scandinavian Political Studies*, 28:3(2005): 195-218, p.197.

46) Roderick AW. Rhodes, "Governance and Public Administration," in Jan Pierre, *Debating Governance: Authority, Steering and Democracy*, (Oxford: Oxford University Press, 2000): 54-90; Frantz W. Scharpf, *Games Real Actors Play: Actor-centered Institutionalism in Policy Research*, (Boulder: Westview Press, 1997); Vivien Lowndes and Chris Skelcher, "The Dynamics of Multi-Organizational Partnerships: An Analysis of Changing Modes of Governance," *Public Administration*, 76:2(1998): 313-333; Janet Newman, *Modernising Governance: New Labour Policy And Society*.

47) Fritz W. Scharpf, *Games Real Actors Play: Actor-centered Institutionalism in Policy Research*.

48) Guy Peters, "Globalization, Institutions and Governance" in Guy Peters and David Savoie. (eds.) *Governance in the Twenty-first Century: Revitalizing the Public Service*. (London: McGill-Queen's University Press, 2000): 29-57; Jan Pierre, *Debating Governance*. (Oxford University Press, 2000).

49) Roderick AW. Rhodes, *Understanding Governance: Policy Networks, Governance, Reflexity and Accountability*, (Bristrol, PA: Open University Press, 1997).

50) Walter Powell, "Neither Market nor Hierarchy: Network Forms of Organization."

51) Fritz W. Scharpf, "Coordination in Hierarchies and Networks," *Games in Hierarchies and Networks*, (Campus Verlag, 1993): 125-166.

52) 앞의 책.

53) Herbert A. Simon, "The Architecture of Complexity," *Proceedings of the American Philosophical Society*, 106(1962): 467-482 참조할 것.

54) Harold Seidman, *Politics, Position, and Power*, (New York: Oxford University Press, 1970), p.204.

55) Donald Chishlom, *Coordination without Hierarchy: Informal Structures in Multiorganizational Systems*, (CA: University of California Press, 1989), p.11.

56) Harold Seidman, *Politics, Position, and Power*, p.206.

57) Donald Chishlom, *Coordination without Hierarchy: Informal Structures in Multiorganizational Systems*, p.11.

58) 앞의 책.

59) Fritz W. Scharpf, "Coordination in Hierarchies and Networks," p.147.

60) 한국의 경우 이러한 소위 '부처 칸막이' 문제가 매우 심각하다. "황사, 미세먼지, 더 마시게 만든 환경부-기상청의 '칸막이 행정'," 〈동아일보〉 2016년 4월 12일.

61) Walter Kickert, "Public Governance in the Netherlands: An Alternative to Anglo-American 'Managerialism'," *Public Administration,* 75(1997): 731-752, pp.739-742.

62) 하나의 명확하게 정의된 목표를 추구하는 단일 중심성과 단일기준 합리성을 특징으로 하는 정부에서 다중심성polycentrism과 이질성pluriformity을 특징으로 하는 체제로의 변화가 거버넌스의 특징이라고 할 수 있다. 자세한 내용은, Walter Kickert, "Public Governance in the Netherlands: An Alternative to Anglo-American 'Managerialism'" 참조할 것.

63) Laurence E. Lynn, Jr., Carolyn J. Heinrich, and Carolyn J. Hill, *Improving Governance: A New Logic for Empirical Research*. (Washington. D.C.: Georgetown

University Press, 2001).

64) Laurence E. Lynn, Jr., Carolyn J. Heinrich, and Carolyn J. Hill, *Improving Governance: A New Logic for Empirical Research*.

65) Cheryl Simrell King and O. C. McSwite, "Public Administration at Midlife?" p.257.

66) Laurence E. Lynn, Jr., Carolyn J. Heinrich, and Carolyn J. Hill, *Improving Governance: A New Logic for Empirical Research*.

67) 이명석, "거버넌스의 개념화: '사회적 조정'으로서의 거버넌스," pp.326-327.

68) 앞의 논문, pp.325-326.

69) Elinor Ostrom, "A Behavioral Approach to the Rational Choice Theory of Collective Action," *The American Political Science Review*, 92:1(1998): 1-21.

70) Jon Pierre and Guy Peters, *Governance, Politics and the State*, (London: Palgrave Macmillan, 2000).

71) 빈센트 오스트롬은 단일 중심적인 체제에 의한 강제력에만 의존하여 사회문제를 해결하는 전통적인 행정체제를 "파우스트의 계약*Faustian bargains*"이라고 부르며 그 잠재적인 위험성을 경고한다. 자세한 내용은 Vincent Ostrom, "Faustian Bargains," *Constitutional Political Economy*, 7(1996): 303-308 참조할 것.

72) 비썸Beetham은 정치적 권위 존재 여부를 기준으로 사회적 조정 양식을 분류한다. 먼저, 정치적 권위에 의존하지 않고 자발적 교환에 의해 사회적 조정이 이루어지는 것은 시장이라고 정의하고, 정치적 권위에 의해 사회적 조정이 이루어지는 경우를 다시 계층제적 강제력에 의존하는 관료제와 민주적 합의에 의존하는 민주주의로 구분한다. 여기에서 관료제는 계층제 거버넌스, 그리고 민주주의는 네트워크 거버넌스에 각각 해당된다고 할 수 있다.

제6장

협력적
거버넌스
collaborative
governance

거래가 시장, 계층제 또는 신뢰 중 오직
하나에 의해서만 이루어지는 경우는 거
의 없다. 이 기제들은 현실의 조직생활에
서 흔히 발견되는 복잡한 사회구조를 이
루는 구성요소의 역할을 담당할 뿐이다.

– 제프리 브라다크와 로버트 에클스Jeffrey
    Bradach and Robert Eccles,
  "가격, 권위 그리고 신뢰"에서

1. 정부에서 거버넌스로from government to governance?

1) 시대 구분 신화의 오류

현대 네트워크 사회의 공공부문에서 나타나는 변화는 흔히 '정부 없는 거버넌스governance without government'[1]나 '정부에서 거버넌스로 from government to governance'[2] 등의 표현으로 설명된다. 주류 행정학의 핵심인 계층제 거버넌스가 실패하여 시장 거버넌스를 활용하는 신공 공관리론이 행정학의 새로운 패러다임으로 자리 잡고, 시장 거버넌스 도 실패하고 신공공관리론의 한계가 드러나자 네트워크 거버넌스가 등장하게 되었다는 것이다. 이러한 변화의 결과로 현재에는 다양한 사회 구성원들의 행동이 정부에 의한 '중앙집권적인 방향잡기central steering'에 의해서 조정되는 것이 아니라 다양한 사회 구성원들 사이 의 수평적 상호작용의 결과로 나타나는 현상 즉, 계층제 거버넌스가 네트워크 거버넌스에 의해 대체되는 현상이 보편화되었다는 것이 이러한 주장의 요지이다.

이 주장의 핵심은 '거버넌스 발전의 시대 구분'으로 요약될 수 있다. 흔히, (i) 1970년대는 '계층제적 거버넌스를 통한 강력한 중앙정부 주도의 사회문제 해결'의 시대, (ii) 1980년대는 '준準시장적 원리의 정부조직 내부관리와 민영화 등 시장 거버넌스를 통한 사회문제 해결'의 시대, 그리고 (iii) 1990년대는 '다양한 사회 구성원들의 수평적 협력을 통한 네트워크 거버넌스에 의한 사회문제 해결'의 시대라고 구분된다.[3] 특히, 1990년대 이후의 시대는 네트워크를 통한 사회문제 해결이 보편화된 "네트워크의 시대the age of network"라고 불리기도 한다.[4] 이와 같은 시대 구분은 "관료제는 모두 나쁜 것이고, 시장은 필요악이며, 네트워크는 가장 이상적인 것이다"라는 일종의 '발전신화'라고 할 수 있다.[5]

그러나 이와 같은 '발전'이 현실에서 이루어졌고, 그 결과 계층제 거버넌스에서 네트워크 거버넌스로의 전환이 사회 전반에서 나타나고 있으며, 계층제 거버넌스가 네트워크 거버넌스로 완전히 대체되었다는 주장은 사실과 다르다.[6] 최근에 들어와서 정부를 포함하는 다양한 사회 구성원 사이의 협력을 통한 사회문제 해결의 필요성이 강조되고, 특히 네트워크 거버넌스가 강조되고 활용되는 것은 사실이다. 그러나 여전히 계층제 거버넌스를 통한 강제 조정이 필요한 경우가 많고, 시장 거버넌스를 통하여 효율적으로 해결될 수 있는 사회문제도 많다. 계층제 거버넌스와 시장 거버넌스가 이념형일 뿐 현실에서는 존재하기 어려운 것처럼, 그리고 계층제 거버넌스나 시장 거버넌스가 실패하는 것처럼, 네트워크 거버넌스 역시 순수한 형태로는 현실에서 존재하기 어렵고, 적절한 조건이 충족되지 않으면 실패한다.

'정부 없는 거버넌스'나 '정부에서 거버넌스로' 등의 표현은 정부에 의한 사회문제 해결이 전혀 바람직하지 않거나 또는 불필요하며, 따라서 모든 사회문제가 네트워크 거버넌스에 의해서 해결되어야 하며, 이미 대부분의 사회문제가 네트워크 거버넌스에 의해서 해결되는 현상이 보편적으로 나타나고 있다는 것을 의미하지 않는다. 앞서 논의된 바와 같이, 모든 사회적 조정 양식은 실패한다. 따라서 불완전할 수밖에 없는 하나의 사회적 조정 양식이 다른 사회적 조정 양식을 완전히 대체하고, 그 결과 하나의 사회적 조정 양식에 의해서 모든 사회문제가 해결되는 것은 적절하지 않으며, 또한 현실적으로 가능하지도 않다. 이러한 관점에서 볼 때, '정부 없는 거버넌스'나 '정부에서 거버넌스로' 등의 표현은 정부의 역할이 전혀 없어지는 것을 의미하지 않는다. 이러한 표현은 정부의 공식적 권위에 의존하지 않는 사회문제 해결 가능성을 강조하는 것으로 이해되어야 한다.

요컨대, 계층제 거버넌스에서 시장 거버넌스로, 그리고 다시 시장 거버넌스에서 네트워크 거버넌스로의 순차적인 변화는 사실이 아니다. 시대의 변화에 따라 대표적인 사회문제의 특성이 변화하고, 그 변화에 따라서 적절한 사회문제 해결 방법 또는 사회적 조정 양식이 요구된다.[7] 그러나 이와 같은 변화에도 불구하고 계층제 중독 현상은 여전히 사라지지 않고 있다. 시장 거버넌스의 중요성이 강조되던 시기에도 정부는 여전히 계층제적 지시를 통하여 사회의 문제해결 전반에 대한 영향력을 유지해왔고, 대다수의 국민 역시 수많은 부작용에도 불구하고 정부의 계층제적 지시를 통한 사회문제 해결의 불가피성을 의심 없이 받아들여 왔다. 또한, 네트워크 거버넌스의 필요성이 강조되던 시기에도 계층제 거버넌스의 영향력은 여전히 유지되거나 심지어 강화되어 왔다.[8] 바로 이러한 계층제 중독 현상을 극복하기 위해서 '정부 없는 거버넌스' 또는 '정부에서 거버넌스로'와 같은 다소 자극적인(?) 표현이 필요했다고 할 수 있다.[9]

2) 중요한 것은 혼합mix

이러한 순차적인 변화는 바람직하지도 않다. 사악한 문제가 증가하는 것이 현대 네트워크 사회의 특징이다. 사악한 문제는 전통적인 계층제 거버넌스로는 성공적으로 해결될 수 없다. 그러나 모든 사악한 문제가 똑같은 특성을 갖는 것은 아니며, 현대 네트워크 사회의 모든 사회문제가 사악한 문제인 것도 아니다. 따라서 네트워크 거버넌스가 언제나 현대 네트워크 사회의 모든 사회문제를 가장 효율적으로 해결할 수 있는 것은 아니다. 다양한 문제를 해결하기 위해서는 다양한 해결책이 요구된다. 모든 문제를 언제나 가장 효율적으로 해결할 수 있는 만병통치약과 같은 방법은 존재하지 않는다.

이러한 관점에서 볼 때, 시장 거버넌스나 계층제 거버넌스, 그리고 네트워크 거버넌스 중 '어느 하나'를 선택할 것인가 하는 것은 사회문제를 해결하는 최선의 수단을 탐색하는 적절한 방법이 아니다. 사회문제를 해결하는 최선의 방법을 탐색하기 위해서는 계층제, 시장, 그리고 네트워크 등 세 가지 거버넌스 유형을 '어떻게 적절히 혼합'하고 이들을 관리할 것인가를 고민해야 한다.[10] 로즈Rhodes가 말한 것과 같이, 사회문제를 해결하는 최선의 수단을 탐색하는 과정에서 가장 중요한 것은 사회적 조정 양식의 적절한 '혼합'이 무엇인가를 탐색하는 것이다.[11]

계층제 거버넌스와 시장 거버넌스 그리고 네트워크 거버넌스의 혼합에서 특히 중요한 것은 네트워크 거버넌스의 역할이다. 공식적 권위에 의해서 강제되는 계층제 거버넌스와는 달리 네트워크 거버넌스는 강제될 수 없다. 또한 가격경쟁에 의해서 작동하는 시장 거버넌스와는 달리 네트워크 거버넌스는 자동적으로 작동하지 않는다. 참여자들 사이의 상호의존성과 공동목적이 존재해야만 네트워크 거버넌스가 작동할 수 있다.[12] 따라서 세 가지 거버넌스 유형의 혼합으로 사회문제를 해결하는 경우에도 네트워크 거버넌스의 작동 여부, 즉 자발적 협력의 가능성이 매우 중요하다.

2. 협력적 거버넌스 개념화[13]

1) 협력적 거버넌스의 일반적 정의

다른 거버넌스 관련 개념과 마찬가지로 협력적 거버넌스는 다양한 의미로 사용된다. 협력적 거버넌스는 제3의 사회적 조정 양식인 네트워크 거버넌스와 같은 개념으로 사용되기도 한다. 거버넌스가 제3의 사회적 조정 양식에서 강조하는 자발적이고 수평적 협력을 의미하는 협의의 개념인지 아니면 다양한 사회적 조정 양식을 포괄하는 광의의 개념인지 뚜렷하게 구분할 수 있다는 점에서 이러한 정의는 일견 바람직하다. 그러나 불필요한 개념적 혼란을 피하기 위해서는 이러한 정의는 적절하지 않다. 사회적 조정 양식으로 계층제 거버넌스, 시장 거버넌스, 그리고 네트워크 거버넌스가 일반적으로 사용되고 있다는 점을 고려할 때, 제3의 사회적 조정 양식은 협력적 거버넌스가 아니라 네트워크 거버넌스라고 부르는 것이 더 적절할 것으로 판단된다.[14)]

일반적으로 협력적 거버넌스는 '독립적인 조직 간의 협력관계 collaboration between organizations'를 말한다.[15)] 셔골드Shergold에 의하면, '조정coordination'은 참여자와 조직들 상호 간의 집합적 의사결정, '협동cooperation'은 상호이익을 위하여 아이디어와 자원을 공유하는 것, 그리고 '협력collaboration'은 자율적인 행위자와 조직들 사이의 상호작용을 통하여 기존의 조직적 경계와 정책을 초월하여 새로운 공공가치를 창조하는 것을 의미한다.

또한, 그레이Gray는, (i) 참여자 사이의 상호의존성, (ii) 참여자의 이질성을 건설적인 방향으로 극복할 수 있는 능력, (iii) 의사결정 권한과 책임의 공유, 그리고 (iv) 결과에 대한 집합적 책임성 등의 특징을 갖는 것을 협력collaboration으로 정의한다.[16)] 그에 의하면 협력은 동태적이고 진화적인 특성을 갖는다는 점에서 유사한 개념인 '협동cooperation'이나 '조정coordination'과도 차별화된다.

한편, 아그라노프Agranoff는 협력적 거버넌스를 "공공관리 네트워크 public management network: PMN" 또는 "협력체제collaborachy"라는 신조어로 부른다.[17)] 그에 의하면, 공공관리 네트워크는 계층제와는 뚜렷하게 구분되지만, 우연히 발생하는 것이 아니라 의도적으로 형성되어 자치적으로 운영되고, 비계층제적 권위구조에 의존하고, 의사소통 체계를 갖는다는 점에서 나름대로의 구조를 갖는 사회문제 해결 방식이라는 것이다.

다양한 관련 분야의 광범위한 문헌 검토를 통하여 협력적 거버넌스를 체계적으로 정의하는 안셀과 개쉬Ansell and Gash는 협력적 거버넌스를 "하나 혹은 그 이상의 공공기관이 공식적이고, 의견일치를 추구하고, 의도적으로 이루어지는 집합적 의사결정과 집행 과정에서 민간부문의 이해관계자와의 직접적 상호작용을 통하여 공공문제를 해결하는 것"으로 정의한다.[18] 그들에 의하면 이러한 정의는 다음과 같은 6가지 측면에서 중요한 함의를 갖는다.

첫째, 협력적 거버넌스는 공공기관이 주도하는 상호작용을 의미한다. 이러한 특징은 골드스미스와 에거스Goldsmith and Eggers의 '정부주도 네트워크government-initiated network'[19]와 마찬가지로, 비록 네트워크 사회에서 민간부문의 자발적 협력에 의한 사회문제 해결이 강조되기는 하나 정부가 주도적으로 다양한 사회 구성원 간의 자발적 협력을 유도할 필요가 있다는 것을 의미한다. 그러나 공공기관이 주도한다는 것이 민간부문에 대한 공공기관의 공식적 통제나 강제력 행사를 의미하는 것은 아니다.

둘째, 협력적 거버넌스는 비정부 조직이나 사회 구성원의 참여를 의미한다. 일부 학자들은 협력적 거버넌스를 비정부 조직 사이의 협력을 의미하는 개념으로 정의하기도 한다. 물론 이렇게 정의하는 것이 본질적으로 잘못된 것은 아니지만, 협력적 거버넌스의 본질은 정부와 해당 사회문제에 관심을 갖는 민간기구 또는 일반시민 사이의 상호작용이라고 할 수 있다.

셋째, 협력적 거버넌스는 비정부 이해관계자들의 단순한 의견 제시나 상담 이상의 직접적인 참여를 의미한다. 한국의 경우 전통적으로 다양한 시민사회 대표들이 자문위원회 등에 참여하는 것이 소위 '협치協治'로 번역되는 거버넌스의 전형적인 사례로 인식되어 비판을 받기도 했다. 그러나 협력적 거버넌스의 본질은 양방향 의사소통two-way communication과 다자적 상호작용multilateral interaction이다. 따라서 일방적인 의견 청취를 통한 사회문제 해결은 협력적 거버넌스라고 할 수 없다.

넷째, 협력적 거버넌스는 공식적으로 조직되는 집합행동을 의미한다. 여기에서 공식적이라는 것은 공식적 권한에 의한 계층제적 지시가 가능한 강제적 상호작용을 의미하는 것이 아니다. 공식적이라는 것은 일상적인 협력 이상의 수준에서 '공동 활동joint activities', '공동 구조joint structure', '공유된 자원shared resources', 그리고 '구조화된 장치·배열structured arrangements'을 갖는 상호작용을 의미한다. 아울러 집합행동은 자발적 협력으로 이루어지는 양방향적 상호작용을 의미한다. 이러한 기준에 의하면, 인식되지 않고, 명시되지 않고, 또한 사전에 설계되지 않은 채 이루어지는 협동은 협력적 거버넌스라고 할 수 없게 된다.

다섯째, 협력적 거버넌스는 의견일치를 추구한다. 다양한 이해관계자들이 참여하는 상호작용에서 의견일치가 이루어지지 않아 공공기관이 최종적으로 공식적 권위에 근거한 결정을 내리는 경우가 현실적으로 존재할 수밖에 없다. 그러나 협력적 거버넌스의 본질은 가능한 한 의견일치를 이루기 위하여 노력하는 것이다. 적대적 이해관계자들이 참여하는 경우에도 '승자독식winner-takes-all' 형태의 이해관계 조정이 아니라 의도적으로 협력을 추구하기 위한 상호작용을 통하여 문제를 해결하는 것이 협력적 거버넌스이다.

마지막으로, 협력적 거버넌스는 공공문제 해결과 관련된 상호작용을 의미한다. 이러한 기준에 의하면 공공기관이 순수한 사익과 관련된 갈등 해결이나 분쟁조정 등의 활동을 하는 경우는 협력적 거버넌스라고 할 수 없다.[20] 행동의 주체와 무관하게 공공문제를 해결하고 공공서비스를 제공하기 위하여 이루어지는 상호작용을 협력적 거버넌스라 할 수 있다.

요컨대, 이러한 정의에 의하면 협력적 거버넌스는 '공공기관의 주도에 의한 자율적 행위자와 조직들 사이의 구조화된 상호작용을 활용하여 기존의 조직적 경계와 정책을 초월하여 새로운 공공가치를 창조하는 사회문제 해결 방식'이라 할 수 있다.

2) 협력의 유형

이상에서 논의된 바와 같이, 협력적 거버넌스의 일반적인 정의에 의하면 협력적 거버넌스의 핵심은 '다양한 조직들 사이의 구조화된 상호작용을 통한 사회문제 해결 방식'이라고 할 수 있다. 그러나 다양한 행위자와 조직 간의 상호작용 또는 협력은 다양한 형태를 갖는다. 또한 전통적인 명령과 통제에 의한 사회문제 해결이 가장 효과적인 경우도 여전히 존재한다. 그러므로 협력적 거버넌스를 보다 현실적으로 또한 구체적으로 정의하기 위하여서는 다양한 행위자와 조직 간의 상호작용 또는 협력의 유형에 대한 고려가 필요하다.

먼저 셔골드Shergold에 의하면 공동의 목적 달성을 위하여 사용되는 과정에는 '명령command', '조정coordination', '협동cooperation', 그리고 '협력collaboration' 등의 네 가지 유형이 존재한다.[21] 여기에서 (i) '명령'은 계층제적 권위와 명확하게 규정된 계선line을 활용하는 중앙집권적 통제가 이루어지는 과정을, (ii) '조정'은 참여기관에 강제되는 집합적 의사결정이 이루어지는 과정을, (iii) '협동'은 상호간의 편익을 위하여 아이디어와 자원을 공유하는 과정을, 그리고 (iv) '협력'은 독자적이고 자율적인 기관 간의 중재를 통하여 창조적인 성과를 도출하는 과정을 각각 의미한다. 이렇게 정의될 경우 명령과 조정은 전통적인 사회적 조정 양식인 계층제 거버넌스를 의미하며, 협동과 협력은 새로운 사회적 조정 양식인 네트워크 거버넌스를 의미한다고 할 수 있다. 이러한 정의에 의하면 협의의 협력은 협동을 제외한 자율적인 기관 간의 상호작용만을 의미한다.

한편 와나Wanna는 협력의 다양한 수준과 차원을 제시하면서 협력을 보다 넓은 개념으로 정의한다.[22] 그가 설명하는 협력의 차원과 동기가 〈표 6-1〉에 요약되어 있다. 그에 의하면, 일상적인 운영 수준의 부분적 조정만으로 이루어져 낮은 정치적·관리적 위험만이 수반되는 '최저수준의 협력'에서부터, 고도의 참여와 권한부여 등이 이루어져 높은 정치적·관리적 위험이 수반되는 '최고수준의 협력'에 이르기까지 다양한 수준의 협력이 존재한다. 최저수준의 협력단계에서는 주로 일상적인 정보교환과 같은 부분적인 협력이 이루어지며, 최고수준의 협력단계에서는 동의구축과 연합형성 등의 보다 본격적인 협력이 이루어진다.

또한, 그는 협력의 차원에 따라 대조적인 양극단의 동기가 존재할 수 있다고 설명한다. 예를 들어, 권력 차원에서 공식적 권위에 의하여 강제되는 협력이 있을 수 있으며, 이와는 대조적으로 강제력 동원 없이 설득 또는 자발적 참여에 의하여 이루어지는 협력이 있을 수 있다. 또한, 관여 수준 차원에서 의미 있고 실질적인 협력이 있을 수 있는 반면, 무의미하고 형식적인 협력이 있을 수 있다.

〈표 6-1〉 협력의 차원과 동기

차원	동기의 양 극단	
권력 차원	설득 또는 자발적 참여에 의한 협력	강제된 협력
관여 수준 차원	의미 있고 실질적인 협력	무의미하고 허식적인 협력
문화적 내재화 차원	협력에 대한 철학적인 관심-협력적 문화 개발	활용가능한 도구나 수단으로서의 협력-행동 양식으로서의 협력에 대한 진정한 관심 전무
전략 차원	긍정적이고 편익을 추구하기 위한 협력	부정적이고 방어적인 이유의 협력
수단-목적 차원	목적 및 결과로서의 협력	적정 절차, 단계 및 수단으로서의 협력
목적 차원	공유된 목표; 상호적인 의도, 동의된 전략 및 결과	경쟁적 목표; 협력에 참여하는 다양한 이유
가시성 및 인지도 차원	공개된 형태의 협력; 협력에 대한 높은 인지도	비공개된 이면의 협력; 협력에 대한 인지 전무
문제 적용 차원	사악한 문제에 대한 협력; 설명 및 해결이 불가능한 문제	단순한 문제에 관한 협력; 단순한 목표 및 책임성

• 출처: John Wanna, "Collaborative Government: Meanings, Dimensions, Drivers and Outcomes," in Janine O'Flynn and John Wanna, (eds.) *Collaborative Governance A New Era of Public Policy in Australia?* (Canberra: The Australian National University Press, 2008): 3-12, p.5. 수정.

다양한 차원의 협력 유형에 대한 와나의 이러한 설명은 협력을 보다 포괄적인 의미로 이해하고 있다는 것을 의미한다. 대표적인 예로, 권력 차원에서 설명되는 강제된 협력은 공식적이며 집권적인 통제에 의한 것으로, 셔골드의 명령에 더 가까운 것이라고 할 수 있다. 또한

〈표 6-1〉을 활용하여 안셀과 개쉬의 협력적 거버넌스를 정의한다면, 협력적 거버넌스는 '설득 또는 자발적 참여에 의하여 이루어지는(권력 차원), 의미 있고 실질적이며(관여 수준 차원), 협력적 문화의 개발에 관심을 갖고(문화적 내재화 차원), 긍정적으로 편익을 추구하고(전략 차원), 결과 자체로서의 협력을 추구하고(수단-목적 차원), 목표를 공유하며(목적 차원), 공개적인 형태로 이루어지는(가시성 및 인지도 차원) 자율적인 조직 간의 협력'이라고 할 수 있다.

이와 유사한 맥락에서 설리번과 스켈쳐Sullivan and Skelcher는 다양한 협력의 유형을 '비공식적이고 임시적인 느슨한 네트워크'에서부터 '단일 조직으로의 합병'에 이르는 6가지 유형으로 분류하여 제시한다.[23] 〈표 6-2〉에서 볼 수 있는 바와 같이, 일반적으로 정부와 민간부문 간 협력의 대표적인 형태로 인식되는 파트너십은 비교적 장기간에 걸친 '공동의사결정joint decision-making'이 요구되고, 또한 공공부문과 민간부문의 다양한 파트너들과의 장기간의 공동작업을 위한 협상이 수반된다는 점에서 '계약'과 구분된다. 또한 파트너십은 의사결정과 서비스 공급을 공동으로 수행하기 위한 목적을 공식적으로 천명하고 참여자들을 통제하는 계획을 구체화하는 것이 요구된다는 점에서 '네트워크'와도 차별화된다.

〈표 6-2〉에 제시된 협력의 유형 중 '비공식, 임시 네트워크', '정보 공유 협약', '공동활동 협약', '기구설립 협약', 그리고 '연방구조 창설' 등은 사회적 조정 양식으로서의 네트워크 거버넌스에 해당하는 협력이라고 할 수 있다. 또한 이 중에서 안셀과 개쉬의 협력적 거버넌스에 해당되는 것은 '공동활동 협약'과 '기구설립 협약', 그리고 '연방구조 창설' 등이라고 할 수 있으며, '단일통합조직'은 사회적 조정 양식으

〈표 6-2〉 협력의 유형

협력 유형	비공식, 임시 네트워크	정보공유 협약	공동활동 협약	기구설립 협약	연방구조 창설	단일통합 조직
지배 구조	가치관 공유, 신뢰, 및 규범 등을 통한 자치	← - - - - - - - - - - - - →			포괄적 규정을 통한 외부 통제 기관의 통솔	계층제적 통제
명칭	네트워크	파트너십			연방	통합

• 출처: Helen Sullivan and Chris Skelcher, *Working across Boundaries: Collaboration in Public Services*, (London: Palgrave Macmillan, 2002), p.43.

로서의 계층제 거버넌스에 해당하는 협력이라고 할 수 있다.

한편, 소와Sowa는 공유하는 자원의 유형에 따라 협력을 협력적 계약(낮은 수준 협력), 역량구축 협력(중간 수준 협력) 그리고 공동체 형성 협력(높은 수준 협력) 등의 3가지로 분류한다.[24]

첫째, 낮은 수준의 협력인 협력적 계약은 협력에 참여하는 둘 이상의 기관이 재정자원을 공유하는 유형이다. 이 유형은 기관 간 상호작용의 밀도와 빈도가 낮은 일시적 협력을 의미한다. 또한, 공유하는 재정자원의 공유·활용 이외의 창조적인 가치창조는 잘 이루어지지 않는다는 점에서 낮은 수준의 협력이라고 할 수 있다. 어쩌면 계약에 의해서 재정자원을 공유하는 협력이 가장 일반적으로 알려진 정부와 민간 사이의 협력일지 모른다. 이와 같은 계약에 의한 협력은 법적 강제력에 의해 뒷받침된다는 점에서 책임성을 확실하게 확보할 수 있는 협력이라고 생각될 수 있다. 그러나 당사자 사이의 진정한 의미의 협력을 통한 시너지 효과를 창출하기 어렵다는 점에서 낮은 수준의 협력인 것이다.

둘째, 중간 수준의 협력인 역량구축 협력은 참여기관 사이의 상호 작용의 밀도가 중간 정도 수준으로, 재정자원이 아닌 정보의 공유와 교환이 지속적으로 일어난다. 또한 정보의 공유와 교환에 따라 정보와 관련된 기관 간 인력의 지속적인 접촉과 협력이 증가한다. 그러므로 협력적 계약과는 달리 역량구축 협력의 경우 조직 간 협력을 통해 조직의 사회문제 해결 역량이 향상될 수 있다.

셋째, 가장 높은 수준의 협력인 공동체 형성 협력은 공유되는 자원이 비재정적 자원인 정보와 인력 등이라는 점에서 역량구축 협력과 유사하다. 그러나 협력의 효과가 해당 조직의 해당 문제 해결, 역량 향상에 그치지 않는다는 점에서 역량구축 협력과 차별화된다. 공동체 형성 협력은 직접적으로 참여하는 기관뿐만 아니라 직접 참여하지 않는 유관기관을 포함한 공동체 전체와의 협력이 증진되는 효과를 갖는다는 특징이 있다. 즉, 사회문제 해결이라는 공공가치를 공유하고 서로 신뢰할 수 있는 공동체를 형성하는 것이 공동체 형성 협력의 핵심이다. 일반적으로 공공부문에서 조직 간 협력을 강화하기 위한 수단으로 강조되는 것은 역량구축 협력이다. 그러나 자율적이고 수평적이며 실질적인 조직 간 협력이 요구되는 현대사회의 '사악한 문제'에 성공적으로 대처하기 위해서는 공동체 형성 협력이 요구된다.

이상에서 정리된 협력의 유형에 대한 논의의 공통점은 협력을 안셀과 개쉬가 정의하는 협력적 거버넌스뿐만 아니라 사회적 조정 양식으로서의 계층제 거버넌스와 네트워크 거버넌스를 모두 망라하는 포괄적인 개념으로 정의하고 있다는 것이다. 안셀과 개쉬의 협력적 거버넌스 정의가 새로운 사회문제 해결 방식, 새로운 정부의 역할, 그리고 새로운 정책도구를 이해하는 데 유용한 것은 사실이다. 그러나 이러한 정의를 따를 경우, 현실의 사회문제 해결 과정에서 나타나는 다양한 협력을 포괄적으로 고려할 수 없게 된다.

네트워크 사회의 사회문제를 해결하기 위해서는 전통적인 계층제적 지시뿐만 아니라 다양한 네트워크를 통한 사회 구성원의 자발적 협력과 시장을 통한 기업의 이윤추구 활동을 포함한 모든 가용한 도구와 자원을 활용할 필요가 있다.[25] 다양한 사회문제를 해결할 수 있는 다양한 협력 유형을 포괄적으로 고려할 필요가 있는 것이다.

3) 다양한 협력 유형의 필요성

협력 유형과 관련하여 앞에서 논의되었던 상호의존성과 조정의 유형을 고려할 필요가 있다. 먼저, 협력의 핵심인 다수 조직 간의 행동의 조율이 필요한 이유인 조직 간 상호의존성은 집합적 상호의존성, 순차적 상호의존성, 그리고 호혜적 상호의존성 등의 세 가지로 분류된다.[26] (i) 집합적 상호의존성은 특별한 사전 계획 없이 정해진 규정에 따라 독자적으로 행동한 후 행동을 통합하기만 하면 조정이 이루어지는 경우, (ii) 순차적 상호의존성은 행동 순서의 사전 조율이 필요하나 직접적 상호작용 없이도 조정이 이루어지는 경우, 그리고 (iii) 호혜적 상호의존성은 직접적 접촉을 통한 지속적이고 동시적인 행동의 조율에 의해서만 조정이 이루어지는 경우를 각각 의미한다.

다음으로, 협력의 핵심인 다수의 기관이 서로의 행동을 조율하는 것을 의미하는 조정은 크게 '적극적 조정'과 '소극적 조정' 등 두 가지로 분류될 수 있다.[27] 적극적 조정은 전체적 차원의 능률성과 효과성을 극대화하기 위하여 다수의 기관이 공동전략을 선택하여 행동을 조율하는 것을 의미하고, 소극적 조정은 한 기관의 새로운 정책이나 행동이 다른 조직의 행동이나 정책 또는 다른 조직의 이해관계에 부정적 영향을 미치지 않도록 행동을 조율하는 것을 의미한다. 적극적 조정에 많은 관심을 갖는 것이 일반적이나, 부정적 외부 효과의 최소화를 의미하는 소극적 조정에 대한 관심 또한 필요하다.

여기에서 중요한 사실은 협력 당사자들 사이의 상호의존성의 유형이 변화하고, 협력에 필요한 조정의 유형이 변화함에 따라 다양한 형태의 협력이 요구된다는 것이다. 예를 들어, 소극적 조정의 필요성이 낮고 집합적 상호의존성이 존재하는 경우에는 비교적 간단한 수준의 협력으로도 사회문제가 성공적으로 해결될 수 있을 것이다. 반면에 소극적 조정의 필요성과 호혜적 상호의존성의 중요성이 증가하는 경우에는 협력 당사자들 사이의 상호작용을 실시간으로 보다 정밀하게 조정할 수 있는 협력의 필요성이 높아질 것이다. 이는 다양한 사회문제를 성공적으로 해결하기 위해서 다양한 형태의 협력적 거버넌스가 필요하다는 것을 의미한다.

물론, 모든 협력 유형을 협력적 거버넌스로 정의하는 것은 적절하지 않다. 예를 들어, 와나의 '강제된 협력'은 셔골드가 말하는 공동목적을 달성하기 위한 절차 중 하나인 '명령'에 해당하고, 설리번과 스켈처의 단일 통합조직은 계층제 거버넌스의 전형적인 사례에 해당하는 것으로, 협력적 거버넌스에 포함되는 것은 적절하지 않다. 하지만 다양한 사회문제를 성공적으로 해결하기 위해서는 다양한 형태의 협력적 거버넌스를 포괄할 수 있는 보다 포괄적인 의미의 협력적 거버넌스 정의가 필요하다.

3. 사회적 조정 양식의 혼합으로서의 협력적 거버넌스

1) 포괄적인 의미의 협력적 거버넌스

이상의 내용을 고려하여 이 책은 앞서 간략하게 언급된 바와 같이 현실에서 나타나는 사회문제 해결 방법인 협력적 거버넌스를 '계층제 거버넌스, 네트워크 거버넌스 그리고 시장 거버넌스 등 3가지 사회적 조정 양식의 '최적의 혼합'을 통한 자율적 행위자와 조직들 사이의 다양한 형태의 상호작용을 활용하여 기존의 조직적 경계와 정책을 초월하여 새로운 공공가치를 창조하는 사회문제 해결 방식'이라고 정의한다.

이와 같은 협력적 거버넌스 정의는 안셀과 개쉬의 정의와 다음과 같이 차별화된다.

첫째, 협력적 거버넌스는 반드시 공공기관의 주도에 의해서만 이루어지는 것이 아니다. 민간부문의 주도에 의해서 이루어지는 협력적 거버넌스도 필요하며, 또한 현실에서 얼마든지 존재할 수 있다.[28] 그러나 민간부문 주도의 협력적 거버넌스에서도 공공기관의 역할은 중요하다. 공공기관은 협력적 거버넌스가 원활하게 이루어질 수 있도록 적극적이고 주도적인 역할을 수행하여야 한다.[29]

둘째, 협력적 거버넌스는 정부와 비정부 기관 간의 협력만을 배타적으로 의미하는 것이 아니다. 협력적 거버넌스에서 중요한 것은 상호작용의 유형이지 상호작용의 주체 또는 장소가 아니다. 그러므로 정부와 민간부문 사이의 협력뿐만 아니라, 민간부문이 포함되지 않은 지방정부 간 협력이나 중앙정부와 지방정부 간 협력과 같은 공공기

관 간 협력도 협력적 거버넌스에 포함된다.[30]

셋째, 단순한 의견 청취나 자문 등의 일방적 상호작용 또한 협력적 거버넌스에 포함된다. 도구적 관점의 네트워크는 사회적 조정 양식으로서의 네트워크 거버넌스라고 할 수 없으나, 사회적 조정 양식의 이념형의 혼합을 강조하는 협력적 거버넌스 정의에는 포함될 수 있다. 그러나 의견 청취나 자문의 목적이 사회적 조정 양식의 '최적의 조합'이 아니라 계층제적 지시나 통제를 강화하기 위한 '의도적인 수단'인 경우에는 협력적 거버넌스라 할 수 없다.

넷째, 공식적으로 구조화되지 않은 협력도 협력적 거버넌스에 포함된다. 현실 사회문제 해결 과정에서는 인식되지 않고, 명시되지 않고, 또한 사전에 설계되지 않은 채 이루어지는 협력에 의한 사회문제 해결 또한 얼마든지 가능하다. 그러므로 이러한 소위 비구조화되고 비공식적인 협력을 협력적 거버넌스에 포함시키지 않는 것은 적절하지 않다.

다섯째, 의견일치를 추구하지 않는 협력도 협력적 거버넌스에 포함된다. 승자독식형의 갈등 조정이 협력적 거버넌스에 포함되지 않는 것은 사실이나, 이질적 목적과 다양한 이해관계를 갖는 참여자들로 이루어지는 협력도 협력적 거버넌스에 포함된다. 참여자들의 목적이나 이해관계가 정확하게 일치되어 나타나는 협력은 현실에서는 거의 불가능하다. 그러므로 비록 목적의 공유가 중요한 기준이기는 하지만 협력을 궁극적 목적으로 추구하지 않는 일부 참여자가 존재하는 경우에도 집합행동을 통한 공공가치의 달성이 가능하다면 협력적인 거버넌스라 할 수 있다.

여섯째, 정책결정뿐만 아니라 실제 공공서비스 제공과 같은 정책집행도 협력적 거버넌스에 포함된다. 특히 한국의 경우 협력적 거버넌스를 민간부문의 다양한 이해관계자나 기관이 정부의 정책결정 과정에 참여하는 것으로 이해하는 경우가 많다. 물론 이러한 소위 '참여적 정책결정'도 협력적 거버넌스에 해당된다. 그러나 이와 같은 참여적 정책결정은 협력적 거버넌스의 일부분에 불과하다. 정책결정 과정뿐만 아니라 실제 사회문제 해결 과정에 직접적으로 다양한 행위자들이 참여하여 다양한 방식의 상호작용을 통해 공공서비스를 제공하거나 또는 사회문제를 해결하는 다양한 협력적 거버넌스 유형이 존재할 수 있다.

요컨대, 정부 또는 민간부문의 주도로 다양한 행위자들이 공동의 목적을 달성하기 위하여 계층제 거버넌스, 시장 거버넌스, 그리고 네트워크 거버넌스를 적절하게 활용하면서 다양한 유형의 상호작용을 하는 것을 협력적 거버넌스라고 할 수 있다.

2) 협력적 거버넌스의 다양한 유형

3가지 사회적 조정 양식의 혼합mix으로 이루어지는 협력적 거버넌스는 다양한 유형의 사악한 문제를 해결할 수 있는 다양한 유형의 사회적 조정 양식으로 나타날 수 있다. 협력적 거버넌스 유형의 가능성을 그림으로 나타내면 〈그림 6-1〉과 같다.[31]

앞서 언급된 바와 같이, 사회적 조정 유형의 순수한 형태 또는 이념형은 모두 각각의 장점과 단점을 갖는다. 먼저, 가격기구와 경쟁의 원리에 의해서 작동하는 시장 거버넌스는 자원을 가장 효율적인 방법으로 사용할 수 있게 하는 장점이 있다. 반면에 시장 거버넌스는 부

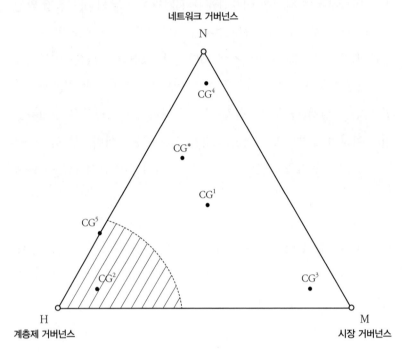

〈그림 6-1〉 사회적 조정 양식의 세 가지 유형과 협력적 거버넌스CG

네트워크 거버넌스
N

CG⁴

CG*

CG¹

CG⁵

CG²

CG³

H
계층제 거버넌스

M
시장 거버넌스

• 출처: 이명석, "행정학으로서의 공공선택이론," 최광 외 편저, 《공공선택의 이론과 응용》,
  (서울: 도서출판 봉명, 2006): 139-166, p.156. 수정.

정적 외부 효과처럼 자원배분 과정에서 시장에서 적절하게 거래될
수 없는 가치를 효율적으로 반영하지 못하고 결과적으로 '시장실패
market failure'를 초래한다는 단점이 있다.

다음으로, 공식적 권위와 계층제적 지시에 의해 작동하는 계층제
거버넌스의 경우 중앙집권적 통제를 통하여 의도적으로 사회 구성원
들의 행동을 통제함으로써 사회를 전체적인 차원에서 바람직한 방향
으로 이끌어갈 수 있다는 장점이 있다. 반면에 계층제 거버넌스는 경

쟁압력의 부재 등의 이유로 낮은 효율성과 낮은 대응성 그리고 부정부패 등으로 대표되는 소위 '정부실패government failure'를 초래한다는 단점이 있다.

한편, 자발적 협력에 의해 작동하는 네트워크 거버넌스의 경우 공식적 권위나 재원 없이 사회문제를 해결할 수 있다는 장점이 있다. 반면에 네트워크 거버넌스는 시장의 장점인 경쟁 원리나 계층제의 장점인 의도적 통제가 존재하지 않아 사회 전체적 차원에서의 바람직한 방향으로 발전하지 못하고 표류하거나, 또는 신뢰 등의 결여로 아예 작동하지 못하게 될 가능성이 존재한다는 단점이 있다.

이와 같이 3가지 사회적 조정 양식은 모두 실패할 가능성을 지닌 완전하지 못한 사회적 조정 양식이다. 각각의 사회적 조정 양식은 모두 제한된 범위 내에서만 효율적으로 작동할 수 있다. 이러한 사실을 고려할 때, 현실에서 사회문제를 성공적으로 해결하기 위해서는 각각의 사회적 조정 양식의 장점을 살리는 방향으로 3가지 유형을 혼합하여 사용하는 것이 바람직하다. 이러한 혼합의 적정 비율 또는 형태는 문제의 성격과 사회 구성원의 특성 등의 조건에 따라 달라질 것이다.[32] 현실에서 실제로 사용되는 사회적 조정은 〈그림 6-1〉의 삼각형 내부에 한 점으로 표시될 수 있다. 그리고 삼각형 내부의 한 점의 위치로 나타나는 적정한 사회적 조정 양식 혼합 비율(즉, 협력적 거버넌스 유형)은 다양한 여건에 따라 결정될 것이다.

〈그림 6-1〉을 활용하여 사회적 조정 유형의 이념형과 협력적 거버넌스를 나타내면 다음과 같다.[33] 〈그림 6-1〉의 꼭짓점 H, N, M은 각각 계층제 거버넌스, 네트워크 거버넌스 그리고 시장 거버넌스의 이념형을 나타내고, 삼각형 내부의 점들은 이들 세 거버넌스의 혼합으

로 이루어지는 협력적 거버넌스를 나타낸다.

　계층제 거버넌스, 네트워크 거버넌스, 그리고 시장 거버넌스의 이념형이 협력적 거버넌스에서 차지하는 비중을 각각 'h', 'n', 'm'이라고 하고, 이 경우의 협력적 거버넌스를 '(h, n, m)'으로 표기하기로 하자. 이렇게 정할 경우, 계층제 거버넌스의 이념형은 (1, 0, 0), 네트워크 거버넌스의 이념형은 (0, 1, 0), 그리고 시장 거버넌스의 이념형은 (0, 0, 1)이라고 각각 표기할 수 있다. 이 세 점은 〈그림 6-1〉 삼각형의 세 꼭짓점 H, N, M에 각각 해당한다. 그러나 현실에서 이러한 사회적 조정 양식의 이념형은 존재할 수 없으며, 협력적 거버넌스에 포함되지 않는다.[34]

　다음으로, 〈그림 6-1〉을 활용하여 다양한 협력적 거버넌스 유형을 표시하면 다음과 같다. 먼저, 계층제 거버넌스, 네트워크 거버넌스 그리고 시장 거버넌스가 협력적 거버넌스에서 차지하는 비중이 동일한 경우를 가상해보자. 이 경우는 주어진 사회문제를 해결하기 위해서 계층제적 지시와 자발적인 협력, 그리고 시장의 가격경쟁 등이 모두 동일한 비중으로 요구되는 가상적인 상황이라고 할 수 있다. 이러한 협력적 거버넌스는 (0.33, 0.33, 0.33)이라고 표시할 수 있다(CG[1]).

　또한, 전통적인 행정에서 주로 사용되는 사회문제 해결 방식인 계층제 거버넌스의 비중이 높은 협력적 거버넌스는 (0.9, 0.05, 0.05) 정도로 표시할 수 있다(CG[2]). 민영화와 같은 시장 거버넌스의 비중이 높은 협력적 거버넌스는 (0.05, 0.05, 0.9) 정도로 표시할 수 있다(CG[3]). 그리고 정부의 공권력에 거의 의존하지 않고 수평적인 협력, 즉 네트워크 거버넌스의 비중이 높은 협력적 거버넌스는 (0.05, 0.9, 0.05) 정도로 표시할 수 있다(CG[4]).

한편, 안셀과 개쉬의 정의에는 포함되지 않으나 이 연구의 광의의 협력적 거버넌스 정의에 포함되는 '최적의 조합을 구성하기 위하여 단순한 의견 청취나 자문을 활용하는 경우'는 (0.95, 0.05, 0.0) 정도로 표현할 수 있다(CG^5). 한국에서 흔히 거버넌스적 개혁으로 언급되는 시민단체 대표들의 정책결정 과정 참여 또한 CG^5에 해당된다. 실제로 한국에서 거버넌스를 표방하며 진행된 대부분의 개혁은 정부의 정책결정 과정에 대한 민간부문의 투입을 늘리거나 제도화하는 것으로, 대부분이 〈그림 6-1〉의 꼭짓점 H 주변의 '사선 부분'에 해당되는 협력적 거버넌스라고 할 수 있다.

요컨대, 현실에서는 세 가지 사회적 조정 양식 이념형의 장점을 살리는 방향으로 세 가지 거버넌스 유형 이념형을 조합한 '혼합'을 사용하는 것이 바람직하며, 이러한 혼합의 적정한 비율 또는 형태는 주어진 사회문제와 상황 등의 조건에 따라 달라진다. 어떤 사회문제를 해결할 수 있는 최선의 방법을 〈그림 6-1〉의 삼각형 내부에 존재하는 한 점으로 표시되는 협력적 거버넌스인 $CG^*(h^*, n^*, m^*)$라고 할 때, h^*, n^*, m^*는 주어지 사회문제의 특성과 사회적 상황에 따라 다양한 값을 가질 것이다.

3) 네트워크 거버넌스의 중요성

여기서 중요한 것은, 전통적인 정부-시장 이분법적 사고에 의하면 사회문제를 해결하는 대안 즉 사회적 조정 양식의 조합의 다양성이 크게 줄어든다는 사실이다. 도식적으로 설명하자면, 계층제 거버넌스와 시장 거버넌스만 가정한다면 가능한 사회적 조정 양식의 조합은

〈그림 6-1〉에서 꼭짓점 H와 꼭짓점 M을 잇는 선분 $\overline{HM}$ 선상에서만 존재하게 된다. 검은색과 흰색으로만 표현되는 흑백사진으로는 자연에 존재하는 수많은 색상을 표현할 수 없다. 자연의 수많은 색상을 표현하기 위해서는 삼원색을 사용하는 컬러 사진이 필요하다. 이와 마찬가지로 계층제 거버넌스와 시장 거버넌스만을 사회적 조정 양식으로 가정한다면, 〈그림 6-1〉의 삼각형 안에 존재하는 수많은 사회적 조정양식을 고려할 수 없게 된다.

또한, 설리번과 스켈처와 같이 협력을 정의할 경우, 사회적 조정 양식의 조합은 〈그림 6-1〉에서 꼭짓점 H와 꼭짓점 N을 잇는 선분 $\overline{HN}$ 선상에서만 존재하게 된다. 이 경우에도 역시 〈그림 6-1〉의 삼각형 안에 존재하는 수많은 사회적 조정 양식을 고려할 수 없다.

결론적으로 세 가지의 사회적 조정 양식을 모두 가정하지 않는다면, 〈그림 6-1〉의 삼각형 내부에 존재하는 최적의 사회적 조정 양식 혼합은 불가능하게 된다. 따라서 다양한 사회문제를 적절하게 해결할 수 있는 최선의 사회적 조정 양식의 혼합이 가능하기 위해서는 계층제 거버넌스와 네트워크 거버넌스 그리고 시장 거버넌스를 모두 균형 있게 평가하고 적절하게 혼합하기 위한 노력이 필요하다.

전통적으로 정부에 의한 계층제적 지시가 사회문제 해결의 핵심적인 기제였던 것과는 대조적으로 네트워크 사회에서는 다양한 수준의 정부를 포함한 다양한 조직 간의 공식적, 비공식적인 협력을 통한 사회문제 해결의 비중이 증가할 것으로 예상된다. 이러한 변화는 h^*의 값이 작아지고 n^*의 값이 커지는 것이 더 적절한, 즉 꼭짓점 N에 가까운 협력적 거버넌스가 더 적절한 사회문제가 증가하는 것을 의미한다.

한편, 〈그림 6-1〉은 개별 사회문제를 해결하는 협력적 거버넌스를 표시하기 위한 개념적 도구이다. 만일 한 국가 또는 사회 전체 차원에서 사회문제 해결에 가장 적절한 계층제 거버넌스와 네트워크 거버넌스 그리고 시장 거버넌스의 전체 비중을 합산한 총 비중을 (H^*, N^*, M^*)이라고 표현한다면, 이는 개별 사회문제 해결에 사용된 전체 협력적 거버넌스의 총합($= \Sigma(h^*, n^*, m^*)$)이라고 할 수 있다. 이와 같이 표현할 경우, 현대 네트워크 사회에서는 H^*의 값이 작아지고 N^*의 값이 커지는 현상이 나타날 것이라고 예측할 수 있다.[35]

그러나 현실에서는 이와 같은 적절한 혼합으로서의 협력적 거버넌스가 나타나지 않을 가능성이 높다. 도산의 위협으로부터 자유로운 공공부문의 경우, 언제나 현실에서 나타나는 계층제 거버넌스의 비중이 계층제 거버넌스의 최적 비중보다 클 것이다. 또한, 경우에 따라서는 계층제 거버넌스가 시장 거버넌스나 네트워크 거버넌스의 형태로 위장하여 영향력을 유지할 가능성도 있다.[36] 이러한 현상은 개별 사회문제의 경우(h^*)와 전체 사회 차원의 경우(H^*)에 모두 나타날 수 있다. 이것이 바로 계층제 중독이며 거버넌스 신드롬인 것이다.

협력적 거버넌스에서 네트워크 거버넌스는 매우 중요한 의미를 갖는다. 사회적 조정 양식의 이념형인 네트워크 거버넌스는 현실에서 나타나는 협력적 거버넌스를 구성하는 중요한 구성요소이다. 계층제 거버넌스의 명령과 통제 그리고 시장 거버넌스의 경쟁만으로는 협력적 거버넌스가 성공적으로 작동할 수 없다. 협력적 거버넌스가 성공적으로 작동하기 위해서는 신뢰를 토대로 하는 수평적 협력이 필요하다. 협력적 거버넌스에서 네트워크 거버넌스가 차지하는 비중(n^*)이 커지면 커질수록 수평적 협력의 필요성도 증가할 것이다.

협력적 거버넌스가 필요하다는 사실은 계층제적 통제나 이윤추구 동기만으로는 실행할 수 없고 오직 네트워크 거버넌스의 수평적 협력에 의해서만 실행할 수 있는 사회적 조정이 존재한다는 것을 의미한다. 시장 거버넌스와 계층제 거버넌스가 압도적인 비중을 차지하는 협력적 거버넌스에서조차도 대등한 행위자 사이의 비공식적 관계에서 협력을 유지하는 기본적인 기제는 네트워크 거버넌스이다. 이러한 비공식적 협력관계는 계층제 거버넌스를 통하여 강제되기도 어렵고, 시장 거버넌스를 통하여 자동적으로 이루어지기도 어렵다. 바로 이러한 점에서 네트워크 거버넌스는 협력적 거버넌스를 하나로 연결하는 접착제glue이고 협력적 거버넌스를 작동하게 하는 협력적 거버넌스의 "생명혈life-blood"이라고 할 수 있다.[37]

4. 협력적 거버넌스의 장점

이와 같이 협력적 거버넌스를 정의함으로써 이전에는 고려하지 못했던 광범위한 사회문제 해결 대안을 고려할 수 있게 된다. 앞서 설명된 바와 같이, 전통적인 정부와 시장이라는 이분법적 사고에서는 계층제 거버넌스와 시장 거버넌스의 조합을 의미하는 선분 $\overline{HM}$ 선상에 존재하는 사회문제 해결 대안만을 고려할 수밖에 없었다. 시장 거버넌스를 통하여 해결하지 못하는 사회문제는 계층제 거버넌스를 통하여 정부가 해결할 수밖에 없었다. 계층제 거버넌스를 통한 사회문제 해결이 많은 심각한 부작용을 초래하는 경우에도 어쩔 수 없이 정부의 사회문제 해결에 의존할 수밖에 없었던 것이다.

그러나 협력적 거버넌스를 네트워크 거버넌스까지 포함하는 세 가지 사회적 조정 양식의 혼합으로 정의하면, 대안 탐색의 범위를 크게 확장할 수 있게 된다. 시장 거버넌스를 통하여 해결하지 못하는 사회문제의 경우에도, 계층제 거버넌스의 부작용이 심각하다면 정부의 사회문제 해결에 어쩔수 없이 의존할 필요 없이 새로운 대안을 탐색할 수 있다. 〈그림 6-1〉에서 보자면, 종래의 접근에 의하면 삼각형의 한 면(선분 $\overline{HM}$)에 불과했던 사회문제 해결 대안 탐색의 범위가 이제는 삼각형 전체의 면적으로 확대된 것이다.

'계층제 거버넌스, 네트워크 거버넌스 그리고 시장 거버넌스 등 3가지 사회적 조정 양식의 최적의 조합을 통한 자율적인 행위자와 조직들 사이의 다양한 형태의 상호작용을 활용하여 기존의 조직적 경계와 정책을 초월하여 새로운 공공가치를 창조하는 사회문제 해결 방식'인 협력적 거버넌스는 다양한 행위자들로 이루어진 네트워크 형태를 갖는다. 엔트위슬과 그의 동료들Entwistle et. al.은 협력적 거버넌스의 장점으로 (i) 공공부문과 민간부문의 다양한 조직의 참여로 보다 좋은 정책과 전략의 수립이 가능하고, (ii) 다양한 분야의 자원을 활용할 수 있어 사회문제를 보다 효율적이고 효과적으로 해결할 수 있으며, (iii) 기존 조직의 관할권과 전문성을 초월하는 사악한 문제에 보다 효과적으로 대처할 수 있어 부처이기주의나 관할권 다툼의 부작용을 극복하고 정책의 예상치 못한 결과를 줄일 수 있다는 점을 들고 있다.[38]

이와 같은 협력적 거버넌스의 장점을 좀 더 구체적으로 설명하면 다음과 같다.[39]

첫째, 협력적 거버넌스는 정부 또는 한 개인이나 조직이 갖지 못한 전문성을 갖춘 다양한 협력자들과 다양한 관계를 맺으면서 사회문제 해결에 필요한 전문성을 갖출 수 있게 한다. 현대사회의 사악한 문제를 해결하기 위해서는 다양한 조직이 갖고 있는 전문지식과 정보, 그리고 역량이 필요하다. 협력적 거버넌스를 통하여 공공부문뿐만 아니라 민간부문 조직의 다양한 정보와 자원을 활용하는 다양한 방법의 탐색이 가능해진다.

둘째, 협력적 거버넌스를 통하여 혁신적 사회문제 해결 방법이 가능해진다. 미리 정해진 엄격한 규정과 절차에 따라서 이루어지는 계층제 거버넌스에서는 혁신적 발상이 어렵다. 공공부문보다 혁신적인 민간부문의 기업가 정신이나 창의성을 적극적으로 활용할 수 있는 협력적 거버넌스는 새로운 사회문제 해결 방법과 새로운 공공서비스 전달 방법을 탐색하고 활용할 수 있게 된다.

셋째, 협력적 거버넌스는 신속한 사회문제 해결을 가능하게 한다. 사회문제 해결에 새로운 조직이나 자원이 필요한 경우, 계층제 거버넌스에만 의지한다면 새로운 조직을 만들고 자원을 동원하는 데 시간이 소요된다. 협력적 거버넌스를 활용한다면 기존의 민간 부문이나 다른 정부 조직의 협력을 통해서 기존의 조직이나 자원을 동원하여 변화에 신속하게 대처할 수 있게 된다.

넷째, 협력적 거버넌스를 통하여 변화에 유연하게 대처할 수 있다. 계층제 거버넌스의 엄격한 계층제적 절차, 명령, 통제, 그리고 보고 등을 무시하거나 생략할 수 있는 네트워크 거버넌스가 중요한 구성요소인 협력적 거버넌스는 빠르게 변화하는 사회문제와 시민의 선호 등에 능동적으로 대처할 수 있다. 특히 네트워크 거버넌스와 시장 거버넌스의 비중이 크고 느슨하게 구조화된 협력적 거버넌스는 신속한 환경 변화에도 적절하게 대응할 수 있다.

다섯째, 협력적 거버넌스를 통하여 사회문제 당사자들에게 보다 가깝게 접근할 수 있다. 계층제 거버넌스를 통한 사회문제 해결 과정에서 사회문제 당사자인 국민들이 정부나 공공부문에 거부감을 갖고 있어 사회문제 해결이 어려운 경우가 있다. 협력적 거버넌스는 사회문제 당사자인 국민과 친근한 관계를 갖고 있는 민간부문의 협력자를 활용하여 이러한 거부감을 극복할 수 있다.

여섯째, 협력적 거버넌스를 통하여 '규모의 한계'를 극복하고 사회문제의 특성에 맞는 최적의 해결방안을 제공할 수 있다. 해결되어야 할 사회문제를 중심으로 이루어지는 협력적 거버넌스는 관할권의 경계를 초월한 정보와 자원의 동원을 가능하게 한다. 따라서 기존의 고정된 관할권 때문에 발생하는 계층제 거버넌스의 규모의 한계 문제를 극복할 수 있게 된다.

한편, 협력적 거버넌스에서 세 가지 사회적 조정 양식의 '혼합 비율'과 함께 또 하나 중요한 것은 세 가지 사회적 조정 양식을 '혼합하고 관리하는 방법'이다. 세 가지 사회적 조정 양식의 장점과 단점을 적절하게 활용한다면 사회문제 해결 역량을 크게 개선할 수 있다. 그러나 독특한 특성을 갖고 각각 상이한 조건을 요구하는 세 가지 사회적 조정 양식을 혼합하고 관리하는 것은 쉽지 않다. 이것이 네트워크 사회에서 정부와 시민사회 모두에게 요구되는 새로운 역할이다.

미주

1) James. N. Rosenau and Czempiel, Ernst. Otto, (Eds.) *Governance without Government: Order and Change in World Politics (Vol. 20)*, (Cambridge: Cambridge University Press, 1992); Guy Peters and John Pierre, "Governance without Government? Rethinking Public Administration," *Journal of Public Administration Research and Theory*, 8:2(1998): 223-243, p.224.

2) Renate Mayntz, "From Government to Governance: Political Steering in Modern Societies," *Summer Academy on IPP*, (2003): 7-11.

3) Vivien Lowndes and Chris Skelcher, "The Dynamics of Multi-Organizational Partnerships: An Analysis of Changing Modes of Governance," *Public Administration*, 76:2(1998): 313-333, p.320; Louis Meuleman, "Internal Meta-governance as a New Challenge for Management Development in Public Administration," *Director*, 31:6(2006): 1-24, pp.2-3.

4) J. Lipnack and J. Stamps, *The Age of the Network: Organizing Principles for the 21st Century*, (New York: John Wiley, 1994), p. xviii.

5) Vivien Lowndes and Chris Skelcher, "The Dynamics of Multi-Organizational Partnerships: An Analysis of Changing Modes of Governance," p.331.

6) Joachim Blatter, "Beyond Hierarchies and Networks: Institutional Logics and Change in Transboundary Spaces," *Governance*, 16:4(2003): 503-526.

7) 사회적 조정 양식 중 가장 역사가 오래된 것은 네트워크 거버넌스라고 할 수 있다. 현대적인 의미의 정부가 수립되기 훨씬 이전부터 법적 강제력에 의존하지 않는 수평적 조정은 이루어져왔다고 할 수 있기 때문이다. 이러한 의미에서 볼 때, 네트워크 거버넌스 또는 네트워크는 인류 역사만큼 오래된 사회적 조정 양식이라고 할 수 있다. Tom Entwistle, Gillian Bristow, Frances Hines, Sophie Donaldson and Steve Martin, "The Dysfunctions of Markets, Hierarchies and Networks in the Meta-governance of Partnership," *Urban Studies*, 44:1(2007): 63-79, p.72.

8) 이명석, "거버넌스에서 정부로?: 한국장기이식 거버넌스 사례를 중심으로," 〈한국정책분석평가학회보〉, 16:3(2006): 195-220, p.196.

9) 로즈는 새로운 시각을 명확하게 밝히고 증명하기 위하여 과격한 표현을 사용하였고 또한 이러한 방법이 효과적이기는 했지만, "정부에서 거버넌스로(from government to governance)"나 "정부공동화(the hollowing out of the state)"라는 수사적인 표현을 사용

한 것에 대하여 죄책감을 느낀다고 스스로 술회하고 있다. 자세한 내용은 Roderick AW. Rhodes, "Understanding Governance: Ten Years On." *Organization Studies*, 28:8(2007): 1243-1264, p.1258 참조할 것.

10) Vivien Lowndes and Chris Skelcher, "The Dynamics of Multi-Organizational Partnerships: An Analysis of Changing Modes of Governance," p.331.

11) Roderick AW. Rhodes, "From Marketisation to Diplomacy: It's the Mix That Matters," *Australian Journal of Public Administration*, 56:2(1997): 40-53, p.42.

12) Vivien Lowndes and Chris Skelcher, "The Dynamics of Multi-Organizational Partnerships: An Analysis of Changing Modes of Governance," p.320.

13) 이 절의 내용은 이명석, "협력적 거버넌스와 공공성,"〈현대사회와 행정〉, 20:2(2010): 23-53을 수정하여 재구성한 것임.

14) 거버넌스를 네트워크 거버넌스를 표현하는 용어로 사용하던 로즈 역시 2000년대 후반부터 거버넌스 대신 네트워크 거버넌스라는 용어를 사용한다. 자세한 내용은 Roderick AW. Rhodes, "Understanding Governance: Ten Years On" 참조할 것.

15) Peter Shergold, "Governing through Collaboration," in Janine O'Flynn and John Wanna, (eds.) *Collaborative Governance A New Era of Public Policy in Australia?* (The Australian National University E Press, Canberra, 2008): 13-22.

16) Barbara Gray, *Collaborating: Finding Common Ground for Multiparty Problems*, (San Francisco: Jossey-Bass, 1989).

17) Robert Agranoff, Managing Within Networks: Adding Value to Public *Organizations*, (Washington D.C.: Georgetown University Press, 2007), p.155.

18) Chris Ansell and Alison Gash, "Collaborative Governance in Theory and Practice," *JPART*, 18:4(2007): 543-572, p.544.

19) Stephen Goldsmith and William D. Eggers, *Governing by Network: The New Shape of Public Sector*, (Brookings Institute Press, 2004).

20) 한국의 경우, 공공갈등 해결 과정을 협력적 거버넌스의 대표적인 사례로 언급하는 경우가 많다. 그러나 이러한 정의에 의하면 공공갈등 해결은 협력적 거버넌스라고 할 수 없다.

21) Peter Shergold, "Governing through Collaboration," in Janine O'Flynn and John Wanna, (eds.) *Collaborative Governance A New Era of Public Policy in Australia?* p.20.

22) John Wanna, "Collaborative Government: Meanings, Dimensions, Drivers and Outcomes," in O'Flynn, Janine and John Wanna, (eds.) *Collaborative Governance A New Era of Public Policy in Australia?* (The Australian National University Press, Canberra, 2008): 3-12, P.5.

23) Helen Sullivan and Chris Skelcher, *Working Across Boundaries: Collaboration in Public Services,* (Basingstoke: Palgrave Macmillan, 2002), P.43.

24) Jessica E. Sowa, "Implementing Interagency Collaborations: Exploring Variation in Collaborative Ventures in Human Service Organizations," *Administration and Society,* 40:3(2008):298-323, p.308-316.

25) Stephen Goldsmith and William D. Eggers, *Governing by Network: The New Shape of Public Sector;* Robert Agranoff, *Managing Within Networks: Adding Value to Public Organizations.*

26) James D. Thompson, *Organizations in Action: Social Science Bases of Administrative Theory,* (Transaction Publishers, 1967), p.59.

27) Fritz Scharpf, *Games Real Actors Play: Actor-centered Institutionalism in Policy Research,* (Boulder, CO: Westview Press, 1997), pp.148-149.

28) Kirk Emerson, Tina Nabatchi and Stephen Balogh, "An Integrative Framework for Collaborative Governance," *Journal of Public Administration Research and Theory,* 22:1(2012): 1-30; Ricardo S. Morse and John B. Stephens, "Teaching Collaborative Governance: Phases, Competencies, and Case-Based Learning," *Journal of Public Affairs Education,* 18:3(2012): 565-584. 특히, 안셀 자신도 2012년 글에서는 공공부문이 주도하는 것으로 협력적 거버넌스의 범위를 한정하는 것이 부적절하다고 말하고 있다. 자세한 내용은, Chris Ansell, "Collaborative Governance," in David Levi-Faur (ed.) *Oxford Handbook of Governance,* (Oxford: Oxford University Press, 2012) 참조할 것.

29) 이명석, "거버넌스에서 정부로?: 한국장기이식 거버넌스 사례를 중심으로," 〈한국정책분석평가학회보〉, 16:3(2006): 195-220.; 이명석, "행정학의 패러다임과 거버넌스," 〈국정관리연구〉, 2:2(2007): 5-30; 이명석·배재현·양세진, "협력적 거버넌스와 정부의 역할: 사회적 기업 사례를 중심으로," 〈한국정책학회보〉, 18:4(2009): 145-172.

30) 현실에서는 사회적 서비스 제공 네트워크의 경우처럼 정부 간 관계에서 협력적 거버넌스가 나타나는 경우가 더 많다. 자세한 내용은, Keith G. Provan and Brinton Milward, "Do Networks Really Work? A Framework for Evaluating Public-

sector Organizational Networks," *Public Administration Review*, 61:4(2001): 414-423; 이명석, "거버넌스의 개념화: 사회적 조정으로서의 거버넌스,"〈한국행정학보〉, 36:4(2002): 321-338 참조할 것.

31) 참고로 엔트위슬Entwistle과 동료들의 2007년 논문도 이와 유사한 그림을 제시하였다. 그러나 이들이 제시한 그림은 세 가지 사회적 조정 양식의 역기능을 삼각좌표로 나타낸 것이라는 점에서 〈그림 6-1〉과 차이가 있다. 예를 들어, 그들의 그림에서 CG_2는 계층제의 역기능이 크게 나타나는 경우를 표시한다. 이와는 대조적으로 〈그림 6-1〉에서 CG_2는 계층제 거버넌스가 큰 비중을 차지하는 협력적 거버넌스를 의미한다. 자세한 내용은, Tom Entwistle, Gillian Bristow, Frances Hines, Sophie Donaldson and Steve Martin, "The Dysfunctions of Markets, Hierachies and Networks in the Meta-governance of Partnership," *Urban Studies*, 44:1(2007), p.73. 참고할 것.

32) Myungsuk Lee, "Conceptualizing the New Governance: A New Institution of Social Coordination" Paper presented at the Institutional Analysis and Development Mini-Conference, May 3nd and 5th, 2003, Workshop in Political Theory and Policy Analysis, Indiana University, Bloomington, Indiana, USA, 2003; Louis Meuleman, "Internal Meta-governance as a New Challenge for Management Development in Public Administration," *Director*, 31:6(2006): 1-24.

33) 자세한 내용은, 이명석, "신거버넌스와 공공성," 윤수재·이민호·채종헌 편저,《새로운 시대의 공공성연구》, (서울: 법문사, 2008): 488-514 참조할 것.

34) 예를 들어, 시장에서 모든 사회문제가 해결되는 완전경쟁 시장의 경우에도 시장 거버넌스가 성공적으로 작동하기 위해서는 반드시 시장을 뒷받침할 수 있는 정부의 역할이 필요하다. 따라서 이 경우를 〈그림 6-1〉에서 표시한다면 꼭짓점 M에 아주 가까운 어딘가가 될 것이다. 이는 다른 사회적 조정 양식의 경우도 마찬가지이다. 이러한 사실을 나타내기 위해서 〈그림 6-1〉에서 세 개의 꼭짓점은 '속이 빈 원'으로 표시하였다.

35) 참고로, 이처럼 표현할 경우 '시대 구분 신화가 말하는 정부에서 거버넌스로의 변화'는 H^*와 M^*의 값이 완전히 '0'이 되는 상태로 표시할 수 있을 것이다.

36) Louis Meuleman, "Internal Meta-governance as a New Challenge for Management Development in Public Administration." p.6.

37) Vivien Lowndes and Chris Skelcher, "The Dynamics of Multi-organizational Partnerships: An Analysis of Changing Modes of Governance," *Public*

Administration, 76:2(1998): 313-333, pp.324-331.

38) Tom Entwistle, Gillian Bristow, Frances Hines, Sophie Donaldson and Steve Martin, "The Dysfunctions of Markets, Hierarchies and Networks in the Meta-governance of Partnership," p.63.

39) Stephen Goldsmith and William D. Eggers, *Governing by Network: The New Shape of Public Sector*.

제7장

메타거버넌스

훌륭한 관리자와 지도자들의 협력을 통한 사회문제 해결을 방해하는 요인이 무엇인지를 이해하는 것이 중요하다. 왜냐하면 현실에는 협력을 방해하는 장애물과 어려움이 너무 많아서 반드시 이를 충분히 예상하고 대처해야 하기 때문이다.

- 러셀 린든Russell Linden,
  《경계를 초월하여 작업하기》에서

1. 협력적 거버넌스 관리의 필요성

1) 정부의 새로운 역할

협력적 거버넌스를 통하여 사회문제를 성공적으로 해결하기 위해서 정부는 네트워크 거버넌스의 유용성과 한계를 정확하게 인식하고, '제도적 다양성'을 특징으로 하는 협력적 거버넌스의 중요성에 관심을 기울일 필요가 있다.[1] 이러한 관심을 토대로 정부는 기존의 정부조직이나 정책에 구속되지 말고 다양한 사회 구성원들과의 다양한 유형의 협력적 거버넌스를 통하여 사회문제를 해결할 수 있는 창의적인 방법을 전향적으로 검토해야 한다.

협력적 거버넌스를 통하여 사회문제를 성공적으로 해결하기 위해서는 계층제 거버넌스와 시장 거버넌스 그리고 네트워크 거버넌스가 모두 잘 작동해야 한다. 정부가 협력적 거버넌스를 관리하는 과정에서 특히 중요한 것은 네트워크 거버넌스를 어떻게 관리할 것인가 하는 문제이다. 계층제 거버넌스를 특징으로 하는 정부는 계층제 거버 넌스 관리에 적합하다. 또한, 정부의 주된 역할 중 하나가 시장실패의 극복이라는 점에서 정부는 시장 거버넌스를 관리하는 역할에도 익숙 하다고 할 수 있다. 그러나 네트워크 거버넌스를 관리하는 일은 정부 에게는 낯선 일이다.

계층제 거버넌스와 시장 거버넌스 그리고 네트워크 거버넌스의 혼 합인 협력적 거버넌스에서 특히 중요한 것은 다양한 참여자들로 이 루어진 네트워크를 효과적으로 관리하고 활용하는 것이다. 네트워크 를 효과적으로 활용하기 위하여 정부는 다양한 사회문제 해결책을 전향적으로 강구하고, 민간부문 파트너들과의 협력관계를 구축하고, 창의적인 자원조달 방안을 적극적으로 강구하고, 네트워크 관리 핵심 역량을 개발하기 위해서 노력해야 한다.[2]

정부가 협력적 거버넌스 참여자 네트워크 관리에 적극적인 관심 과 노력을 기울여야 하는 것은 당연하다. 그러나 정부가 사회문제 해 결에 필요한 총체적 수준의 정보나 지식을 갖고 있지 않거나 사회문 제의 실체를 정확하게 파악하고 있지 못한 경우에는, 정부의 네트워 크 관리 노력은 실패할 가능성이 매우 높다. 정부에 의해서 중앙집권 적으로 통제되는 네트워크는 더 이상 네트워크로서의 장점을 발휘할 수 없기 때문이다.[3]

이처럼 협력적 거버넌스를 적절하게 관리하는 것이 정부의 새 로운 핵심 역할이다. 전통적으로 정부의 관리자로서의 역할은 'POSDCoRB'로 인식되어 왔다. 기획planning, 조직organizing, 인사 staffing, 지시directing, 조정co-ordinating, 보고reporting, 그리고 예산 budgeting 등이 관리자로서 정부가 담당해야 할 기능이라는 것이다.[4]

그러나 네트워크 사회의 도래로 정부의 역할에도 큰 변화가 필요하게 되었다.[5]

네트워크 사회의 협력적 거버넌스에서 정부의 역할은 축소되는 것이 아니라 변화된다. 특히 협력적 거버넌스를 주도적으로 설계하고 공식적 권위에 의존하지 않고 협력적 거버넌스를 관리하기 위해서 정부는 과거보다 훨씬 더 전문적 역량을 갖추어야 한다.[6] 효과적인 협력적 거버넌스의 관리를 위해서는 정확한 문제 및 상황 인식, 다양한 조직 간 차이 및 역량 인식, 효율적 의사소통, 적절한 참여자 선정 및 연결, 협상, 갈등 해결, 위험부담, 창의적인 문제해결 방안 강구 및 자기관리 등의 기술이 요구된다.[7]

참고로, 골드스미스와 케틀Goldsmith and Kettle은 협력적 거버넌스를 성공적으로 관리하기 위하여 요구되는 핵심역량으로 (i) 관련 당사자들 간의 네트워크를 형성하고, 조직 간의 경계를 초월한 협력을 도출할 수 있는 '참여자 맺기partnering 역량', (ii) 참여자들을 설득하고 공감대를 도출하여 '모두에게 유리한win-win' 상황을 만들 수 있는 '영향주기와 협상influencing and negotiating 역량', (iii) 참여자들의 수요와 감정을 고려하여 적절하게 대응하고, 참여자들을 존중하고 배려하는 '인간관계 기술interpersonal skills', (iv) 새로운 통찰력을 개발하여 혁신적인 해결책을 제시하고 새로운 문제해결 방법을 설계하고 집행하는 '창의 및 혁신creativity and innovation 역량', (v) 최신 국제 정세나, 사회적 추세 등 중요한 정책환경을 항상 실시간으로 파악하고 중장기 계획을 수립하는 '외부 환경 인지external awareness 역량', (vi) 새로운 서비스 전달 방법을 개척하고 위험을 감수하고 새로운 사업을 실행에 옮기는 '기업가정신entrepreneurship', (vii) 사회문제를 확인·분석하고 구체적인 문제해결 방안을 제시하는 '문제해결problem solving 역량', 그리고 (viii) 불쾌한 대립을 회피할 수 있는 사전적 조치를 취하고, 부정적 효과를 최소화하기 위하여 긍정적이고 건설적인 방법으로 갈등과 의견대립을 관리하고 해소하는 '갈등관리conflict resolution 역량' 등을 제시하고 있다.[8]

2) 협력적 거버넌스 관리전략[9]

전통적인 중앙집권적 사회문제 해결과 마찬가지로 협력적 거버넌스 또한 의도적 설계와 관리가 요구된다. 그러나 협력적 거버넌스는 전통적 관리 방식과는 전혀 다른 방식으로 설계되고 관리되어야 한다.[10] 골드스미스와 에거스Goldsmith and Eggers는 정부가 네트워크를 주도적으로 설계하고, 네트워크의 파트너들 사이의 상호작용이 원만하게 이루어지도록 관리하고 책임성을 확보하기 위한 역할을 담당하여야 한다고 주장한다.[11] 골드스미스와 에거스가 말하는 네트워크 관리전략은 협력적 거버넌스 관리에도 적용될 수 있다. 이들이 말하는 협력적 거버넌스 관리전략은 다음과 같이 요약될 수 있다.

협력적 거버넌스 관리에서 가장 중요한 것은 협력적 거버넌스 설계이다. 협력적 거버넌스의 성공 여부는 초기 설계에 의해 크게 좌우된다. 협력적 거버넌스의 설계가 초기에 적절하게 이루어지지 않으면 적절한 참여자가 네트워크에서 누락되거나 또는 부적절한 참여자가 네트워크에 포함되고, 계층제 거버넌스, 시장 거버넌스 그리고 네트워크 거버넌스 등의 사회적 조정 양식이 적절한 비율 이상 또는 이하로 작동하는 등의 문제가 발생할 수 있다.[12]

그러므로 협력적 거버넌스는 '설계자'를 필요로 한다. 협력적 거버넌스 설계자는 (i) 사회문제의 본질을 파악하고, (ii) 사회문제 해결에 필요한 가장 적절한 사회적 조정 양식의 혼합 비율을 탐색하고, (iii) 관련된 다양한 협력적 거버넌스 참여자들 사이의 유기적 연결망을 구축하고, (iv) 협력적 거버넌스 참여자들이 각각 어떠한 역할을 담당할지 등의 문제에 대하여 참여자들과 대화를 나누고 결정을 주도하는 역할을 수행하는 존재라고 할 수 있다. 협력적 거버넌스의 속성을 가장 잘 이해하는 설계자가 협력적 거버넌스 구성 과정을 주도하는 경우 공공부문과 민간부문의 다양한 참여자들이 보다 효율적인 협력적 거버넌스를 구성할 수 있다.[13]

누가 협력적 거버넌스 설계를 담당해야 하는가? 정부나 민간부문 모두 담당할 수 있으나, 경우에 따라서는 민간부문이 정부보다 더 성공적으로 수행할 수도 있다.[14] 그러나 정부가 협력적 거버넌스 설계에 필요한 공식적 권한이나 정보를 민간부문의 참여자보다 더 많이 갖고 있는 경우가 일반적이다. 또한 정부의 목적이 사회문제의 해결이라는 점을 고려할 때, 정부가 협력적 거버넌스 설계의 중요성을 인식하고 민간부문 행위자들보다 적극적으로 담당하는 것이 사회적으로 바람직하다.[15]

다만, 정부의 주도적인 역할을 지나치게 강조하면 협력적 거버넌스의 장점을 활용하기가 어렵다. 정부가 사회문제 해결의 책임을 교묘하게 회피하면서 민간부문에 대한 통제력을 유지하거나, 오히려 강화하는 수단으로 협력적 거버넌스를 활용할 위험성도 존재한다.[16] 따라서 협력적 거버넌스의 구조와 문화에 영향력을 행사하여 참여자들 간의 자발적 협력을 가능하게 하는 제도적 여건을 마련하는 정부의 역할을 강조하는 것이 필요하다.

협력적 거버넌스 설계단계에서 정부는 다음과 같은 구체적 전략을 고려할 필요가 있다.[17]

첫째, 정부는 협력적 거버넌스 설계 과정에서 사회문제 해결을 통하여 추구해야 할 '공공가치public value'를 정확하게 규정해야 한다. 어떤 목적을 달성해야 하는지, 그리고 어떤 사회문제를 해결해야 하는지를 명확하게 확인하고 판단해야 한다. 이러한 판단을 근거로 정부는 기존의 조직 관행, 현행 제도나 조직의 논리 등을 과감하게 탈피하고 공공가치를 달성하는 데 가장 효율적이라고 판단되는 협력적 거버넌스를 구상하여야 한다.[18]

여기에서 중요한 것은 조직이기주의와 고정관념을 과감하게 탈피하는 것이다. 조직의 이해관계와 그간의 관행에 얽매이지 말고 조직 본연의 임무와 해결되어야 할 사회문제에 초점을 맞추고 새로운 사회문제 해결 방법과 새로운 공공서비스 공급 방법을 적극적으로 탐색해야 한다. 특히, 사회문제를 해결하기 위해서는 강제력을 동원할 수 있는 계층제 거버넌스가 불가피하다는 고정관념을 극복하고 공공가치를 달성할 수 있는 다양한 사회문제 해결 방법을 적극적으로 탐색해야 한다.

둘째, 정부는 공공가치 달성에 필요한 협력적 거버넌스 참여자들을 적극적으로 탐색하고 선택하여야 한다. 적절한 협력적 거버넌스 참여자를 선택하기 위해서 (i) 잠재적 참여자들 사이의 문화적 조화 가능성과 (ii) 참여자의 직무수행 능력과 참여자가 보유한 자원, 그리고 (iii) 정부와 시민사회 사이의 원활한 의사소통을 도와줄 수 있는 대민 접근성 등을 검토할 필요가 있다.[19]

특히, 조직이기주의와 관행을 과감하게 벗어나 주어진 사회문제 해결에 필요한 자원을 가진 참여자를 적극적으로 탐색할 필요가 있다. 이런 측면에서 관할권 다툼 등의 부적절한 이유로 필요한 참여자가 배제되는 일이 없도록 해야 한다. 조직의 기득권이나 주도권 유지가 아니라 공공가치를 기준으로 반드시 필요한 참여자를 탐색하고 포함시켜야 한다. 협력적 거버넌스는 가장 역량이 취약한 참여자의 역량만큼의 역량밖에 가질 수 없다.[20] 따라서 협력적 거버넌스에 필요하고 적절한 역량을 갖춘 참여자를 선택하는 것 또한 매우 중요하다.

셋째, 정부는 다양한 협력적 거버넌스 유형이 존재할 수 있다는 점에 주목하고, 주어진 공공가치를 극대화하기 위하여 가장 적절한 협력적 거버넌스의 유형을 전향적으로 탐색할 필요가 있다.[21] 사회적 조정 양식의 적절한 비율로 이루어진 최상의 협력적 거버넌스 유형을 선택하기 위해서 정부는 (i) 협력적 거버넌스가 필요한 이유, (ii) 협력적 거버넌스에 활용될 수 있는 정부예산, 그리고 (iii) 협력적 거버넌스에서 책임성과 유연성의 중요성 등을 고려해야 한다.

예를 들어, (i) 협력적 거버넌스가 필요한 이유가 대민접근성을 높이는 것이라면 시민단체 등이 주축이 되는 네트워크 거버넌스의 비중이 상대적으로 높은 협력적 거버넌스가 필요할 것이고, (ii) 정부의 예산이 부족한 경우라면 민간부문의 기부금이나 자원봉사를 활용하는 네트워크 거버넌스와 외부 계약을 통한 기업의 참여를 활용하는 시장 거버넌스의 비중이 상대적으로 높은 협력적 거버넌스가 필요할 것이고, (iii) 상황 변화 등에 대한 유연한 적응과 대응보다 재정적 책임성 확보가 중요한 경우에는 계층제 거버넌스의 비중이 상대적으로 높은 협력적 거버넌스가 필요할 것이다.

넷째, 정부는 정부예산뿐만 아니라 민간부문을 포함한 다양한 사회 구성원들의 자원과 역량을 동원하여 협력적 거버넌스를 형성하고 활성화할 수 있는 보다 창의적인 방법을 강구하여야 한다.[22] 협력적 거버넌스의 장점을 최대한 활용하기 위해서 다양한 재원을 동원할 수 있는 창조적인 아이디어가 요구된다. 협력적 거버넌스를 활성화하기 위하여 일반적으로 사용되는 방법은 돈, 설득, 소집 능력, 인적 자원, 그리고 권위 등이다.

이 중에서 정부가 전통적으로 사용해 온 방법은 보조금이나 외부 계약 등에서 주로 활용되는 '돈'과 법적 규제에서 주로 활용되는 '권위'이다. 이러한 전통적 방법이 단기적 관점에서 효율적인 것은 사실이지만 많은 부작용을 초래할 수 있다. 장기적 관점에서의 실질적 협력을 위해서는 다양한 새로운 방법이 필요하다.

다섯째, 정부는 협력적 거버넌스 실패의 주요한 원인인 의사소통의 붕괴를 방지하기 위하여 적절한 의사소통 통로를 구축하여야 한다. 다양한 기관이 참여하는 협력적 거버넌스에 의한 공공서비스 제공이 증가함에 따라 참여자들 사이의 적절한 의사소통의 중요성은 증가하게 된다.[23] 의사소통 통로 구축에서 중요한 것은 실질적 의사소통을 가능하도록 하는 것이다.

일반적으로 의사소통 통로 구축에서 한국의 '정부통합전산센터'와 같은 ICT를 활용한 정보 공유 시스템이 강조된다. 물론 이러한 전산 정보체계의 구축은 매우 중요하다. 그러나 경우에 따라서는 아날로그가 디지털보다 더 효과적일 수 있다. 실질적인 의사소통을 통한 신뢰구축을 위해서는 개인적 차원의 면대면face-to-face 접촉이 필요하다.[24] 따라서 협력적 거버넌스 참여자들이 사무실을 함께 사용하면서 직접 대면하고 의사소통할 수 있는 '동일 장소 배치co-location'와 같은 방법을 활용해야 한다.

여섯째, 정부는 참여자들 사이의 강력한 연결망과 지속적인 관계를 유지하기 위하여 노력하여야 한다. 지속적인 관계 형성을 통하여 협력적 거버넌스의 참여자들 사이의 높은 수준의 협력과 협력적 거버넌스의 유지가 가능하게 된다.

협력적 거버넌스 참여자들 사이의 지속적인 관계를 형성하기 위해서, (i) 협력적 거버넌스의 목적을 결정하고 업무수행 과정에서 발생하는 문제를 논의하고 해결할 수 있는 공동의사결정 절차를 규정하고, (ii) 협력적 거버넌스 참여자들이 보유한 지식과 정보를 공유하고 확산할 수 있는 절차를 마련하고, (iii) 협력적 거버넌스 외부에서는 여러 가지 이유로 경쟁적 관계인 참여자들 사이의 신뢰구축과 협력을 촉진하기 위한 노력을 기울일 필요가 있다.

일곱째, 정부는 협력적 거버넌스 참여자들 사이의 문화적 이질성을 극복하기 위하여 노력해야 한다. 공공부문과 민간부문 참여자와 참여기관은 다양한 가치관과 문화적 속성을 갖는다. 때로는 서로 대립되거나 충돌하는 가치관과 문화적 속성을 갖기도 한다. 이러한 문화적 이질성의 존재를 예상하고 이를 극복하기 위한 체계적인 노력을 기울여야 한다.

공공부문과 민간부문 사이의 문화적 이질성은 물론, 부문 내의 문화적 이질성에 대한 관심도 필요하다. 이윤추구를 목적으로 하는 기업과 공익을 위해 봉사하는 시민단체는 같은 민간부문이지만 매우 이질적일 수밖에 없다. 또한, 공공부문의 참여자들 사이의 문화적 차이도 무시할 수 없다. 예를 들어, 경제발전을 담당하는 부처와 환경보

호를 담당하는 부처는 담당하는 업무의 특성상 상당히 이질적인 문화적 속성을 갖게 마련이다. 따라서 다양한 참여자 사이의 문화적 이질성의 존재를 당연한 것으로 받아들이고 이를 극복하기 위한 적극적인 노력을 기울여야 한다.

3) 협력적 거버넌스 관리의 한계

이상에서 살펴본 바와 같이 현대사회의 복잡한 사회문제를 해결하기 위하여 정부는 협력적 거버넌스를 관리할 책임을 갖는다. 그러나 협력적 거버넌스 관리와 관련하여 두 가지 문제를 생각해볼 필요가 있다. 첫 번째 문제는 '정부만' 협력적 거버넌스를 관리할 책임을 갖는지, 또는 관리할 수 있는지 하는 문제이고, 두 번째 문제는 협력적 거버넌스를 '관리'하는 것이 협력적 거버넌스를 통한 사회문제 해결의 효율성을 제고하는 적절한 방법인지 하는 문제이다.

먼저, 첫 번째 문제에 대한 답은 '아니다'이다. 협력적 거버넌스는 민간부문의 참여자에 의해서도 관리될 수 있고 또 관리되어야 한다. 앞서 설명된 협력적 거버넌스 관리 활동의 대부분은 정부의 강제력 또는 계층제적 지시 없이도 가능하다. 이는 계층제 거버넌스와 시장 거버넌스 그리고 네트워크 거버넌스 등 세 가지 사회적 조정 양식의 혼합이라는 협력적 거버넌스의 특성에 기인한다. 시장 거버넌스와 네트워크 거버넌스 모두 계층제 거버넌스의 영향력 아래에서 작동하는 것이 사실이다. 하지만 시장 거버넌스와 네트워크 거버넌스의 잠재력이 충분히 발휘되기 위해서는 계층제 거버넌스가 불필요할 뿐만 아니라, 경우에 따라서는 계층제 거버넌스가 두 가지 거버넌스 유형의 성공적인 작동에 오히려 걸림돌이 될 수도 있다. 따라서 계층제 거버 넌스에 의존하지 않는 협력적 거버넌스 관리가 중요하고, 이 관리는 정부만이 아니라 민간부문의 참여자들에 의해서도 얼마든지 가능하 다.

　예를 들어, 협력적 거버넌스를 형성하고 활성화하기 위하여 일반적 으로 돈, 설득, 소집 능력, 인적 자원, 그리고 권위 등이 사용된다. 이 방법 중에서 정부만이 갖고 있는 법적 강제력이 없이는 사용이 불가 능한 방법은 '공식적 권위'밖에는 없다. '돈'의 경우도 정부재정이라 면 정부만 활용할 수 있는 방법이지만, 민간부문에서도 얼마든지 자 발적인 모금이나 기부 등의 방법으로 정부의 강제력에 의존하지 않 고 돈이라는 방법을 사용할 수 있다. 다른 방법도 마찬가지이다. 강 제력을 동원할 수 있다는 점에서 민간부문에 비해 정부가 이들 방법 을 사용하기에 유리한 여건인 것은 맞지만, 정부만이 이 방법에 필요 한 자원을 독점적으로 보유하고 있는 것은 아니다. 경우에 따라서는 민간부문이 정부보다 다양한 자원과 방법을 더 효율적으로 활용하여 협력적 거버넌스를 형성하고 활성화할 수 있다.[25]

　다음으로, 두 번째 문제에 대한 답은 조금 복잡하나, 한마디로 대답 한다면 역시 '아니다'이다. 협력적 거버넌스를 의도적으로 '관리'하는 것이 항상 협력적 거버넌스를 통한 사회문제 해결의 효율성을 제고 하는 가장 적절한 방법은 아니라고 할 수 있다. 협력적 거버넌스를 의 도적으로, 그리고 직접적으로 설계하고 관리하는 것이 계층제 거버넌 스와 시장 거버넌스 그리고 네트워크 거버넌스 혼합의 시너지를 극 대화하고 협력적 거버넌스의 잠재력을 충분히 발휘하는 데 걸림돌이 되는 경우가 존재하기 때문이다.

특히, 문제의 정의와 해결이 어려운 사악한 문제의 경우에는 정책목표나 정책수단을 미리 명확하게 규정하고, 정책목표 달성에 필요한 자원을 가진 참여자를 선택하고, 협력적 거버넌스 유형을 결정하는 등의 방법으로 협력적 거버넌스를 의도적으로 설계하고 관리하는 것은 적절한 사회문제 해결 방법이 아닐 수 있다. 경우에 따라서는 의도적인 관리가 아니라 다양한 방법의 혼합으로 협력적 거버넌스를 형성하고 활성화하여 성공적으로 사회문제를 해결할 필요가 있다.

2. 메타거버넌스metagovernance 개념화

1) 거버넌스와 메타거버넌스

협력적 거버넌스를 통한 사회문제 해결 과정에서 정부의 새로운 역할과 관련하여 최근 주목을 받는 개념이 메타거버넌스metagovernance이다.[26] 다양한 사회적 조정 양식의 혼합으로 협력적 거버넌스를 형성하고 활성화하여 성공적으로 사회문제를 해결하기 위하여 노력하는 것이 메타거버넌스이다. 거버넌스라는 개념과 마찬가지로 메타거버넌스 또한 다양한 의미를 갖는다.

영어에서 '메타meta'란 '더 높은', '넘어서는' 또는 '초월하는' 등을 뜻하는 일종의 접두어이다. 행정학 또는 사회과학 분야에서는 메타분석meta-analysis, 또는 메타평가meta-evaluation 등의 개념에서 메타라는 접두어가 사용된다. 일반적으로 메타분석은 '분석의 분석analysis of analysis'이라고 불리며, 다른 학자들의 연구결과를 분석하는 것을 말한다. 또한, 메타평가는 '평가의 평가evaluation of evaluation'라고 불리며, 평가방법 등에 대한 평가를 의미한다.

유사한 맥락에서, 메타거버넌스는 거버넌스에 대한 거버넌스라는 의미에서 '거버넌스의 거버넌스governance of governance'라고 할 수 있다. 메타거버넌스를 이렇게 정의할 경우, 거버넌스를 어떻게 정의하는가에 따라 메타거버넌스의 정의도 달라질 수 있다. 거버넌스는 일반적으로 "제도와 권위구조 그리고 협력을 활용하여 사회와 경제 활동을 조정하고 자원을 배분하는 활동", "사회 시스템을 목적을 향하여 조향하는 의도적 메커니즘", "동의를 형성하고 획득하여 다양한 이해관계가 존재하는 사회문제를 해결하는 것", "일을 이루어지게 하는 능력", "사회가 전체적 수준에서 정치·경제·사회 문제를 관리하는 방법", "공공서비스의 생산·공급·소비와 관련된 재원조달·조정·분쟁조정·규칙제정" 등을 의미한다.

거버넌스를 이렇게 정의한다면,[27] 거버넌스의 거버넌스인 메타거버넌스는 "제도, 권위구조 그리고 협력을 활용하여 사회와 경제 활동을 조정하고 자원을 배분하는 활동을 조정하는 활동", "사회 시스템을 목적을 향하여 조향하는 의도적 메커니즘을 조향하는 의도적 메커니즘", "동의를 형성하고 획득하여 다양한 이해관계가 존재하는 사회문제를 해결하는 과정에 관한 다양한 이해관계자의 동의를 획득하고 조정하는 것", "일을 이루어지게 하는 능력을 가능하게 하는 능력", "사회가 전체적 수준에서 정치·경제·사회 문제를 관리하는 방법을 사회 전체적 수준에서 관리하는 것", "공공서비스의 생산·공급·소비와 관련된 재원조달·조정·분쟁조정·규칙제정 과정에 필요한 재원을 조달하고, 조정하고, 분쟁을 조정하고 규칙을 제정하는 것" 등으로 정의될 수 있다. 즉, '사회문제를 해결하는 과정을 조정하고 관리하는 것'이 메타거버넌스라고 할 수 있다.

여기에서 거버넌스가 유행하게 된 이유가 정부와 전통적 사회문제 해결 방법에 대한 불신이라는 사실을 다시 한 번 생각해볼 필요가 있다. 앞에서 언급된 바와 같이, 전통적으로 사용되어 왔던 '정부'를 대신하여 거버넌스라는 개념이 유행한다는 것은 거버넌스라는 말이 사회문제가 해결되고 사회가 관리되는 방법 전체를 총칭하는 일반 용어로 사용된 것이 아니라는 것을 의미한다. 거버넌스라는 개념이 유행하게 된 것은 사회가 관리되는 방법의 근본적 개혁에 대한 관심 때문으로, 이 경우 거버넌스는 협의의 정의에 해당하며 '사회가 다스려지거나 관리되는 새로운 방법'으로 이해되어야 한다. 이렇게 거버넌스가 협의로 정의될 경우, 거버넌스의 거버넌스인 메타거버넌스는 '사회가 다스려지거나 관리되는 새로운 방법을 다스리거나 관리하는 새로운 방법'이라고 정의될 수 있다.

2) 메타거버넌스: 협력적 거버넌스의 거버넌스

메타거버넌스에 대한 학자들의 정의를 살펴보면 다음과 같다. 먼저, 제숩Jessop은 메타거버넌스를 "정부가 정치적 권위, 규칙 그리고 제도적 전략을 활용하여 거버넌스의 자기조직화를 촉진하고 안내하는 과정",[28] 또는 "다양한 거버넌스 기재의 실패 가능성에 대처하고, 다양한 거버넌스 기제의 작동조건을 마련하고, 적절한 거버넌스 유형[의 혼합]을 선택하는 국가의 권력"[29]이라고 정의한다. 즉, 사회문제를 해결하는 거버넌스의 기본규칙을 제공하고, 다양한 거버넌스가 잘 작동할 수 있도록 거버넌스 유형 사이의 호환성 또는 공존 가능성을 보장하고, 사회문제 해결 과정에서 분쟁이나 논란이 발생할 경우 공식적 중재를 담당하는 상소법원의 역할을 수행하고, 사회문제 해결 과정 참여자들 사이의 권력 불균형을 해소하고, 거버넌스 실패에 대한 정치적 책임을 지는 것이 메타거버넌스의 역할이라는 것이다.[30]

유사한 맥락에서 화이트헤드Whitehead는 메타거버넌스에서 정부 또는 계층제 거버넌스의 영향력을 주목한다.[31] 그는 메타거버넌스의 특징으로 (i) 다양한 거버넌스 기제를 활용하여 사회문제를 해결하는 정치·경제적 활동을 비준·승인·지도하는 계층제 거버넌스의 지속적 영향력을 강조하고, (ii) 사회문제를 해결하고 정치·경제적 목적을 실현하는 과정에서의 자기조직적 네트워크 거버넌스의 역할을 강조하고, (iii) 계층제 거버넌스와 네트워크 거버넌스 사이의 상호작용을 강조하는 것 등을 들고 있다. 특히, 그는 명백한 한계를 갖는 다양한 거버넌스 유형의 한계를 극복하고 사회적 조정을 하기 위하여 계층제 거버넌스와 자기조직적 네트워크 사이의 양립 가능성 또는 호환 가능성을 보장하는 것이 메타거버넌스의 핵심임을 강조한다.

이러한 관점에서, '정부에서 거버넌스로의 변화from government to governance'가 아니라 "정부에서 메타거버넌스로의 변화from government to metagovernance"가 필요하다.[32] 참고로, 일반적으로 메타거버넌스에 대한 논의에서 계층제 거버넌스와 네트워크 거버넌스 사이의 양립 가능성을 언급하고, 계층제 거버넌스와 시장 거버넌스와의 양립 가능성은 언급하지 않는 경우가 많다. 이는, 시장 거버넌스의 작동에 대한 계층제 거버넌스의 통제는 이미 일반적 현상이기 때문일 것으로 생각된다. 그러나 메타거버넌스는 사회문제를 해결하는 계층제 거버넌스, 네트워크 거버넌스 그리고 시장 거버넌스 등 세 가지 사회적 조정 양식의 최적조합을 설계하고 관리하는 것을 의미한다.[33] 제숍Jessop 또한 가능한 최선의 결과를 얻기 위하여 계층제 거버넌스, 시장 거버넌스 그리고 네트워크 거버넌스의 적절한 비율의 혼합을 설계하고, 이 혼합이 잘 작동할 수 있는 조건을 마련하고 관리하는 것을 메타거버넌스라고 정의한다.[34]

소렌슨과 토핑Sørensen and Torfing 또한 이와 유사한 맥락에서 메타거버넌스를 정의한다.[35] 그들은 자기성찰적 상위 거버넌스reflexive and higher order governance로서의 메타거버넌스를 강조하면서, 메타거버넌스를 (i) 사회가 어떻게 관리될 것인지, 즉 사회문제 해결에 필요한 사회적 조정을 어떻게 실행할 것인지에 대한 지배적 규범과 아이디어를 도출하여 확산시키고, (ii) 정치적 환경과 사회규범 그리고 사회문제의 특성을 고려하여 사회문제 해결에 적합한 다양한 거버넌스 유형의 혼합을 탐색하여 선택하고, (iii) 사회문제 해결 과정에서 나타나는 거버넌스 유형 혼합의 부작용을 최소화하고 주어진 목적을 달성하는 데 적절한 특정한 형태의 거버넌스를 개발하는 것으로 정의한다.[36]

즉, 메타거버넌스는 "고도의 자율성을 갖는 다수의 자기조직적 네트워크와 조직으로 구성된 분절화된 정치체계의 사회문제 해결을 위한 조정 능력을 향상시키기 위한 의도적 노력"이라고 정의할 수 있다.[37] 메타거버넌스의 가장 큰 특징은 단일중심적 계층제 거버넌스가 아니라 자기조직적 조직화를 통한 복잡성과 다양성의 관리를 의미하는 것이다.[38]

앞장에서 논의된 바와 같이 이 책에서도 사회적 조정 양식인 거버넌스 유형의 혼합을 강조한다. 계층제 거버넌스와 시장 거버넌스, 그리고 네트워크 거버넌스 등의 세 가지 사회적 조정 양식은 각자 장점과 단점을 갖고 있어 사회문제를 성공적으로 해결하기 위해서는 세 가지 사회적 조정 양식을 혼합하여 최적의 사회적 조정이 가능하도록 해야 한다. 로즈Rhodes가 강조하는 것과 같이, 중요한 것은 '혼합'이다. 이러한 관점에서, 이 책에서는 계층제 거버넌스, 네트워크 거버넌스 그리고 시장 거버넌스의 최적혼합으로 이루어진 협력적 거버넌스를 탐색하고 관리하는 것을 메타거버넌스라고 정의한다. 이와 같이 정의할 경우, 메타거버넌스는 '협력적 거버넌스의 거버넌스governance of collaborative governance'인 셈이 된다.

한편, 이 책의 6장에서 논의된 〈그림 6-1〉의 협력적 거버넌스를 활용해서 메타거버넌스를 정의할 수 있다. 이 경우 메타거버넌스는 (i) 주어진 사회문제를 해결하는 방법으로 가장 적절한 계층제 거버넌스, 네트워크 거버넌스 그리고 시장 거버넌스의 비율인 최적의 협력적 거버넌스(h^*, n^*, m^*), 즉 CG^*를 탐색하고, (ii) 거버넌스 유형의 혼합 또는 조합 과정에서 나타나는 부작용을 최소화하고, (iii) 거버넌스 유형의 조합을 통한 시너지 효과를 극대화하기 위하여 사회문제 해결 과정을 조정하고 관리하는 것으로 정의된다.

3) 메타거버넌스의 도전과 과제

일반적으로 메타거버넌스는 정부의 새로운 역할로 이해된다. 네트워크 거버넌스의 비중이 증가하는 협력적 거버넌스에서 정부의 역할이 쇠퇴하게 될 것이라는 예측도 존재하나, 정부의 역할은 쇠퇴하는 것이 아니라 변화할 것이라고 기대할 수 있다.[39] 정부가 공동화

hollowing-out되고 사회문제 해결 과정에서 역할을 상실하는 것이 아니라, 새로운 역할, 즉 메타거버넌스의 역할을 수행하게 된다는 것이다.[40] 메타거버넌스는 대부분의 경우 공식적 권한을 갖는 공공기관, 특히 정부에 의해서 이루어진다.[41] 그러나 메타거버넌스는 정부에 의해서만 수행될 수 있는 것은 아니다. 경우에 따라서는 메타거버넌스는 정부와 민간부문의 협력에 의해서도 수행될 수 있고, 일정한 수준의 정당성과 자원을 확보한 민간행위자에 의해서도 수행될 수 있다.[42]

그러나 계층제 거버넌스와 네트워크 거버넌스, 그리고 시장 거버넌스를 적절하게 혼합하여 사회문제를 해결하는 것은 간단한 문제가 아니다. 세 가지 사회적 조정 양식은 작동원리와 작동조건이 서로 크게 다르다. 참여자들 사이의 의존적 관계를 특징으로 하는 계층제 거버넌스는 공식적 권위에 근거하는 명령과 통제에 의해서 작동된다. 참여자들 사이의 독립적 관계를 특징으로 하는 시장 거버넌스는 가격기구와 경쟁을 통하여 작동된다. 그리고 독립적인 참여자들 사이의 상호의존적 관계를 특징으로 하는 네트워크 거버넌스는 신뢰와 공유된 목적, 그리고 수평적 협력을 통하여 작동된다. 따라서 계층제 거버넌스와 시장 거버넌스 그리고 네트워크 거버넌스로 구성된 협력적 거버넌스에서는 항상 갈등이 존재한다.[43]

먼저, 계층제 거버넌스와 시장 거버넌스 사이의 갈등은 분권화와 집권화 사이의 갈등이라고 할 수 있다. 중앙집권화된 통제를 추구하는 계층제 거버넌스는 시장 거버넌스가 작동되는 과정에 대해서도 통제를 강화하려는 경향을 갖는다. 반면에 가격 경쟁을 통한 조정을 추구하는 시장 거버넌스는 계층제 거버넌스의 경직되고 중앙집권적인 통제가 시장의 효율성을 저해하는 것으로 간주한다. 따라서 집권화를 추구하는 계층제 거버넌스와 분권화를 추구하는 시장 거버넌스 사이에는 항상 갈등이 존재할 수밖에 없다.

다음으로, 시장 거버넌스와 네트워크 거버넌스 사이의 갈등은 주로 의사결정 과정에서 나타난다. 시장 거버넌스는 사적 이익을 추구하는 상호독립적 행위자들 사이의 경쟁을 통한 신속한 결정을 강조한다. 이와는 대조적으로, 네트워크 거버넌스는 상호의존적 행위자들 사이의 협상을 통한 의견일치를 강조하므로 의사결정에 많은 시간이 소요된다. 또한, 시장 거버넌스에서의 상호독립적 행위자 사이의 경쟁은 네트워크 거버넌스 작동의 기본이라고 할 수 있는 신뢰의 구축에 걸림돌이 될 수 있다.

마지막으로, 계층제 거버넌스와 네트워크 거버넌스 사이에 가장 심각한 갈등이 존재한다. 네트워크 거버넌스가 계층제적 통제의 수단으로만 사용되는 사례가 많고, 이러한 이유로 네트워크 거버넌스를 통하여 이루어진 자발적 동의에 의한 의사결정에 대해서도 계층제적 거버넌스의 직접적 통제가 부적절하게 강요되는 경우가 많다. 또한, 계층제적 통제가 불가능한 수평적 협력 관계에서도 계층제적 책임성 확보가 요구되는 경우도 존재한다. 이처럼 책임성 확보를 위한 계층제 거버넌스의 통제가 요구되는 경우 네트워크 거버넌스가 적절하게 작동하는 것은 불가능하게 되고, 결과적으로 계층제 거버넌스와 네트워크 거버넌스가 동시에 활용되는 협력적 거버넌스는 실패하게 된다.

세 가지 사회적 조정 양식이 적절하게 해결할 수 있는 사회문제의 성격과 유형도 상이하다. (i) 계층제 거버넌스는 위기를 관리하고 재정책임성을 확보하는 등 통제가 필요한 사회적 조정에 적합하고, (ii)

네트워크 거버넌스는 복잡하고, 비구조화되고, 다양한 행위자와 이해관계자가 존재하는 문제를 해결하는 데 적합하고, (iii) 시장 거버넌스는 일상적으로 반복되거나 정치적으로 민감하지 않은 문제를 해결하는 데 적합하다.[44] 또한 (i) 계층제 거버넌스는 널리 인정된 사실과 전문성을 바탕으로 사회적 조정이 이루어질 수 있고, 따라서 다양한 이해관계자들을 포함시킬 필요와 시간적 여유가 없는 경우 적절하고, (ii) 네트워크 거버넌스는 사실을 발견하기 위한 공동의 노력이 필요하고 다양한 학문 분야의 지식이 요구되는 경우 적절하고, (iii) 시장 거버넌스는 전체적 조정과 관련된 정보가 중요하지 않고 수요와 공급에 대한 정보와 지식이 요구되는 경우 적절한 사회적 조정양식이다.[45]

사회문제를 해결하는 과정에서 이러한 갈등은 흔히 가장 손쉽고 효율적으로 보이는 사회적 조정 양식인 계층제적 지시 즉 계층제 거버넌스를 통하여 관리되는 경우가 많다. 일반적으로 메타거버넌스는 협력적 거버넌스 참여자들의 결정에 영향력을 행사하여 정부가 원하는 결과를 도출하고자 하는 개입주의interventionism적 색채를 비교적 강하게 갖는 개념이라고 할 수 있다.[46] 경우에 따라서 메타거버넌스는 표면적으로 비계층제적 체계 내에 지속적으로 존재하는 계층제적 권력과 통제를 의미하는 "거버넌스의 정부government of governance"로 정의되기도 한다.[47] 그러나 이 방법은 적절하지 않다. 협력적 거버넌스에서 네트워크 거버넌스가 일정 비율을 차지한다는 것은 계층제적 지시나 시장경쟁을 통한 사회적 조정으로는 해결될 수 없는 문제가 있다는 것을 의미하기 때문이다.

정부의 개입주의적 행동이 과도하게 이루어지면, 네트워크 거버넌스의 장점인 수평적 상호작용과 협상을 통한 사회문제 해결 능력은 훼손된다. 특히 정부가 사회문제 해결에 필요한 총체적 수준의 정보나 지식을 갖고 있지 않거나 또는 사회문제의 실체를 정확하게 파악하고 있지 못한 경우, 계층제적 통제의 특성이 강한 간섭주의적 메타거버넌스는 실패할 수밖에 없다. 따라서 비계층제적 상호작용의 필요성과 직접적 영향력 행사 사이의 균형을 유지하기 위한 지속적인 노력이 요구된다. 네트워크 거버넌스의 장점을 살리고 세 가지 사회적 조정 양식의 시너지를 극대화하여 사회문제를 효율적으로 해결하기 위해서는 네트워크 거버넌스의 수평적 자기규제 및 자기조직화 역량을 제한하거나 억제하지 않으면서 협력적 거버넌스를 조정하고 관리할 필요가 있다.[48]

4) 메타거버넌스의 도구

흔히 정치인들은 '협치' 또는 '협력'을 강조한다. 협치나 협력을 통하여 보다 나은 정치를 구현하자는 것이다. 그러나 정치적 구호나 선언만으로는 협치나 협력을 이룰 수 없다. 협력적 거버넌스도 마찬가지다. 단순히 협력의 필요성을 선언하거나 강제하는 등의 방법으로는 협력적 거버넌스를 효과적으로 작동하게 할 수 없다. 메타거버넌스가 성공하기 위해서는 전통적인 방법과는 다른 새로운 방법이 필요하다. 소렌슨Sørensen은 메타거버넌스의 주요 수단으로 틀짜기framing, 이야기하기storytelling, 촉진facilitation, 그리고 참여participation 등의 네 가지를 제시한다.[49]

첫 번째 방법인 '틀짜기'는 협력적 거버넌스가 형성되고 작동하게 될 정치적·재정적·조직적 맥락을 구축하는 것을 의미한다. 협력적 거버넌스 참여자들의 행동과 상호작용에 영향을 주는 맥락을 구축할 뿐, 협력적 거버넌스 참여자들과의 직접적 상호작용이나 접촉이 이루어지지 않는다는 점에서 틀짜기는 간접적 메타거버넌스 도구라고 할 수 있다. 틀짜기는 소극적으로 이루어질 수도 있고 적극적으로 이루어질 수도 있다. 전반적이고 광범위한 목표와 절차 등 일반적인 정치적·재정적·조직적 맥락을 결정하고, 협력적 거버넌스 참여자들에 의해 세부적인 사항이 결정되도록 하는 것이 소극적인 틀짜기라고 할 수 있다. 이와는 대조적으로, 적극적 틀짜기는 경제적 인센티브와 같은 유인책을 제공하는 등 협력적 거버넌스 참여자들의 특정 행동과 상호작용을 유도하기 위한 보다 구체적인 정치적·재정적·조직적 맥락을 구축하는 것이다.

일반적으로 정치적·재정적·조직적 맥락을 구축하기 위해서는 법적 근거 또는 강제력이 요구되므로, 틀짜기는 정부의 역할로 이해되는 경우가 많다. 그러나 법적 근거나 강제력에 의존하지 않고 정치적·재정적·조직적 맥락을 구축하는 것이 가능한 경우도 존재한다. 다양한 참여자들이 수평적이고 개방적인 토론을 통하여 공동목표와 개략적 계획 등을 수립하는 것이 여기에 해당된다.

두 번째 방법인 '이야기하기'는 사회적·정치적 의미나 공공가치 그리고 정체성을 형성하여 협력적 거버넌스를 유도하는 것을 말한다. 협력적 거버넌스 참여자들의 다양하고 이질적이며 때로는 갈등관계에 있는 이해관계를 하나로 묶을 수 있는 공공가치나 정체성 형성을 통하여 협력적 거버넌스가 형성되고 작동되도록 유도하는 것이 이 방법의 핵심이다. 이 방법 역시 협력적 거버넌스 참여자들과의 직접적 접촉이나 상호작용 없이 이루어진다는 점에서 간접적 메타거버넌스 도구라고 할 수 있다.

협력적 거버넌스의 중요한 구성요소인 네트워크 거버넌스가 '공유된 목적'과 사회적 규범 등에 의해서 작동한다는 점을 고려할 때, 이야기하기를 통한 공감대와 정체성 형성은 사회문제를 성공적으로 해결하는 데 필요한 협력적 거버넌스를 형성하고 성공적으로 작동하게 하는 중요한 메타거버넌스 도구라고 할 수 있다. 이러한 특징을 갖는 이야기하기 또한 정부와 민간부문 모두가 활용할 수 있는 도구이다.

세 번째 방법인 '촉진'은 협력적 거버넌스 참여자들에게 기술과 정보 그리고 자원 등 다양한 형태의 지원을 제공하는 것을 말한다. 다양한 지원을 제공하는 과정에서 협력적 거버넌스 참여자들과의 직접적 접촉과 상호작용이 필요하다는 점에서 이 방법은 직접적 메타거버넌스 도구에 해당한다. 그러나 이 방법을 사용하는 경우에도, 특정적이고 구체적인 목표의 달성이 강요되지는 않는다. 협력적 거버넌스 참여자들 사이의 자발적 조정을 유도하기 위하여 참여자들 사이의 상호작용에 필요한 다양한 자원을 제공하여 원만한 사회적 조정이 이루어지도록 하는 것이 이 도구를 사용하는 목적이다.

협력적 거버넌스 참여자들과의 직접적 접촉을 통해서 협력적 거버넌스의 활성화에 필요한 자원이 무엇인지를 정확하게 파악할 수 있다는 것이 직접적 메타거버넌스 도구인 촉진의 장점이라고 할 수 있다. 촉진 또한 정부뿐만 아니라 다양한 민간부분 조직이나 참여자에 의해서도 이루어질 수 있다.

마지막으로, 네 번째 방법인 '참여'는 협력적 거버넌스 과정에 참여자의 하나로 직접 참여하여 함께 상호작용하는 것을 말한다. 이 방법이 사용되는 경우에도 계층제적 권위에 근거하는 간섭이나 통제와 같은 강제적 영향력 행사는 이루어지지 않는다. 강제력을 가진 존재, 예를 들면 정부라고 하더라도 협력적 거버넌스 내에서 참여자들에 의해 자체적으로 만들어진 규칙에 따라 상호작용을 하면서 공유된 목표의 달성을 추구하게 된다.

참여의 경우는 일반적으로 민간부문에 의해 이루어지는 것으로 이해된다. 정부와 민간부문 사이의 협력적 거버넌스에서도 정부는 민간부문 참여자들을 지원하거나 관리하고 실제 협력적 거버넌스는 민간부문 참여자들 사이의 상호작용으로 이루어진다는 것이 협력적 거버넌스에서 정부가 담당하는 역할에 대한 일반적인 생각인지 모른다. 하지만 이것은 관주도적인 '무늬만 협력적 거버넌스'의 경우에만 해당되는 이야기이다. 정부는 필요한 경우 민간부문 참여자들과 함께 협력적 거버넌스에 참여하여 상호작용을 한다. 정부는 이러한 직접적 참여를 통하여 협력적 거버넌스를 활성화할 수 있다. 그리고 당연히 민간부문 참여자들 역시 참여라는 메타거버넌스 도구를 활용할 수 있다.

사회문제를 해결하는 가장 손쉽고 전통적인 방법은 전통적 행정학의 '계층제적, 단일중심적, 상의하달식 방법'이라고 할 수 있다.[50] 이러한 방법은 여전히 정치적·기술적으로 단순한 문제를 해결하는 데 매우 유용하다. 그러나 현대 네트워크 사회에서 이렇게 단순한 사회문제는 많지 않다. 따라서 정부는 이러한 전통적 접근방법에만 의존할 것이 아니라 수평적, 다중심적, 하의상달식 접근방법을 받아들임으로써 협력적 거버넌스를 통한 보다 효율적인 사회문제 해결을 가능하게 할 수 있을 것이다.

그러나 협력적 거버넌스의 핵심이라고 할 수 있는 자율적이고 수평적인 협력을 통한 네트워크 거버넌스는 쉽게 나타나지 않는다. 공동체 구성원들의 자율적이고 수평적인 협력을 통한 네트워크 거버넌스를 '유도'하는 것은 간단한 문제가 아니다. 공동체 구성원들의 '사회문제 해결을 정부에 일임하는 수동적 행태'는 외부적 통제나 간섭에 의해 쉽게 변화되지 않기 때문이다. 인센티브나 처벌 등으로 영향을 줄 수는 있으나, 공동체 구성원들의 가치나 규범 등을 변화시키기는 어렵다. 이러한 사실을 고려할 때, 메타거버넌스에서 가장 중요한 도구는 "이야기하기storytelling"[51) 또는 "정치적 수사political rhetoric"[52) 라고 할 수 있다.

협력적 거버넌스의 경우에도 정부는 규제나 보조금 등 전통적 메타거버넌스 도구를 선호하는 경향이 있다. 그러나 정부 또한 사회문제의 해결책을 정확하게 알고 있지 못한 경우, 이와 같은 메타거버넌스 도구는 사회문제를 오히려 악화시킬 수도 있다. 그러므로 총체적 계획이나 설계의 위험성을 정확하게 인식하고, 이러한 이해를 토대로 국지적 정보와 개별적 이해관계에 의해 행동하는 행위자들에게 협력적 거버넌스의 유용성과 가치를 홍보하려는 노력이 중요하다.

요컨대, 협력적 거버넌스를 구성하는 행위자들의 사회적·정치적 의미와 정체성 형성을 도움으로써 협력적 거버넌스가 나타나고 작동할 수 있는 여건을 마련하는 것이 가장 중요한 메타거버넌스 도구라고 할 수 있다. 네트워크 거버넌스가 큰 비중을 차지하는 협력적 거버넌스를 통한 사회문제 해결 과정에서 정부는 개인의 인식, 자발적 참여, 그리고 사회적 헌신 등에 관심을 기울일 수밖에 없다. 이러한 변화에 따라, 이야기하기나 정치적 수사 등을 통하여 개인의 공동체에 대한 정서적 소속감이나 일체감 등을 통하여 자발적 협력이 가능하도록 하는 "상징적 유도symbolic induction"의 중요성이 크게 증가하고 있다.[53]

3. 메타거버넌스와 새로운 리더십: 정부와 민간의 역할

메타거버넌스의 대상인 협력적 거버넌스는 바람직한 창발성을 갖는 복잡계complex adaptive system와 유사한 특성을 갖는다고 할 수 있다. 복잡계의 특징을 갖는 조직의 새로운 리더십에 대한 논의를 통하여 새롭게 요구되는 정부의 역할에 대한 함의를 얻을 수 있다.[54] 복잡계 이론의 중요한 함의는 총체적 통제global control 또는 총체적 계획total planning 없이 새로운 질서가 나타난다는 것이다. 특히, 복잡계 이론은 다양한 행위자들의 자율권이 완전하게 보장되는 것이 새로운 질서 창출의 필수조건이라는 점을 강조한다. 행위자들의 자발적 협력에 의해 이루어지는 네트워크 거버넌스가 큰 비중을 차지하는 협력적 거버넌스에 의하여 사회문제가 성공적으로 해결되었다는 것은 바로 이런 새로운 질서가 창출된 증거라고 할 수 있다.

르윈과 레진Lewin and Regine은 복잡계 조직에서 "직접 지도하지 않고 지도하는" 리더십의 필요성을 강조한다.[55] 그들은 복잡계 조직의 지도자는 조직 구성원들이 스스로를 조직화하고 재구조화할 수 있는 여건을 조성하는 새로운 형태의 지도자가 되어야 한다고 주장한다. 그들의 설명에 의하면, 지도자는 (i) 새로운 절차나 과정을 강제하려 하지 말고, 새로운 절차나 과정이 나타날 수 있도록 허용하고, (ii) 진정성과 배려를 통하여 조직 구성원들의 행동 기준을 제시하고, 또한 동등한 조직 구성원으로서 쉽게 접근할 수 있도록 하고, (iii) 조직 구성원들과의 상호작용 등 조직의 모든 면에 자신을 맞추려고 노력해야 한다.

요컨대, 협력적 거버넌스를 활용하여 사회문제를 해결하기 위하여 정부는 "단일중심적 의사결정자 신화myth of the unitary decision-maker"[56]를 과감히 버려야 한다. 직접 지도하지 않고 지도하는 복잡계 조직에서의 지도자와 유사한 역할을 수행하는 것이 협력적 거버넌스를 위한 메타거버넌스에서 정부에게 요구되는 과제인 것이다.

정부뿐만 아니라 민간부문 또한 협력적 거버넌스를 위한 메타거버넌스에서 적극적인 역할을 수행할 필요가 있다. 앞서 협력적 거버넌스 관리에서도 언급된 것처럼, 민간부문 또한 메타거버넌스에서 주도적인 역할을 담당할 수 있고, 또한 담당해야 한다. 계층제적 지시는 협력적 거버넌스의 잠재력을 극대화하는 데 걸림돌이 될 수 있다. 이러한 사실을 고려한다면 계층제적 지시 권한을 갖고 있지 않은 민간부문은 지도하지 않음으로써 지도하는 지도자의 역할을 수행하는 데 정부보다 더 유리할 수도 있다.

계층제적 지시 권한이 없는 민간부문도 틀짜기, 이야기하기, 촉진, 그리고 참여 등 메타거버넌스의 도구를 얼마든지 활용할 수 있다. 물론 계층제적 지시가 있어야만 가능한 틀짜기나 촉진도 있을 수 있다. 이러한 경우에는 정부에 영향력을 행사하여 간접적으로 메타거버넌스 도구를 활용할 수 있을 것이다.

계층제적 지시 권한이 필요 없는 이야기하기나 참여의 경우, 민간부문은 정부보다 더 효과적인 역할을 수행할 수 있다. 협력적 거버넌스의 핵심이라고 할 수 있는 자율적이고 수평적 협력을 통한 네트워크 거버넌스에서 중요한 역할을 담당하는 민간부문 행위자들을 정부보다 더 잘 이해하고 설득할 수 있는 존재가 바로 민간부문 행위자 자신이기 때문이다. 인센티브나 처벌 등으로 민간부문 행위자들에게 영향을 줄 수는 있다. 하지만 공동체 구성원들의 가치나 규범 등을 변화시켜 협력적 거버넌스에 적극적으로 참여시키기는 어렵다. 특히 소와 Sowa가 말하는 '공동체 형성 협력'[57]과 같은 높은 수준의 협력이 요구되는 협력적 거버넌스에 참여시키기는 더욱 더 어렵다. 이와 같은 경우 민간부문의 역할이 더욱 중요하다고 할 수 있다.

미주

1) Robert Agranoff, *Managing within Networks: Adding Value to Public Oraganizations*, (Washington, D.C.: Georgetown University Press, 2007).

2) Stephen Goldsmith and William D. Eggers, *Governing by Network: The New Shape of Public Sector*, (Brookings Institute Press, 2005).

3) Roderick AW. Rhodes, "From Marketization to Diplomacy: It's the Mix That Matters," *Public Policy and Administration*, 12:2(1997): 31-50. 참고로, 키커트는 네트워크 거버넌스와 관련하여, 도구적 관점, 상호작용적 관점, 그리고 제도적 관점 등의 3가지 관점을 제시한다. 그에 의하면, 도구적인 관점은 네트워크를 하나의 세련된 정책도구로 간주하고 중앙집권적인 통제의 보다 효율적인 수단으로 활용하는 것을 의미한다. 이 경우 네트워크는 실질적인 통제력은 유지하되 책임은 회피하기 위한 수단으로 전락할 위험성이 존재한다. 자세한 내용은 Walter Kickert, "Public Governance in the Netherlands: An Alternative to Anglo-American 'Managerialism'," *Public Administration*, 75(1997): 731-752 참조할 것.

4) Luther Gulick, "Notes on the Theory of Organization," *Classics of Organization Theory*, 3(1937): 87-95 참조할 것.

5) Myrna P. Mandell, *Getting Results through Collaboration: Networks and Network Structures for Public Policy and Management*, (London: Quorum Books, 2001).

6) 이명석, "거버넌스 이론의 모색," 〈국정관리연구〉, 1 : 1(2006): 36-63, pp.38-39.

7) Helen Sullivan and Chris Skelcher, *Working Across Boundaries: Collaboration in Public Services*, (New York: Palgrave, 2002).

8) Stephen Goldsmith and Donald F. Kettle, *Unlocking the Power of Networks: Keys to High-Performance Government*, (Washington D.C.: Brookings Institution Press, 2009), p.26.

9) 이 절의 내용은 이명석·배재현·양세진, "협력적 거버넌스와 정부의 역할: 사회적 기업 사례를 중심으로," 〈한국정책학회보〉, 18 : 4(2009): 145-172에 소개된 Stephen Goldsmith and William D. Eggers, *Governing by Network: The New Shape of Public Sector*, (Brookings Institute Press, 2004)의 내용을 수정·정리한 것임. 참고로 골드스미스와 에거스의 저서에서는 네트워크 관리에 대해 설명하고 있으나, 그들이 말하는 네트워크는 네트워크 거버넌스가 아니라 다양한 유형의 민관협력 관계로 이 책의 협력적 거버넌스에 해당된다고 할 수 있다.

10) Robert Agranoff and Michael McGuire, *Collaborative Public Management*. (Washington, D.C.: Georgetown University Press, 2003). 자세한 내용은 이명석·유홍림, "거버넌스 시대의 바람직한 정부의 역할과 기능," 경제인문사회연구원편. 《2008선진일류국가를 위한 비전: 잘사는 국민, 따뜻한 사회, 강한 나라. 총괄(2)분야》, (2008년 지속가능발전 국가정책연구총서, 2009): 1-66. 참조할 것.

11) 예를 들어, 대부분의 네트워크 관리 관련 연구는 관리자(즉 정부)의 성공적인 네트워크 관리전략으로 가장 적절한 조직구조를 사전에 구체적으로 설계하고, 다양한 행위자들의 책임성 확보를 위한 제도적 장치를 마련할 것 등을 제안한다. 자세한 내용은 Stephen Goldsmith and William D. Eggers, *Governing by Network: The New Shape of Public Sector;* Brinton Milward and Keith G. Provan, *A Manager's Guide to Choosing and Using Collaborative Networks*, (Washington D.C.: IBM Center for the Business of Government, 2006) 참조할 것.

12) 특히 정부는 계층제 거버넌스 위주로만 정책도구를 탐색하는 경향이 강하므로, 네트워크 거버넌스의 효용성이나 가능성은 과소평가되어 적절한 수준 이하로 작동할 가능성이 크다. 자세한 내용은 이명석, "거버넌스 이론의 모색" 참조할 것.

13) Robert Agranoff and Michael McGuire, *Collaborative Public Management*.

14) 이명석, "거버넌스 이론의 모색," pp.46-48.

15) Brinton Milward and Keith G. Provan, *A Manager's Guide to Choosing and Using Collaborative Networks;* S. Goldsmith and D. Kettle, *Unlocking the Power of Networks: Keys to High-Performance Government.*

16) 이명석, "거버넌스 이론의 모색," pp.39-42.

17) Stephen Goldsmith and William D. Eggers, *Governing by Network: The New Shape of Public Sector*, Ch.4

18) Stephen Goldsmith and Tim Burke, "Moving from Core Functions to Core Values: Lessons from State Eligibility Modernizations," in Stephen Goldsmith and Donald F. Kettl, (eds.) *Unlocking the Power of Networks: Keys to High-Performance Government*, (Washington D.C.: Brookings Institution Press, 2009): 95-120.

19) Jeffrey H. Dyer and Harbir Singh, "The Relational View: Cooperative Strategy and Sources of Interorganizational Competitive Advantage," *Academy of Management Review.* 23:4(1998): 660-679; Helen Sullivan and Chris Skelcher, *Working Across Boundaries: Collaboration in Public Services.*

20) Phillip Cooper, *Governing by Contract: Challenges and Opportunities for Public Managers*, (Washington: CQ Press, 2003). Stephen Goldsmith and William D. Eggers, *Governing by Network: The New Shape of Public Sector*에서 재인용.

21) 네트워크의 유형에는 공공서비스 공급계약, 공급협력 체인, 임시 네트워크, 정보확산 네트워크, 그리고 연결 네트워크 등이 있다. 자세한 내용은 Lester Salamon, (ed.) *The Tools of Government: A Guide to the New Governance* 참조할 것.

22) Robert Agranoff and Michael McGuire, *Collaborative Public Management.*

23) Stephen Goldsmith and Donald F. Kettl, (eds.) *Unlocking the Power of Networks: Keys to High-Performance Government.*

24) Chris Ansell and Alison Gash, "Collaborative Governance in Theory and Practice." pp.557-558.

25) 엘리노어 오스트롬이 제시하는 성공적인 공유재 관리 사례는 민간부문 행위자들에 의해 협력적 거버넌스가 형성되고 활성화된 전형적인 사례라고 할 수 있다. 자세한 내용은 Elinor Ostrom, *Governing the Commons: The Evolution of Institutions for Collective Action*, (Cambridge University Press, 1990) 참조할 것.

26) Bob Jessop, *The Rise of Governance and the Risk of Failure: The Case of Economic Development*, (Oxford: Basil Blackwell, 1998); Eva Sørensen and Jacob

Torfing, *Making Governance Network Democratic*, Working Paper, (Center for Democratic Network Governance, 2004); Eva Sørensen and Jacob Torfing, "Making Governance Networks Effective and Democratic through Metagovernance," *Public Administration*, 87:2(2009): 234-258; Eva Sørensen, "Metagovernance the Changing Role of Politicians in Processes of Democratic Governance," *The American Review of Public Administration*, 36:1(2006): 98-114; Josie Kelly, "Central Regulation on English Local Authorities: An Example of Metagovernance," *Public Administration*, 84:3(2006): 603-621; Arto Haveri, Inga Nyholm and Asbjorn Roiseland, "Governing Collaboration: Practices of Meta-Governance in Finnish and Norwegian Local Government," *Local Government Studies*, 35:5(2009): 539-556.

27) 거버넌스의 광의의 정의는 사회문제를 해결하는 방법을 총칭하는 개념으로 이해될 수 있고, 협의의 정의는 사회문제를 해결하는 특정한 방법, 즉 네트워크를 통한 사회 문제 해결 방법이라고 이해될 수 있다. 자세한 내용은, 이명석, "거버넌스의 개념화: 사회적 조정으로서의 거버넌스"를 참조할 것.

28) Bob Jessop, "Capitalism and Its Future: Remarks on Regulation, Government and Governance," *Review of International Political Economy*, 4:3(1997): 561-581, pp.575-576.

29) Bob Jessop, "Governance and Meta-governance in the Face of Complexity: On the Roles of Requisite Variety, Reflexive Observation, and Romantic Irony in Participatory Governance," in Hubert Heinelt, Panagiotis Getimis, Grigoris Kafkalas, Randall Smith and Swyngedouw Erik, (eds.) *Participatory Governance in Multi-level Context*, (Opladen, Leske Budrich, 2002): 33-58.

30) Bob Jessop, "Capitalism and Its Future: Remarks on Regulation, Government and Governance."

31) Mark Whitehead, "'In the Shadow of Hierarchy': Meta-governance, Policy Reform and Urban Regeneration in the West Midlands." *Area*, 35:1(2003): 6-14.

32) Bob Jessop, "The Social Embeddedness of the Economy and Its Implications for Economic Governance," in Fikret Adaman and Devine Pat Black, (eds.) *The Socially Embedded Economy*, (Rose Books, 2002): 129-209.

33) Louis Meuleman, "Internal Meta-governance as a New Challenge for Management Development in Public Administration," pp.8-9.

34) Bob Jessop, "Governance and Meta-governance: On Reflexivity, Requisite

Variety and Requisite Irony," in Henrik P. Bang, (ed.) *Governance as Social and Political Communication*, (Manchester University Press, 2003): 101-16.

35) Eva Sørensen and Jacob Torfing, "Making Governance Networks Effective and Democratic through Metagovernance," *Public Administration*, 87:2(2009): 234-258.

36) 앞의 논문, p.246.

37) Eva Sørensen, "Metagovernance the Changing Role of Politicians in Processes of Democratic Governance" p.101; Josie Kelly, "Central Regulation on English Local Authorities: An Example of Metagovernance," pp.606-607.

38) Bob Jessop, *The Rise of Governance and the Risk of Failure: The Case of Economic Development*. pp.96-97.

39) Janet Newman, *Modernizing Governance: New Labour, Policy and Society*, (Sage, 2001); R. A. Rhodes, "Understanding Governance: Ten Years On," pp.73-75.

40) Mark Whitehead, "'In the Shadow of Hierarchy': Meta-governance, Policy Reform and Urban Regeneration in the West Midlands," pp.6-8.

41) Eva Sørensen and Jacob Torfing, "Making Governance Networks Effective and Democratic through Metagovernance," pp.245-251.

42) 앞의 논문, pp.245-251.

43) 갈등에 대한 자세한 설명은, Louis Meuleman, "Internal Meta-governance as a New Challenge for Management Development in Public Administration," p.8 참조할 것.

44) Louis Meuleman, "Internal Meta-governance as a New Challenge for Management Development in Public Administration," pp.2-6.

45) 앞의 논문, pp.2-6.

46) Arto Haveri, Inga Nyholm and Asbjorn Roiseland, "Governing Collaboration: Practices of Meta-Governance in Finnish and Norwegian Local Government," pp.541-544.

47) Mark Whitehead, "The Architecture of Partnership: Urban Communities in the Shadow of Hierarchy," p.4

48) Eva Sørensen and Jacob Torfing, "Making Governance Networks Effective and Democratic through Metagovernance," pp.235-238.

240

49) Eva Sørensen, "Metagovernance the Changing Role of Politicians in Processes of Democratic Governance," pp : 101-102. 참고로, 소렌슨은 다른 논문에서는 메타거버넌스의 도구로 네트워크 설계network design, 네트워크 틀짜기network framing, 네트워크 관리network management, 그리고 네트워크 참여network participation 등의 네 가지를 들고 있다. 자세한 내용은, Eva Sørensen and Jacob Torfing, "Making Governance Networks Effective and Democratic through Metagovernance" 참조할 것.

50) Peter Bogason and Theo AJ Toonen, "Introduction: Networks in Public Administration," *Public Administration*. 76 : 2(1998): 205-227, p.216.

51) Mitchell Dean, *Governability: Power and Rule in Modern Society*, (London: Sage, 1999); Maarten Hajer, *The Politics of Environmental Discourse: Ecological Modernization and the Policy Process*, (Oxford: Oxford University Press, 1995).

52) Marleen Brans and Stefan Rossbach, "The Autopoiesis of Administrative Systems: Niklas Luhmann on Public Administration and Public Policy," *Public Administration*, 75(1997): 417-439.

53) Joachim Blatter, "Beyond Hierarchies and Networks: Institutional Logics and Change in Transboundary Spaces," *Governance*, 16 : 4(2003): 503-526, pp.518-519.

54) 이명석, "네트워크 거버넌스와 정부의 역할: 복잡계이론을 중심으로," 〈국정관리연구〉, 6 : 1(2011): 1-31.

55) Roger Lewin and Birute Regine, "The Core of Adaptive Organizations," in Eve Mitleton-Kelly, (ed.) *Complex Systems and Evolutionary Perspectives on Organizations: The Application of Complexity Theory to Organization*, (London: JAI Press, 2007): 167-183, p.171.

56) Giandomenico Majone, "Analyzing the Public Sector: Shortcomings of Current Approaches. Part A: Policy Science," in Franz X. Kaufmann and Vincent Ostrom, (eds.) *Guidance, Control and Evolution in the Public Sector*, (Berlin: de Gruyter, 1986): 61-70.

57) Jessica E. Sowa, "The Collaboration Decision in Nonprofit Organizations: Views from the Front Line," *Nonprofit and Voluntary Sector Quarterly*, 38 : 6(2009) : 1003-25.

제8장

협력적 거버넌스의 공공성과 책임성[1)]

책임성은 처벌을 뜻한다.

－로버트 벤Robert Behn,
　《민주적 책임성을 다시 생각하다》에서

만일 정부가 더 효과적이어야 하고, 비정부 기구가 더 책임감 있게 세상을 변화시켜야 한다면, 우리는 계층제의 불가피성에 의문을 제기해야만 한다.

－제라드 페어라우Gerard Fairtlough,
　《일을 하는 세 가지 방법》에서

1. 협력적 거버넌스의 위기?

공공성publicness의 사전적인 의미는 '국가나 사회의 구성원에게 두루 관계되는 것'이다. 그러나 일반적으로 공공성은 정부와 관련된 것을 의미하는 개념으로 이해되어 왔다. 정부만이 사적 이익에 얽매이지 않고 사회 전체의 이익, 즉 공익을 추구하고 공공문제를 해결하는 역할을 수행할 수 있는 유일한 존재라는 것이 사회적 통념이었다는 사실을 고려할 때 이는 자연스러운 현상이다. 그러나 정부가 사회문제를 해결하는 역할을 더 이상 독점적으로 수행하지 못한다는 사실을 강조하는 거버넌스라는 새로운 개념의 등장으로 공공성에 대한 새로운 시각이 필요하게 되었다.[2]

공공성을 정부와 관련되는 것으로만 국한하여 해석한다면 정부의 도움이나 개입 없이 민간부문의 구성원인 민간기업이나 시민단체 등이 사회문제를 해결하기 위하여 자발적으로 노력하는 현상은 '공공적인' 것 즉 공익을 위한 것이 아니라는 해석이 가능해진다. 그러나 사회문제가 항상 공식적 권한과 강제력을 갖는 정부조직에 의해서 독점적으로 해결되어야 하는 것은 아니다. 사회문제가 점차 복잡해져 가고 동시에 민간부문의 역량이 크게 증대됨에 따라 정부의 독점적 사회문제 해결 능력은 점차 약화되는 반면, 민간부문의 다양한 조직이나 구성원들이 공익을 위하여 자신들의 역량을 적극적으로 활용하여 사회문제를 성공적으로 해결하는 현상이 빠른 속도로 증가하는 것이 전 세계적인 추세이다.

이와 같은 변화에 따라 최근 행정학을 비롯한 사회과학 분야 전반에서 정부를 포함한 공공부문과 민간부문의 다양한 사회 구성원들 사이의 자발적 협력을 통한 네트워크 거버넌스에 의존하는 사회문제 해결을 의미하는 협력적 거버넌스에 대한 관심이 크게 증가하고 있다. 한국의 경우 거버넌스의 개념에 대한 뚜렷한 정의 없이 거버넌스를 새롭고 혁신적인 것을 의미하는 수사修辭로 사용하는 경우가 대부분이다. 이러한 개념적 혼란의 가장 큰 문제점은 정부 중심의 공공성 개념을 지나치게 강조하고 민간부문에 의한 사회문제 해결의 유용성과 가능성을 과소평가하는 것이라고 할 수 있다. 민간부문의 역할에 대한 과소평가는 보다 적절하고 효율적인 사회문제 해결을 저해하는 심각한 부작용을 초래하게 된다.[3]

협력적 거버넌스를 통한 사회문제 해결을 적절하게 이해하기 위해서 공공성에 대한 새로운 시각을 정립할 필요가 있다. 이 장에서는 이러한 문제의식에서 출발하여 협력적 거버넌스의 공공성과 책임성 문제를 논의하기로 한다.

2. 협력적 거버넌스의 공공성

1) 공공성과 행정학의 정체성 위기(?)

네트워크 사회에서 정부예산을 활용하는 정책도구를 통한 정부주도적 사회문제 해결은 한계를 가질 수밖에 없다. 보다 광범위한 사회 구성원들의 자발적 협조를 통하여 사회문제를 성공적으로 해결하기 위해서 정부는 정부예산을 재원으로 하는 정책도구 이상의 새로운 정책도구를 필요로 하게 된다. 따라서 정부는 정부의 공식적 권위에 의존하는 정책도구인 사회적 규제와는 달리 정부의 공식적 권위나 강제력 행사에 전혀 의존하지 않는 정책도구, 그리고 정부예산 지출에 의존하는 조세지출이나 공적보험과 달리 정부예산에 전혀 의존하지 않는 새로운 정책도구를 전향적으로 탐색해야 한다.[4]

새로운 정책도구에 대한 적극적 탐색과 활용을 위하여 협력적 거버넌스의 중요성에 대한 이해가 요구된다. 앞장에서 논의된 것처럼 다양한 독립적 행위자들 사이의 수평적이고 자발적인 협력에 의한 사회문제 해결의 가능성을 적절하게 인식할 때, 창의적이고 다양한 정책도구의 '혼합'인 '네트워크 사회형' 또는 '맞춤형' 정책도구의 탐색과 활용이 가능한 것이다. 이러한 새로운 네트워크 사회형 정책도구 즉, 협력적 거버넌스의 활용이 증가한다는 것은 정부의 직접적 재정지원이나 통제에 의존하지 않는 사회문제 해결 비중이 증가한다는 것을 의미한다.

이러한 변화에 따라 행정의 공공성에 대한 새로운 이해가 필요하게 된다. '정부와 관련되지 않았으나 공공적인 사회문제 해결 활동'

이 크게 증가하기 때문이다. 그러나 전통적 행정학의 공공성은 이러한 변화를 적절하게 이해하고 반영하지 못한다. 많은 행정학자들은 전통적인 공공성의 개념에 근거해서 이러한 현상의 증가를 행정학과 행정의 새로운 정체성 위기를 나타내는 현상으로 받아들이고 공공성 훼손을 우려한다.

공공성은 정치학이나 경영학 등 다른 인접 사회과학 학문 분야와 뚜렷하게 차별화되는 독립된 학문 분야인 행정학의 정체성을 형성하는 가장 중요한 개념이다.[5] 행정은 '공공'행정'public' administration을 의미하고 공공성을 추구하는 것이 행정이며, 이를 연구하는 것이 행정학이기 때문이다.

전통적으로 행정학 이론에서 공공성은 '조직'과 관련된 개념으로 이해된다는 공통점을 갖는다.[6] 조직과 관련된 개념으로 공공성을 정의하는 두 가지 접근방법이 존재한다.[7]

첫 번째 접근방법은 법적 소유구조에 근거하여 공공조직과 민간조직을 구분하는 것이다. 법적 소유구조를 기준으로 조직의 공공성을 정의하는 방법은 명확한 구분기준을 제공할 수 있다는 장점을 갖는다. 하지만 최근 나타나는 공공부문과 민간부문 경계의 모호성이 증가하는 현상을 적절하게 설명하지 못한다는 한계를 갖는다.

두 번째 접근방법은 다양한 차원의 기준을 활용하여 공공조직과 민간조직의 차별성을 정도의 문제로 정의하는 것이다.

예를 들어, 보즈만과 브레츠슈나이더Bozeman and Bretschneider는 (i) 자원의 공공성, (ii) 목적 또는 의제의 공공성, (iii) 의사소통의 공공성, 그리고 (iv) 소유권의 공공성 등 공공성의 네 가지 차원을 제시한다.[8] 또한, 안톤센과 요르겐슨Antonsen and Jørgensen은 조직이 제공하는 서비스의 특징을 중심으로 (i) 공적 권위를 갖는 공공조직에 의해서만 제공되어야 하는 서비스, (ii) 중립적 입장을 갖는 공공조직에 의해 제공되어야 하는 서비스, (iii) 요금이 지불되어서는 안 되는 서비스, (iv) 시민이 비용을 지불할 능력이 없는 서비스, (v) 사회복지와 관련된 서비스 등의 여섯 가지 기준을 활용하여 공공성의 정도를 측정한다.[9]

이와 유사한 맥락에서, 퇴니히Thoenig는 (i) 소유권 구조, (ii) 정부 공권력에 의해 정당화되는 명령, (iii) 성패를 측정하는 지표의 다양성, 그리고 (iv) 제3자에 의한 평가 등을 공공성의 구성요소로 제시한다.[10]

여기에서 중요한 사실은 '정도의 문제'로 접근하는 경우에도 여전히 공공성은 공공조직, 즉 정부와 관련된 것으로 정의된다는 점이다. 예를 들어, 코시와 보즈만Coursey and Bozeman은 "정치적 권위에 의한 외부 영향력external influence of political authority의 정도"를 공공성의 핵심적 특징으로 강조하면서, (i) 정치적 권위 즉 정부로부터의 재정지원 정도(자원의 공공성), (ii) 정부 재정지원 부재시의 독자적 생존 가능성 (목적 및 의제의 공공성), 그리고 (iii) 정부와의 다양한 형태의 의사소통 및 교류의 정도(의사소통의 공공성)를 공공성의 척도로 제시한다.[11]

또한, 헤이크Haque는 (i) 불편부당성impartiality, 개방성 등의 규범과 형평성, 대표성 등의 원칙, 독점적이고 복잡한 특성, 그리고 장기적이고 광범위한 사회적 영향력 등의 특징으로 대표되는 공공부문(정부)과 민간부문의 차별성, (ii) 정부가 제공하는 서비스 공급 대상의 범위와 구성, (iii) 정부의 사회경제적 역할의 크기, (iv) 정부활동의 공공책임성, 그리고 (v) 정부의 신뢰도, 리더십 및 대응성 등에 대한 국민의 신뢰를 공공성의 특징으로 강조한다.[12] 이러한 공공성의 특징은 모두 대표적 공공조직인 정부와 관련된 것이라 할 수 있다.

이상에서 논의된 공공성의 기준은 기업 등 민간조직과 뚜렷하게 구분되는 공공조직에 대한 연구를 행정학의 정체성으로 부각시킨다. 뉴먼Newman에 의하면 국가, 공공정책, 공공서비스, 공공부문, 그리고 공공정신을 동일한 것으로 간주하는 것은 공공성의 개념적 혼란을 감소시키고 행정학의 정체성을 뚜렷하게 부각시키는 등의 많은 장점을 갖는다.[13] 이처럼 전통적으로 행정학에서 공공성은 대표적 공공조직인 정부관료제와 민간조직의 구분 또는 차별성에 근거하여 정의되고 있다.[14]

그러나 이렇게 행정학의 학문적 정체성을 보장해주는 개념인 공공성이 조직과 관련된 개념으로 이해된다는 사실은 네트워크 사회에서는 오히려 행정학의 치명적 약점으로 작용할 수 있다. 민간부문의 대표적인 조직이라고 할 수 있는 기업의 관리 방식이 공공조직에 도입되고 정부가 아닌 민간기업의 공공서비스 제공의 효율성이 강조됨에 따라 공공서비스 제공의 주체가 '공공적인 조직'에서 '비공공적인 조직non-public organization' 즉 '민간조직'으로 대체되는 현상이 나타나게 되었다. 이는 곧 공공조직을 연구한다는 점에서 독자적인 학문적 정체성을 확보하였던 행정학의 심각한 '정체성 위기identity crisis'를 의미하기 때문이다.

조직을 중심으로 공공성을 정의하는 행정학자들은 신공공관리론에 근거한 행정개혁과 민영화 등이 진행되면서 공공서비스의 공공성이 급격하게 훼손되고 있다는 문제점을 지적하면서 행정학의 위기를 걱정한다.[15] 또한 사회문제 해결 과정에서 공공부문과 민간부문의 경계가 모호해지는 협력적 거버넌스가 광범위하게 활용되면서 공공성

과 관련된 행정학의 정체성 위기는 더욱 심각해질 것이라고 경고한
다. 유사한 맥락에서 헤이크도 위에서 열거한 다섯 가지 기준에서 볼
때 공공서비스의 공공성이 점차 심각하게 훼손되고 있다고 우려하고
있다.[16]

　이러한 우려의 핵심은 '정부-시장 이분법적 사고'라고 할 수 있
다.[17] 공공부문 또는 공공조직이 아닌 민간부문, 즉 비공공조직은 공
익이 아니라 사익을 추구하므로, 이들에 의한 공공서비스의 제공은
행정의 공공성을 훼손할 가능성이 높다는 것이 공공성 논의의 핵심
이다. 앞에서 살펴본 바와 같이, 강제성과 직접성, 그리고 가시성 등
이 현저하게 낮은 새로운 정책도구 사용의 증가로 정부의 계층제적
통제가 약화되는 것은 사실이다. 그러나 정부의 계층제적 통제의 약
화가 반드시 사회문제 해결 과정에서의 공공성 약화나 공공성 훼손
을 의미하는 것은 아니다.

2) 협력적 거버넌스와 '새로운' 공공성[18]

　공공성은 공공기관이나 정부조직과 관련된 개념이 아니라 '공공가
치를 추구하는 것'과 관련된 개념이다. 또한, 행정은 공공가치를 추구
하고 사회문제를 해결하기 위한 '집합행동collective action'이나 '집합노
력collective enterprise'[19]과 관련된 개념이다. 공공성과 행정을 이렇게
정의한다면 우리는 불필요하고 소모적인 행정학의 학문적 정체성 논
란에서 쉽게 벗어날 수 있다. 행정의 본질은 공공부문 또는 정부조직
을 관리하는 것이 아니라 공공가치를 추구하고 사회문제를 해결하는
것이라고 할 수 있기 때문이다.

행정은 '사회 구성원들이 개인적 노력으로 해결할 수 없는 사회
문제를 해결하기 위한 행정부, 입법부, 사법부 등 공공부문은 물론,
NGO, 일반 시민, 기업 등 다양한 사회 구성원들 간의 집합적 행동이
나 노력'으로 정의될 수 있다.[20] 이러한 정의에 따르면, 행정에서 중
요한 것은 '어디에서 또는 누가 사회문제를 해결하는가' 하는 문제가
아니라 '어떤 일을 하는가' 하는 문제이다. 민간부문의 기업이나 시
민단체들이 공식적 권한 없이 자발적으로 사회문제 해결에 적극적인
역할을 담당하는 경우도 행정이라고 할 수 있다. 정부는 더 이상 사회
문제 해결의 역할, 즉 행정의 역할을 독점하는 존재가 아니다.

이러한 관점에서 정부 또는 공공기관을 중심으로 행정의 공공성을
정의하는 것은 부적절하다. 앞에서도 언급되었던 행정이 이루어지는
장소 또는 행정의 주체를 의미하는 '거점locus'이 아니라 행정이 실제
로 담당하는 역할을 의미하는 '초점focus'을 중심으로 공공성을 정의
한다면[21] 신공공관리론적 행정개혁이나 협력적 거버넌스에서의 공
공성을 보다 적절하게 이해할 수 있다.[22] 네트워크 사회의 행정학에
서 중요한 것은 사회문제를 해결하는 주체라는 거점을 기준으로 정
의되는 공공성이 아니라, '사회문제를 해결하는 집합적 노력'이라는
초점을 기준으로 정의되는 공공성이다.

협력적 거버넌스라는 초점을 기준으로 행정의 공공성을 정의하는
것은 다음과 같은 의미를 갖는다. 먼저, 공공문제의 해결이라는 협력
적 거버넌스의 특징과 관련하여 '공공가치public value'의 추구를 공공
성이라 정의할 수 있다.[23] 공공가치 또는 공공목적의 추구를 공공성
의 특징이라 정의하는 경우, 공공가치가 산출되는 장소나 공공가치를
산출하는 주체는 더 이상 중요하지 않다. 중요한 것은 산출되는 공공

가치 자체이다.[24] 공공가치나 공공목적을 달성하기 위해서는 경우에 따라서 갈등관계인 다양한 목적 또는 가치 사이의 균형 확보가 반드시 요구된다.

또한, 정부와 민간부문 모두의 주도적 역할이 중요하다는 협력적 거버넌스의 특징을 고려할 때, 공공성 정의에서 중요한 것은 주체나 장소가 아니라 사회문제를 해결하기 위한 집합노력이다. 정부와 비정부 조직뿐만 아니라 정부 부처 간 그리고 다양한 수준의 정부 간의 협력으로 정의되는 협력적 거버넌스의 특성을 고려할 때, 협력적 거버넌스의 공공성은 주체 또는 조직과 관련이 없는 다양한 구성원들 사이의 협상과 협력을 뜻하는 것이 된다. 특히, 비정부 조직 간의 협력 또한 협력적 거버넌스라고 할 수 있다는 점을 고려한다면, 협력적 거버넌스에서 공공조직인 정부와의 관련성은 더 이상 공공성의 중요한 기준이 될 수 없다. 이러한 맥락에서 협력적 거버넌스에서 공공성은 '사회문제를 해결하기 위해서 다양한 주체에 의해서 공동으로 이루어지는 노력과 관련된 것'으로 정의될 필요가 있다.

이상의 내용을 요약하면, 협력적 거버넌스에서의 공공성은 더 이상 공공부문이나 정부와 관련된 것에만 국한되는 조직중심 또는 거점중심의 개념이 아니라 '공공가치를 추구하고 사회문제를 해결하기 위해서 다양한 주체에 의해서 공동으로 이루어지는 노력과 관련된 것'을 의미하는 초점중심의 개념으로 정의될 수 있다.

3) '새로운' 공공성과 전통적 공공성

여기에서 중요한 사실은 이러한 공공성의 정의가 학자들이 제시하고 있는 전통적인 조직 중심의 공공성 정의와 쉽게 호환될 수 있다는 것이다. 예를 들어, 보즈만과 브레츠슈나이더Bozeman and Bretschneider 가 강조하는 자원 공공성, 목적 및 의제 공공성, 그리고 의사소통 공공성 등은 '정치적 권위에 의한 외부적 통제'를 강조한다.[25] 협력적 거버넌스의 핵심인 사회적 조정 양식으로서의 네트워크의 특징이 외부적 통제나 강제력에 의존하지 않는 정치적 권위의 자발적 구현이라는 점을 고려한다면,[26] 정부에 대한 자원의존이나 정부와의 의사소통 등은 협력적 거버넌스와 관련해서는 공공성의 적절한 척도라 할 수 없다. 그러나 외부에 의해 강제적으로 부과되지 않고 자발적으로 구현되는 정치적 권위의 가능성을 인정한다면, '정치적 권위에 의한 외부적 통제'는 여전히 공공성의 정의로 유용하다고 할 수 있다. 민간부문이 사회문제 해결을 위하여 정부의 도움이나 간섭 없이 자발적으로 정치적 권위를 수용하는 것 또한 정부의 외부적 통제와 유사한 결과를 가져올 수 있다는 점에서, 협력적 거버넌스 역시 보즈만과 브레츠슈나이더가 말하는 높은 수준의 공공성을 확보하는 것이 가능하기 때문이다.

또한, 안톤센과 요르겐슨Antonsen and Jørgensen이 제시하는 공공성의 경우에도 정부와의 직접적 관련 없이도 고도의 공공성을 확보하는 것이 가능하다.[27] 즉, 공공부문과 민간부문의 다양한 조직, 또는 시장을 포함한 민간부문만의 다양한 조직들로 이루어진 협력적 거버넌스에 의한 사회문제 해결 노력이 (i) 외부적 강제력 없이 구성원들의 자발적 합의에 의하여 공적 권위를 인정받고, (ii) 중립적 입장을 견지하면서 사적 이해관계가 아니라 공공가치를 위하여 서비스를 제공하고, (iii) 자발적 협조를 통하여 요금을 징수하지 않고 다양한 방법으로 재원을 조달하고, (iv) 비용을 지불할 능력이 없는 시민들을 위하여, (v) 사회복지와 관련된 서비스를 제공하는 것이 가능할 수 있다. 이러한 조건이 충족되는 경우, 정부와 아무런 관련 없이 공공가치를 추구하는 다양한 구성원들의 자발적 협조와 노력만으로도 높은 수준의 공공성을 확보하는 것이 얼마든지 가능하게 된다.

헤이크Haque가 제시하는 공공성의 특징도 마찬가지이다.[28] (i) 불편부당성과 개방성 등의 규범과 형평성의 원칙, 복잡한 특성, 그리고 장기적이고 광범위한 사회적 영향력 등의 공공부문(정부)의 차별적 특징을 정부가 아닌 민간부문 구성원들의 자발적 참여에 의하여 이루어지는 협력적 거버넌스의 사회문제 해결 과정에서도 쉽게 발견할 수 있다.[29] (ii) 정부가 아니더라도 광범위한 수요자를 대상으로 하는 사회적 서비스를 제공할 수 있는 역량과 의지를 가진 민간부문 구성원들의 자발적 참여로 이루어지는 협력적 거버넌스가 얼마든지 존재할 수 있다. (iii) 협력적 거버넌스에 의해서 이러한 사회적 서비스가 제공되는 경우 협력적 거버넌스는 정부의 역할 이상으로 크고 중요한 사회적 역할을 실질적으로 담당할 수 있다. (iv) 자발적으로 이루어지는 협력적 거버넌스의 경우 비효율성이나 부정부패 등의 '정부실패' 없이 오히려 공공 책임성을 보다 효과적으로 구현할 수 있다.[30] (v) 협력적 거버넌스 또한 신뢰도, 리더십 그리고 대응성 등에 대한 국민의 신뢰를 획득할 수 있다. 특히, 정부 혼자의 힘으로 해결하기 매우 어려운 복잡한 사회문제가 다양한 사회 구성원들의 자원과 역량을 활용하는 협력적 거버넌스를 통하여 성공적으로 해결되는 경우, 협력적 거버넌스는 사회문제 해결의 공식적 권한과 책임을 가진 정부보다 더 큰 국민의 신뢰를 획득할 수 있다. 이는 정부와 직접적인 관련 없이도 얼마든지 다섯 가지 공공성의 특징을 갖추는 것이 가능하다는 것을 의미한다.

이상에서 살펴본 바와 같이, 다양한 조직 중심의 공공성 기준을 정부와의 관련성을 배제하고 협력적 거버넌스에도 적용할 수 있다. 이러한 관점에서 볼 때, 공공성을 조직이나 정부의 특성과 관련된 개념으로 정의하는 것은 부적절하다고 할 수 있다. 협력적 거버넌스에서 공공성은 정부관료제나 정부조직과 같은 특정 조직의 특성과 관련된 것이라기보다는 사회문제를 해결하는 전체적인 체제의 특성과 관련된 것이라고 정의하는 것이 더 적절하다.[31] 정부관료제나 공공조직에 의해 사회문제가 해결되는 경우뿐만 아니라, 민간기업이나 시민단체가 사회문제 해결 과정의 핵심 행위자인 경우에도 이들이 사회문제를 해결하여 공공가치를 달성하는 실질적인 역할을 수행하는 경우에는 이러한 행동이나 노력의 공공성을 인정해야 할 것이기 때문이다.

결론적으로, 협력적 거버넌스를 적절하게 이해하기 위해서는 더 이상 공공성을 정부와 관련된 개념으로 이해하지 말고, '국가와 사회의 모든 구성원에게 두루 관련된 것'이라는 공공성의 사전적인 정의로 돌아가야 한다. 공공성을 '정부와 관련된 것'으로만 이해할 경우에는 기존의 조직적 경계와 정책에 얽매여, 공공가치를 추구하는 새롭고 다양한 노력들을 비공공적인 것으로 간주하고, 결과적으로 불필요한 정부의 개입이나 간섭을 초래하여 사회 전체적인 사회문제 해결의 효율성을 저하시킬 수 있다. 사회문제를 해결하기 위한 다양한 노력을 포괄할 수 있는 새로운 공공성의 개념이 요구된다. 이러한 맥락에서 이 책에서는 네트워크 사회에서의 새로운 공공성을 '새로운 공공가치나 공공목적의 달성을 위한 국가나 사회 구성원의 집합행동이나 공동노력과 관련된 것'이라고 정의한다.

3. 협력적 거버넌스와 책임성

1) 계층제적 책임성과 협력적 거버넌스

책임성은 "한 행위자가 다른 중요한 행위자에게 자신의 행위를 설명하고 정당화할 의무를 갖는 사회적 관계"이다.[32] 공공부문에서 강조되는 책임성은 정부가 무엇을 하겠다고 국민에게 약속했는지, 정부가 무엇을 할 법적 의무가 있는지, 그리고 정부가 무엇을 하고 있는지뿐만 아니라, 국민이 정부에게 기대하고 있는 것은 무엇인지, 국민이 정부가 해야 한다고 생각하는 것은 무엇인지 등의 문제에 답을 하는 것이다.[33]

협력적 거버넌스의 활용 빈도와 사회적 영향력이 급속도로 증가하는 현상이 전 세계적인 추세가 됨에 따라 협력적 거버넌스의 책임성 확보에 관한 문제가 지속적으로 제기되고 있다.[34] 정부와 시장이 실패하는 것과 마찬가지로 공공부문과 민간부문의 다양한 사회 구성원들 사이의 자발적 협력을 핵심으로 하는 네트워크 거버넌스를 주요한 작동기제로 하는 협력적 거버넌스 또한 실패할 수 있기 때문이다.[35]

특히 협력적 거버넌스 실패의 가장 중요한 원인으로 지목되는 것은 책임성 확보의 문제이다. 정부는 계층제적 통제를 통하여 공식적으로 책임성을 확보한다. 그러나 정부와는 달리 협력적 거버넌스의 핵심 구성요소인 네트워크 거버넌스의 경우 공식적 권한을 갖는 조직이 존재하지 않아 계층제적 통제가 이루어지기 어렵기 때문에 책임성을 확보하기가 어렵다.[36]

책임성을 계층제적 관점에서 이해하려는 문화적 편향이 존재한다.[37] 이러한 문화적 편향은 단일방향적인 주인-대리인 관계와 명확하게 정의될 수 있는 명령-통제 관계만이 책임성을 확보할 수 있는 유일한 최선의 방법이라고 무비판적으로 가정한다. 책임성은 처벌을 의미하며, 더 나은 서비스 제공을 위하여 조직은 실수를 적발하고 책임자를 처벌해야 한다는 것이다.[38] 이러한 문화적 편향은 계층제 중독의 또 하나의 전형적인 현상이다.

이러한 문화적 편향의 관점에서 볼 때, 계층제적 책임성 결핍의 문제는 협력적 거버넌스의 치명적 한계가 될 수 있다. 어떤 이유에서든 사회 전체적 차원에서의 책임성의 확보가 어렵다면 협력적 거버넌스는 사회문제를 해결하는 효율적 대안이 될 수 없기 때문이다. 그러나 협력적 거버넌스의 경우 계층제적 통제의 부재가 반드시 책임성의 부재를 의미하는 것은 아니다.

협력적 거버넌스의 핵심요소인 네트워크 거버넌스는 구성원들의 자기규제 및 자기통제 능력에 의해 작동되며, 따라서 전통적 정부조직에서 사용되던 계층제 구조를 통한 통제는 본질적으로 불가능할 수밖에 없다.[39] 또한, 대부분의 경우 협력적 거버넌스는 구성원들의 자발적 참여와 협조에 의존하여 자원을 조달하므로, 자원을 세금에 의존하는 정부조직의 경우와는 달리 재정적 책임성의 문제가 심각하지 않은 경우가 많다.[40]

그러나 협력적 거버넌스 역시 공공가치를 추구하고 사회문제를 해결하는 수단이며 사회적 영향력이 매우 크다는 점에서 고도의 공공성을 갖고, 이러한 이유로 사회 전체에 대한 책임성의 문제로부터 자유로울 수는 없다. 민간부문의 자발적 의지에 의해 이루어지고 따라서 주인-대리인 문제가 거의 존재하지 않는 네트워크 거버넌스에 크게 의존하는 협력적 거버넌스도 사회에 예상하지 못한 막대한 부정적 영향을 얼마든지 끼칠 수 있기 때문이다.

그러므로 선의로 이루어진 협력적 거버넌스라 하더라도 예상하지 못한 부작용을 초래하여 결과적으로 사회문제를 악화시킬 경우 결과에 대한 책임성을 확보할 수 있는 장치가 갖추어져야만 협력적 거버넌스가 정당화될 수 있다. 이러한 이유로 계층제적 통제가 존재하지 않는 협력적 거버넌스의 경우 새로운 형태의 책임성이 강조될 필요가 있으며, 또한 새로운 책임성에 걸맞는 새로운 책임성 확보방안의 강구가 요구된다.

2) 네트워크적 책임성 확보 장치

에이커와 그의 동료들Acar et. al.은 두 가지 이질적인 유형의 책임성을 제시하고, 이를 토대로 협력적 거버넌스에 적합한 책임성 확보방안을 제시한다.[41] 그들에 의하면, 책임성은 크게 '답변가능성으로서의 책임성(AA: accountability as answerability; 이하에서 AA)'과 '기대관리로서의 책임성(AME: accountability as managing expectation; 이하에서 AME)'으로 구분될 수 있다.

여기에서 AA는 통제 측면을 강조하는 책임성으로, 일반적으로 선출직 공무원들에 의하여 이루어지는 공공조직에 대한 감시와 통제를 의미한다. 이는 선출직 공무원들이 주인principal의 자격으로 대리인 agent인 공공조직을 통제하는 것으로, 흔히 행정절차 규제, 성과보고, 예산검토 등의 계층제적 통제 수단에 의해 이루어진다.

이와는 대조적으로, AME는 성과에 대한 조직 내부와 외부 구성원들의 사전적 기대를 통하여 이루어지는 책임성 확보를 의미한다. AME의 핵심은 공공조직의 관리자들로 하여금 조직 환경의 다양한 측면을 면밀하게 고려하여 조직에 대한 책임성 압력을 적절하게 예상하고, 정의하고, 대응하여 조직에 대한 외부 환경의 기대에 적절하게 부응할 수 있도록 유도하는 방안을 강구하는 것이다.

두 가지 유형의 책임성은 모두 원래 계층제 조직을 대상으로 한 연구에서 유래한 것이다. 하지만 이중에서 AME는 계층제 구조를 갖추고 있지 않은 협력적 거버넌스에서도 유용하게 활용될 수 있다. 두 가지 책임성 유형에 대한 논의를 통하여 협력적 거버넌스에서 유용하게 활용될 수 있는 책임성을 생각해보면 다음과 같다. 주인-대리인 관계를 기초로 한 통제를 핵심으로 하는 AA는 명확한 주인-대리인 관계가 존재하지 않고, 직접 책임을 져야 할 뚜렷한 선거구민이 존재하지 않으며, 계층제 구조를 갖추고 있지 않은 협력적 거버넌스의 경우 적절하지 않다. 다양한 구성원들의 자발적 협조를 핵심으로 하는 협력적 거버넌스에서 중요한 것은 통제가 아니라 구성원들의 상호이해와 협조를 바탕으로 하는 '대화를 통한 상호조정'이다.[42] 그리고 AME는 대화를 통한 상호조정을 촉진하는 역할을 한다.

또한, 베너와 그의 동료들Benner et. al.은 선출직 공무원에 의한 계층제적 통제에 의존하는 전통적 책임성 확보장치가 아니라 새롭고 다양한 장치에 의존하는 "복합 책임성 확보 체제pluralistic system of accountability"의 필요성을 강조한다.[43] 협력적 거버넌스에서 나타나는 다양한 유형의 협력을 고려한다면, 이러한 복합적 접근이 필요하다는 사실을 쉽게 이해할 수 있다. 그들에 의하면, 협력적 거버넌스와 같이 다양한 구성원이 참여하는 복잡하고 제도화의 정도가 낮은 느슨한 협력체제에서는 (i) 전문직업적·동료 책임성professional·peer accountability, (ii) 대중적 평판 책임성public reputational accountability, (iii) 시장 책임성market accountability, (iv) 재정·회계적 책임성fiscal·financial accountability, (v) 법적 책임성legal accountability 등 네 가지의 책임성 확보장치가 복합적으로 활용되어야 한다.

이를 간략하게 설명하면 다음과 같다. 첫째, 협력적 거버넌스의 다양한 참여자들은 자신들이 속한 집단의 전문직업적 윤리나 규범 그리고 동료들의 인식이나 평가에 크게 영향을 받는다. 그러므로 협력적 거버넌스에서는 전문가·동료의 명시적·암묵적 압력을 통한 책임성 확보가 매우 효과적이다. 전문직업적·동료 책임성은 공동의 공공가치를 추구하며 협력관계를 맺고 있는 파트너들의 성과에 대한 상호감시를 기초로 이루어지며, 비록 공식적 강제력을 갖지는 않으나 단순한 '지목과 모욕naming and shaming'만으로도 강력한 실질적 영향력을 갖는 부드럽고 효과적인 책임성 확보 수단이다.[44]

이는 일반적으로 공식적 제재가 존재하지 않는 수평적 책임성 확보 체계에서 널리 사용되며, 협력적 거버넌스에서도 가장 강력한 책임성 확보 수단이라고 할 수 있다.[45]

둘째, 정부와는 달리 협력적 거버넌스의 구성원들은 대부분 자신들의 활동 성과에 대한 대중적인 평가에 매우 민감하게 반응한다. 그러므로 대중적 인정이나 비난 등이 중요한 책임성 확보 수단이 된다.

셋째, 협력적 거버넌스 참여자들 중 상당수를 차지하는 시장에서 활동하는 기업은 협력적 거버넌스의 성과에 따라 달라지는 소비자의 반응에 민감할 수밖에 없다. 이러한 경우 시장은 유용한 책임성 확보 장치로 작동한다. 예를 들어, 기업의 공익을 위한 순수한 의도에서의 협력적 거버넌스 참여가 기업의 매출에 실질적 영향을 주는 경우 기업은 공익적인 목적뿐만 아니라 이윤극대화를 추구하는 사익적인 이유 때문에도 협력적 거버넌스 참여 성과에 관심을 갖지 않을 수 없게 된다.

넷째, 협력적 거버넌스 참여자들은 조직 내부적으로 자원활용에 대한 재정·회계적 책임을 진다. 이 경우 자원을 제공한 기부자나 회원들과 네트워크 참여자들은 주인-대리인 관계와 유사한 관계를 갖게 된다. 따라서 자발적으로 자원을 조달하는 협력적 거버넌스의 경우에도 조직 단위별 재정·회계적 통제가 유용한 책임성 확보 수단이 될 수 있다.

마지막으로, 협력적 거버넌스 참여자들 또한 자신들의 행동에 대한 법적 책임을 져야 하는 독립적인 법인체이므로 법적 제재의 대상이 될 수 있다. 구속력을 갖는 통제나 계약보다 자발적 협력을 기본으로 하는 협력적 거버넌스의 경우 법적 제재는 다른 책임성 확보 장치에 비하여 상대적으로 중요성이 낮다고 할 수 있다. 하지만 기본적으로 모든 사회활동이 법의 테두리 안에서 이루어질 수밖에 없다는 측면에서 본다면, 법적 책임성이 다른 책임성 확보 수단에 비해 결코 중요성이 낮다고 할 수 없다. 한편 협력적 거버넌스에서 공식적 계약이나 협약 등 법적 책임이 수반되는 협동 방식의 비중이 커지면 법적 책임성의 중요성도 증가하게 된다. 또한, 미국과 같이 비영리 시민단체에 대한 세제혜택 등 각종 특혜가 주어지는 경우, 법적 책임성은 더욱 중요한 책임성 확보 수단으로 작용하게 된다.

3) 새로운 책임성 확보 가능성

이상에서 살펴본 바와 같이, 정부와 공공부문뿐만 아니라 시장을 포함한 민간부문의 다양한 참여자들의 자발적 참여를 통하여 사회문제를 해결하기 위한 고도의 공공성을 갖는 활동을 수행하는 협력적 거버넌스의 경우 주인-대리인 관계에서의 통제를 위주로 하는 전통적인 계층제적 책임성은 큰 의미가 없다. 그러나 공공가치를 추구하고 사회문제를 해결하며 사회적으로 지대한 영향력을 행사하는 협력적 거버넌스 또한 자신의 활동과 성과에 대하여 반드시 책임을 질 필요가 있다.

협력적 거버넌스에 대한 일반적인 우려와는 달리 계층제적 통제의 부재가 책임성의 부재를 의미하는 것은 아니다. 이러한 우려가 바로 계층제 중독의 전형적인 현상이다. 협력적 거버넌스에서는 다양한 책임성 확보 수단이 자발적이고 복합적인 방법으로 작용하며, 이들을 통한 책임성 확보가 얼마든지 가능하다. 계층제적 통제가 가장 적절한 책임성 확보 수단이라는 생각은, 정부가 가장 효율적이고 유일한 사회문제 해결 방식이며 공공성은 정부와 관련된 것이라는 인식과 맥락을 같이 하는 일종의 '신화myth'라고 할 수 있다.

협력적 거버넌스가 주목을 받게 된 것은 바로 계층제적 통제를 핵심으로 하는 정부에 의한 사회문제 해결의 효율성 및 책임성에 대한 근본적인 회의가 제기되었기 때문이다.[46] 정부실패를 극복하고 복잡한 사회문제를 효과적으로 해결하기 위하여 협력적 거버넌스의 본질과 가능성 및 한계에 대한 이해와 이를 토대로 한 공공성과 책임성에 대한 새로운 접근이 절실하게 요구된다.

4. 새로운 행정학의 정체성

21세기 네트워크 사회의 특징이라고 할 수 있는 복잡하고 해결하기 어려운 '사악한' 사회문제의 해결 방법으로 전 세계적인 주목을 받고 있는 협력적 거버넌스는 행정학의 학문적 정체성, 그리고 행정과 공공성에 대한 새로운 이해와 정의를 요구한다. 행정을 정부관료제나 정부조직의 관리와 정부의 독점적이고 중앙집권적인 사회문제 해결에만 국한하여 정의하지 않고, 사회문제를 해결하기 위해 필요한 다양한 사회 구성원과 조직들 간의 집합행동과 관련된 문제로 정의함으로써 행정학은 학문적 정체성을 확실하게 확보할 수 있다. 사회문제를 해결할 수 있는 새로운 방안을 강구하고 이를 실천에 옮기는 구체적인 방법을 제시하여 사회 구성원들의 자발적 참여와 다양한 유형의 협력적 거버넌스를 유도하고 관리하는 것이 네트워크 사회 행정학의 새로운 학문적 정체성이다.

행정과 행정학을 이와 같이 새롭게 정의하는 경우, 정부조직 등 공공조직이 아니라 민간기업이나 시민단체, 또는 일반시민들에 의해 자발적으로 공공서비스가 제공되는 경우에도 민간기업, 시민단체 그리고 일반 개인들의 사회문제를 해결하기 위한 집합행동 또는 집합적 노력은 공공성을 지니는 행동, 즉 행정으로 분류된다. 공공성은 더 이상 '정부와 관련된 것'에 국한되는 것이 아니라, 사전적인 정의로 회귀하여 '새로운 공공가치나 공공목적의 달성을 위한 국가나 사회 구성원의 집합행동이나 공동 노력과 관련된 것'으로 정의된다.

이러한 정의에 의하면, 사회문제를 해결하기 위한 기업이나 일반시민 등 민간부문 행위자의 활동은 비공공적인non-public 것이 아니라 공공적인 것이 된다. 이들이 사회문제를 해결하는 과정에서 필요한 지식이나 정보는 시장에서의 민간기업이나 일반시민들의 활동이나 상호작용에 대한 연구를 통하여 적절하게 제공될 수 없다. 공공가치와 공공성 그리고 공공가치 달성을 위한 집합행동을 대상으로 하는 연구가 필요하다. 기업이나 소비자들의 사회문제 해결을 위한 활동은 경영학이나 사회학의 연구대상이 아니라 행정학의 연구대상인 것이다.

협력적 거버넌스는 정부의 공식적 권위에 의존하지 않는 사회문제 해결 방법을 의미하고, 협력적 거버넌스에서의 공공성은 정부와 관련된 것만을 의미하지 않는다. 그러나 이러한 사실이 정부가 역할을 완전히 상실하는 무정부 상태를 말하는 것은 아니다. 협력적 거버넌스가 강조하는 다양한 사회 구성원들로 구성된 자발적 협력 네트워크에서도 정부는 여전히 중요한 역할을 담당하여야 한다.

공식적 권위에 근거하는 계층제적 통제에 의존하지 않는 것이 협력적 거버넌스의 본질이므로 민간부문도 얼마든지 협력적 거버넌스를 관리하는 역할을 수행할 수 있고, 이러한 사례도 많이 보고되고 있다. 그러나 정부의 본질적 임무가 사회문제를 해결하는 것이고 또한 정부만이 사회문제 해결을 위한 공식적 권위를 가진 유일한 존재이므로, 네트워크 사회의 복잡한 사회문제를 해결하기 위해서 정부는 다양한 방법을 동원하여 협력적 거버넌스를 효율적으로 조정하고 관리하는 역할을 적극적으로 수행하여야 한다. 특히, 직접적으로 통제할 수 없는 협력적 거버넌스의 성과에 대한 책임을 져야 한다는 점에서 정부의 역할은 줄어드는 것이 아니라 오히려 이전보다 훨씬 더 복잡하고 어려워지는 것이라고 할 수 있다.

결론적으로, 행정학의 중요한 현실적 과제는 협력적 거버넌스의 가능성과 한계를 정확하게 이해하고 인정하는 것이라고 할 수 있다. 정부 중심의 전통적인 공공성 정의와 통제 위주의 전통적인 책임성 개념으로 협력적 거버넌스를 이해하고 관리하는 것은 적절하지 않다.[47] 정부조직에 얽매이지 않는 새로운 공공성과 책임성의 정의를 확립하고, 다양한 유형의 협력적 거버넌스의 가능성을 인정하고, 다양한 협력적 거버넌스를 활용하여 사회문제를 해결하고 협력적 거버넌스의 책임성을 확보할 수 있는 새로운 방안을 전향적으로 탐색하는 것이 행정학의 당면과제인 것이다.

협력적 거버넌스를 추진하고 관리하는 것이 바로 이 책의 7장에서 논의된 메타거버넌스의 핵심적 내용이다. 따라서 행정학의 당면과제는 더 이상 계층제적인 방법으로 통제할 수는 없으나 성과에 대해 어떤 형태로든 책임을 져야 하는 협력적 거버넌스를 통한 사회문제 해결 과정의 거버넌스, 즉 메타거버넌스를 위한 정부와 민간부문의 새로운 전문성과 역할에 대한 연구라고 할 수 있다.

미주

1)   이 장은 이명석, "협력적 거버넌스와 공공성," 〈현대사회와 행정〉, 20:2(2010): 23-53의 내용을 토대로 재구성한 것임.

2) 이명석, "신거버넌스와 공공성," 윤수재·이민호·채종헌 편저, 《새로운 시대의 공공 성연구》, (서울: 법문사, 2008): 488-514.

3) 이명석, "행정학의 패러다임과 거버넌스," 〈국정관리연구〉, 2:2(2007): 5-30, pp.22-26.

4) 이명석, "신거버넌스와 공공성."

5) Udo Pesch, "The Publicness of Public Administration," *Administration & Society*, 40:2(2008): 170-193, p.170.

6) David Coursey and Barry Bozeman, "Decision Making in Public and Private Organizations: A Test of Alternative Concepts of "Publicness"," *Public Administration Review*, Sept/Oct: (1990): 525-535; Barry Bozeman and Stuart Bretschneider, "The "Publicness Puzzle" in Organization Theory: A Test of Alternative Explanation of Differences Between Public and Private Organizations," *Journal of Public Administration Research and Theory*, 4:2(1994): 197-224; Marianne Antonsen and Torben Beck Jørgensen, "The 'Publicness' of Public Organizations," *Public Administration*, 75(1997): 337-357; David Demortain, "Public Organizations, Stakeholders and the Construction of Publicness Claims and Defence of Authority in Public Action," *Public Administration*, 82:4(2004): 975-992; Jean-Claude Thoenig, "Rescuing Publicness from Organization Studies," *Gestió y Poliica Púlica*, 15:2(2006): 229-258.

7) Barry Bozeman and Stuart Bretschneider, "The "Publicness Puzzle" in Organization Theory: A Test of Alternative Explanation of Differences Between Public and Private Organizations," p.197.

8) 앞의 논문, p.206.

9) 앞의 논문, pp.340-341.

10) Jean-Claude Thoenig, "Rescuing Publicness from Organization Studies."

11) David Coursey and Barry Bozeman, "Decision Making in Public and Private Organizations: A Test of Alternative Concepts of "Publicness"," p.525.

12) M. Shamsul Hague, "The Diminishing Publicness of Public Service under the Current Mode of Governance," *Public Administration Review*, 61:1(2001): 65-82, pp.67-74.

13) Janet Newman, "Rethinking 'The Public' in Troubled Times," *Public Policy*

and Administration, 22:1(2007): 55-75, pp.66-71.

14) 이명석, "신거버넌스와 공공성."

15) Janet Newman, "Rethinking 'The Public' in Troubled Times," p.57.

16) M. Shamsul Hague, "The Diminishing Publicness of Public Service under the Current Mode of Governance."

17) Udo Pesch, "The Publicness of Public Administration," p.186.

18) 여기에서 "'새로운' 공공성"이란 '기존에 존재하지 않던 공공성'을 의미하는 것이 아니라 '본래적인 의미, 또는 사전적 의미의 공공성'으로의 회귀를 의미한다.

19) 빈센트 오스트롬은 이러한 의미에서 행정을 사회문제를 해결하는 "공공 노력public enterprise"이라고 정의한다. 한편, 이와 유사한 맥락에서 카타오카Kataoka는 행정을 "집합적 노력collective enterprise"이라고 정의하고 있다. 자세한 내용은 Vincent Ostrom, *Intellectual Crisis in American Public Administration*. (Tuscaloosa, AL: University of Alabama Press, 1989); Hiromitsu Kataoka, "What is Public? In Search of Authenticity Beyond NPM," *International Review of Public Administration*, 5:2(2000): 1-7 참조할 것.

20) 이명석, "행정학의 이해," 성균관대학교 사회과학연구소 편,《사회과학으로의 초대》, (서울: 성균관대학교 출판부, 2007): 148-216.

21) Nicholas Henry, "Paradigms of Public Administration," *Public Administration Review*, July/August(1975): 378-386.

22) 이명석, "행정학의 패러다임과 거버넌스,"〈국정관리연구〉, 2:2(2007): 5-30, pp.8-9.

23) Stephen Goldsmith and William D. Eggers, *Governing by Network: The New Shape of Public Sector;* Janet Newman, "Rethinking 'The Public' in Troubled Times," pp.56-58.

24) Hiromitsu Kataoka, "What is Public? In Search of Authenticity Beyond NPM," p.1.

25) Barry Bozeman and Stuart Bretschneider, "The "Publicness Puzzle" in Organization Theory: A Test of Alternative Explanation of Differences Between Public and Private Organizations," p.525.

26) 이명석, "거버넌스의 개념화: 사회적 조정으로서의 거버넌스,"〈한국행정학보〉, 36:4(2002): 321-338.

268

27) Marianne Antonsen and Torben Beck Jørgensen, "The 'Publicness' of Public Organizations," p.354.

28) M. Shamsul Hague, "The Diminishing Publicness of Public Service under the Current Mode of Governance," pp.354-355.

29) 물론 협력적 거버넌스 구성원들의 경우 대표성의 원칙이나 독점적 특징을 갖추는 것이 쉽지 않다. 그러나 다양한 사회문제를 해결하기 위한 협력적 거버넌스가 존재하는 경우 사회 전체적인 차원에서 대표성의 확보가 어느 정도 가능할 수 있다. 또한, 독점성의 경우 정부와 관련된 특성 중 바람직하지 않은 특성이라고 할 수 있으므로 이를 기준으로 공공성을 판단하는 것 자체가 적절하지 않을 수 있다는 점에서 큰 문제가 아니라고 할 수 있다.

30) 또한, 강제적으로 징수되는 세금을 통하여 사회문제 해결에 필요한 자원을 확보하는 정부와는 달리 협력적 거버넌스의 경우 대부분 구성원들의 자발적 협조에 의해 조달되는 자원을 활용한다는 점을 고려한다면, 협력적 거버넌스는 공공책임성, 특히 재정적 공공책임성의 측면에서 정부보다 훨씬 큰 강점을 갖는다고 할 수 있다.

31) David Demortain, "Public Organizations, Stakeholders and the Construction of Publicness Claims and Defence of Authority in Public Action," p.976.

32) Yannis Papadopoulos, "Political Accountability in Network and Multi-Level Governance," Paper prepared for the Conference "Linking European, National and Subnational Levels of Governance: Drawing Lessons from Structural Funds, Regional and Environmental Policy" of "Connex" Network of Excellence, Panteion University, Athens, May 5-7, 2005, p.2.

33) Kevin P. Kerns, *Managing for Accountability: Preserving the Public Trust in Public and Nonprofit Organizations*, (San Francisco: Jossey-Bass, 1996).

34) 이명석, "신거버넌스와 공공성."

35) John Dixon and Rhys Dogan, "Hierarchies, Networks and Markets: Responses to Societal Governance Failure," *Administrative Theory & Praxis*, 24:1(2002): 175-196.

36) Thorsten Benner, Wolfgang H. Reinicke and Jan Martin Witte, "Multisectoral Networks in Global Governance: Towards a Pluralistic System of Accountability," *Government and Opposition: An International Journal of Comparative Politics*, 39:2(2004): 191-210; Kees van Kersbergen and Frans van Waarden, "'Governance' as a Bridge Between Disciplines: Cross-

Disciplinary Inspiration Regarding Shifts in Governance and Problems of Governability, Accountability and Legitimacy," *European Journal of Political Research*, 43(2004): 143-171.

37) Gordon P. Whitaker, Lydian Altman-Sauer and Margaret Henderson, "Mutual Accountability between Governments and Nonprofits," *American Review of Public Administration*, 34(2004): 115-133, p.118.

38) Robert D. Behn, *Rethinking Democratic Accountability*, (Brookings Institution Press, 2001), p.3.

39) Eva Sørensen and Jacob Torfing, "The Democratic Anchorage of Governance Networks," *Scandinavian Political Studies*, 28:3(2005): 195-218, p.202.

40) 협력적 거버넌스의 구성원인 공공 조직이나 민간조직의 경우, 내부적으로 재정적 책임성의 문제가 발생할 수 있다. 예를 들어, 자발적으로 제공된 기부금을 재원으로 협력적 거버넌스에 참여한 민간조직의 경우 기부금 제공자에게 일종의 재정적 책임을 지게 할 수 있다. 그러나 이러한 조직들이 자발적으로 이루어진 기부금을 활용하여 협력적 거버넌스에 자발적으로 참여하고 자원을 제공하는 한, 협력적 거버넌스 전체 차원의 재정적 책임성은 크게 중요하지 않다고 할 수 있다.

41) Muhittin Acar, Chao Guo and Kaifeng Yang, "Accountability When Hierarchical Authority Is Absent: Views From Public Private Partnership Practitioners," *The American Review of Public Administration*, 38:1(2008): 3-23.

42) Nancy C. Roberts, "Keeping Public Officials Accountable through Dialogue: Resolving the Accountability Paradox," *Public Administration Review*, 62(2002): 658-669; Stephen Page, "Measuring Accountability for Results in Interagency Collaboratives," *Public Administration Review*, 64(2004): 591-606; Gordon P. Whitaker, Lydian Altman-Sauer and Margaret Henderson, "Mutual Accountability between Governments and Nonprofits," *American Review of Public Administration*, 34(2004): 115-133.

43) Thorsten Benner, Wolfgang H. Reinicke and Jan Martin Witte, "Multisectoral Networks in Global Governance: Towards a Pluralistic System of Accountability," *Government and Opposition: An International Journal of Comparative Politics*, 39:2(2004): 191-210, pp.199-200.

44) Yannis Papadopoulos, "Political Accountability in Network and Multi-Level Governance," pp.8-9.

45) Thorsten Benner, Wolfgang H. Reinicke and Jan Martin Witte, "Multisectoral Networks in Global Governance: Towards a Pluralistic System of Accountability," pp.199-200.

46) 이명석, "거버넌스의 개념화: 사회적 조정으로서의 거버넌스," 〈한국행정학보〉, 36:4(2002): 321-338. p.335.

47) 이명석, "거버넌스에서 정부로?: 한국장기이식 거버넌스 사례를 중심으로," 〈한국정책분석평가학회보〉, 16:3(2006): 195-220.

제9장

거버넌스
이론의 과제

정부[에 의한 문제해결이]라는 고정관념
은 결코 쉽게 사라지지 않는다.

－마크 베버Mark Bevir,
　《거버넌스: 아주 짧은 입문서》에서

우리는 아직도 자연자원체계를 관리하는
과정에서 … 왜 어떤 제도는 잘 작동하지
만 다른 제도는 그렇지 못한지 이유를 이
해하는 데 필요한 지적 도구나 모형을 갖
고 있지 않다. … 사회과학이 정책문제 분
석에 필요한 적실성을 갖기 위해서는, 넓
은 분야를 묘사하는 모형을 개발하기 위
한 노력과 넓은 분야 안에 존재하는 특정
상황을 설명하는 모형을 개발하기 위한
노력이 통합되어야 한다.

－엘리노어 오스트롬Elinor Ostrom,
　《공유재 관리하기》에서

1. 새로운 행정학 이론으로서의 거버넌스 이론

1) 급증하는 거버넌스 인기

정부의 계층제적 통제 권한이나 간섭에 의존하지 않고 사회구성 단위 스스로 협력을 통하여 사회문제를 해결할 수 있는 가능성에 대한 관심 때문에 거버넌스의 인기가 급증하였다. 앞서 충분히 설명된 바와 같이, 네트워크 거버넌스는 (i) 정부와 민간의 행위자와 조직이 공공문제 해결에 함께 참여하고, (ii) 사회·경제적 문제 해결의 주체와 책임의 경계가 모호해지고, (iii) 사회·경제적 문제 해결을 위한 집합행동에 참여하는 주체 사이의 권력의존관계가 중요하고, (iv) 문제 해결 주체 사이의 자율적 네트워크가 존재하며, 그리고 (v) 정부의 공식적 권위와 강제력에 의존하지 않고 사회문제를 해결할 수 있는 역량이 존재한다는 것을 의미한다.[1] 즉, 거버넌스에 대한 관심은 계층제적 권위에 의존하지 않는 새로운 사회적 조정 양식인 네트워크 거버넌스에 대한 관심을 말한다.

새로운 사회적 조정 양식인 네트워크 거버넌스는 신뢰, 상호이해, 호혜성, 비공식성, 협력, 상호조정, 공유된 윤리적·도덕적 헌신, 공유된 목적, 의사소통 등의 특징을 갖는다. 특히, 현실의 사회문제 해결에서 활용되는 다양한 협력적 거버넌스에서 네트워크 거버넌스가 차지하는 중요성에 주목할 필요가 있다.[2]

이 책의 제5장에서 설명된 바와 같이, 사회적 조정 양식으로서의 네트워크 거버넌스에서 중요한 것은 사회적 조정을 수행하는 '행위자'가 아니라 사회적 조정이 이루어지는 '방식'이다. '정부에 의존하지 않는다'는 것은 공식적 권위에 의한 강제력에 의존하지 않는다는 것을 의미하는 것이지, 정부조직이나 부처가 아닌 행위자들만의 협력을 의미하는 것은 아니다. 그러므로 중앙정부의 계층제적 통제 없이 이루어지는 다양한 정부 부처나 다양한 수준의 지방정부 간의 협력도 네트워크 거버넌스라고 할 수 있다. 최근 들어 다양한 행위자 사이의 협력의 불가피성과 효용성이 부각되면서 네트워크 거버넌스에 대한 관심이 크게 증가하고 있다.

이 책에서는 개념상의 명확성을 위하여 이렇게 정의되는 새로운 사회적 조정 양식 또는 새로운 거버넌스의 이념형ideal type을 '네트워크 거버넌스', 네트워크 거버넌스가 현실에서 실제로 활용되는 다양한 유형의 거버넌스의 혼합을 '협력적 거버넌스', 그리고 협력적 거버넌스를 유도하고 관리하는 것을 '메타거버넌스'라고 각각 정의하였다. 이와 같이 정의할 경우, 네트워크 거버넌스와 협력적 거버넌스 그리고 메타거버넌스를 다루는 이론을 '거버넌스 이론'이라고 할 수 있다.

2) 거버넌스 이론과 관료제 패러다임

그렇다면 이렇게 인기가 증가하고 있는 거버넌스를 다루는 거버넌스 이론의 특징은 무엇인가? 관료제 패러다임의 특징과의 대비를 통하여 독자적 이론으로서의 거버넌스 이론의 정체성을 보다 명확하게 파악할 수 있다.

관료제 패러다임의 특징을 간단하게 요약하면, '계층제를 통한 정부조직 구성'과 '중앙집권적 행정체제를 통한 사회문제 해결'이라고 할 수 있다.[3] 앞서 언급되었던 것 처럼, 킹과 맥스와이트King and McSwite는 복잡하고 어려운 공공문제를 해결할 능력이 부족한 일반시민을 대신하여 유능한 지도자가 공공문제를 해결하는 것이 불가피하고, 따라서 일반국민의 실질적인 행정참여는 현실에서는 불가능한 환상에 불과하다는 것이 전통적 행정학의 기본가정이라고 설명한다.[4] 이러한 기본가정에 근거하는 관료제 패러다임은 전문지식을 가진 직업관료들로 구성된 효율적 관료제에 의한 중앙집권적 사회문제 해결의 필요성을 강조한다.

또한 관료제 패러다임은 관료제에 대한 민주적 통제의 필요성에 관심을 가진다.[5] 일반 국민의 실질적 참여가 어려운 관료제를 통한 사회문제 해결의 정당성을 확보하기 위하여 관료제에 대한 적절한 통제방안이 필요하다는 것이다. 요컨대, 전통적 행정학의 기초가 되는 관료제 패러다임의 핵심 연구과제는 관료제의 역량강화 방안과 관료제에 대한 민주적 통제 가능성 제고 방안을 마련하는 것이다.[6]

이와는 대조적으로, 거버넌스 이론은 계층제를 갖춘 행정체제에 의한 중앙집권적 사회문제 해결을 주장하는 관료제 패러다임과 상반되는 기본가정에서 출발한다.[7] 사회가 복잡해지면서 중앙정부를 포함한 어느 행위자도 독자적으로는 해결할 수 없는 사회문제가 증가하고, 이러한 사회문제를 해결하기 위해서 다양한 사회 구성원들 간의 '복잡한 협력 네트워크'가 필요하게 되었다.[8] 거버넌스 이론의 핵심 연구과제는 다양한 사회 구성원들의 수평적이고 자발적인 협력을 통한 사회문제 해결가능성 탐구이지, 정부 관료제의 역량강화나 민주적 통제 가능성 제고 방안 탐구가 아니다.

이러한 거버넌스 이론의 관점에서 볼 때, 대부분의 행정학 이론들은 관료제 패러다임의 근본가정을 암묵적으로 인정하고 전통적 행정체제의 한계를 보완하기 위한 대안을 제시하는 것에 불과하다고 할 수 있다.[9] 예를 들어, 제3장에서 다루어진 좋은 거버넌스는 '거버넌스'라는 단어를 사용하고 있음에도 불구하고 주된 관심사가 관료제의 역량, 투명성, 민주적 통제, 부패방지 등이다. 즉, '수평적 협력 네트워크가 잘 이루어지는 것'이 좋은 거버넌스인 것이 아니라, '역량을 갖춘 정부에 대한 민주적 통제가 잘 이루어지고 있는 것'이 좋은 거버넌스인 것이다. 그리고 이것이 바로 전통적 행정학의 관료제 패러다임의 특징이다.

거버넌스 이론에 대한 전통적 행정학 이론의 가장 큰 비판은 중심적 존재의 부재로 책임성 확보가 불가능하다는 것이다.[10] 전통적 행정학의 관료제 패러다임은 정부관료제의 조직 내부관리 책임성과 사회문제 해결 책임성을 확보하기 위하여 계층제적 통제가 필수적이라고 가정한다. 그러나 정부의 계층제적 통제에 의존하지 않는 사회문제 해결 가능성을 강조하는 거버넌스 이론에서 계층제적 통제를 통한 책임성 확보 수단 부재는 전혀 중요한 문제가 아니다. 이 책의 제8장에서 논의된 바와 같이, 계층제적 통제 없이도 사회문제 해결의 책임성을 확보할 수 있는 다양한 방법이 존재한다.[11] 따라서 다양한 사회 구성원들 사이의 수평적이고 자발적인 협력에 초점을 두는 거버넌스 이론에서 책임성 확보를 위한 계층제적 통제는 중요하지 않다.

3) 코페르니쿠스적 사고의 전환

관료제 패러다임과 거버넌스 이론은 완전히 차별화되는 특성을 갖는다.[12] 거버넌스 이론은 정부에 의존하지 않는 새로운 사회문제 해결 방식을 제시하고 있다는 점에서 빈센트 오스트롬이 말하는 코페르니쿠스적 사고의 전환이라고 할 수 있다. 그러나 거버넌스 이론을 관료제 패러다임이 전혀 유용하지 않으므로 완전히 용도폐기되어야 한다는 주장으로 이해하는 것은 적절하지 않다.

빈센트 오스트롬이 강조하는 전통적 행정학의 실수는 관료제 패러다임이 모든 정부에 언제나 적용될 수 있는 좋은 행정을 구현하기 위한 '유일무이한 최선의 대안'이라고 주장한 것이다.[13] 관료제 패러다임이 주장하는 계층제적이고 중앙집권적인 통제는 언제나 그리고 어떤 조건에서도 모든 사회문제를 성공적으로 해결할 수 있는 '만병통치약panacea'이 결코 아니다. 특정한 사회문제만을 성공적으로 해결할 수 있는 맞춤특효약인 것이다.

모든 사회문제를 언제나 성공적으로 해결할 수 있는 만병통치약과 같은 해결책은 존재하지 않는다. 다양한 제도적 장치의 혼합으로 이루어지는 '다양한 유형'의 다중심체제polycentricity를 통하여 사회문제가 효율적으로 해결될 수 있다. 요컨대, 다양한 사회문제를 해결하기 위해서는 계층제적이고 중앙집권적인 통제를 포함하는 다양한 방법이 필요하다는 것이 빈센트 오스트롬의 주장의 핵심이다.

거버넌스 이론의 주장도 마찬가지이다. 거버넌스 이론 또한 제3의 사회적 조정 양식인 네트워크가 사회문제를 언제나 가장 효율적으로 해결할 수 있는 최선의 대안이라고 주장하지 않는다. 계층제 거버넌스가 이제는 완전히 용도폐기되어야 한다고도 주장하지 않는다. 거버넌스 이론이 주장하는 것은 계층제 거버넌스, 시장 거버넌스 그리고 네트워크 거버넌스 등 3가지 사회적 조정 양식의 혼합mix으로 이루어지는 다양한 유형의 협력적 거버넌스가 필요하다는 것이다. 이처럼 계층제 거버넌스가 유일무이한 최선의 사회문제 해결 방법이라는 전통 행정학의 기본가정을 부정한다는 점에서 거버넌스 이론은 빈센트 오스트롬이 말하는 코페르니쿠스적 사고의 전환이라고 할 수 있다.

2. 제1세대 거버넌스 이론과 제2세대 거버넌스 이론

1) 기술記述 이론으로서의 제1세대 거버넌스 이론

네트워크 거버넌스, 특히 협력적 거버넌스는 규범적 처방이나 이론이 아니라 경험적으로 관찰되는 현상이다.[14] 프레드릭슨과 스미스 Frederickson and Smith는 경험적 관찰에 근거하는 것이 거버넌스 이론의 특징이자 강점이라고 설명한다.[15] 미국을 포함한 많은 나라에서 이미 공공문제가 국가, 중앙정부, 지방정부, NGO 등으로 구성된 복잡한 망상조직web을 통하여 해결된다.[16] 유럽의 경우에도 정부는 더 이상 자신의 정책적 의지를 일방적으로 강제할 수 있는 지배적 존재가 아니다.[17] 시민사회는 더 이상 정부의 중앙집권적 계획을 통한 사회문제 해결을 용인하지 않는다.

유럽의 경제위기는 정부의 효율성 제고 방안에 대한 논의뿐만 아니라, 정부가 주도하는 중앙집권적이고 하향적인 사회문제 해결 방법의 근본적인 한계, 즉 거버넌스문제에 대한 인식의 전환을 촉발하였다. 이러한 변화된 인식에 근거하여 유럽에서는 다양한 사회 구성원들이 다양한 방법으로 사회문제 해결에 참여하는 현상이 나타났고, 거버넌스 이론은 이러한 새로운 현상을 설명하고 있다. 이러한 의미에서 거버넌스는 이론적인 가설이나 주장이 아니라 변화하는 상황에서 발견된 경험적인 사실을 객관적으로 기록한 것 또는 '기술 이론 descriptive theory'이라고 할 수 있다.[18]

소렌슨과 토핑Sørensen and Torfing은 기술 이론인 제1세대 거버넌스 이론의 특징을 (i) 다양하게 활용되고 있는 네트워크 거버넌스의 실체와 현황을 보여주고, (ii) 네트워크 거버넌스의 사회적 조정 기제로서의 특징을 보여주며, (iii) 계층제나 시장과 차별화되는 네트워크 거버넌스의 장점을 부각시키는 데 초점을 두는 것이라고 설명한다.[19]

2) 집합행동과 제2세대 거버넌스 이론

네트워크 거버넌스를 주요한 구성요소로 하는 협력적 거버넌스는 이질적인 이해관계를 갖는 다양한 사회 구성원들의 공동작업을 필요로 하고, 따라서 집합행동의 문제에 취약할 수밖에 없다.[20] 비록 협력적 거버넌스가 사회문제 해결 과정에서 집합행동이 성공적으로 이루어지는 새로운 경험적 사실이라고는 하지만, 협력적 거버넌스가 항상 사회문제를 성공적으로 해결할 수 있는 것은 아니다. 그러므로 협력적 거버넌스의 출현과 성공의 조건, 즉 사회문제 해결을 위한 다양한 행위자 사이의 집합행동의 조건을 설명할 수 있는 "제2세대 거버넌스 이론second generation governance theory"이 요구된다.[21] 특히, 사회문제를 성공적으로 해결하기 위해서 사회 구성원의 수평적이고 자율적인 조정이 필요한 새로운 상황에 적합한 정부의 사회문제 해결 역할과 역량을 설명할 수 있는 새로운 이론이 필요하다.

공공부문의 경우 계층제적 사회문제 해결 방식의 오랜 전통 또는 관행과 네트워크 거버넌스를 활용하는 협력적 거버넌스를 통한 사회문제 해결의 현실적인 가능성에 대한 의구심 등 다양한 요인에 의해, 협력적 거버넌스가 효율적인 경우에도 소위 '정부에서 거버넌스로'의 변화는 자동적으로 나타나지 않을 가능성이 있다.[22] 따라서 사회문제가 협력적 거버넌스에 의해 해결될 수 있는 조건, 협력적 거버넌스로의 전환을 저해하는 요인, 그리고 협력적 거버넌스의 한계와 실패 등에 대한 심층적이고 체계적인 연구가 요구된다.

거버넌스 이론에서 무엇보다 중요한 것은 협력적 거버넌스의 핵심적 구성요소인 네트워크 거버넌스의 성공과 실패를 좌우하는 조건을 탐구하는 것이다. 소렌슨과 토핑은 제2세대 거버넌스 이론의 주요 연구과제로, (i) 네트워크 거버넌스가 실패하는 원인과 메커니즘, 그리고 성공의 조건, (ii) 자기규제적 성격을 갖는 네트워크 거버넌스에 대한 정부의 조정 방법, 그리고 (iii) 네트워크 거버넌스의 잠재력과 민주적 한계 등을 제시한다.[23]

요컨대, 협력적 거버넌스의 성공조건에 대한 보다 체계적인 연구가 거버넌스 이론의 핵심 과제라고 할 수 있다.[24] (i) 계층제, 시장 그리고 특히 네트워크 거버넌스가 언제, 어디서, 그리고 어떤 조건에서 잘 작동할 수 있는지, (ii) 계층제, 시장 그리고 네트워크 거버넌스가 어떤 비율로 협력적 거버넌스를 구성하는 것이 적절한지, (iii) 협력적 거버넌스에서 정부는 어떤 역할을 담당해야 하는지, 그리고 (iv) 협력적 거버넌스의 책임성은 어떻게 확보해야 하는지 등을 분석하여 일반적 이론을 도출하기 위한 노력이 필요하다.

일반적으로 (i) 자치적 협동에 참여자 사이의 신뢰구축, (ii) 자치적 협력을 가능하게 하는 제도적 장치, 그리고 (iii) 새로운 사회문제 해결 방식을 탐색하여 실행에 옮기는 리더 또는 공공기업가public entrepreneur의 존재가 네트워크 거버넌스 또는 협력적 거버넌스 성공의 가장 중요한 조건으로 언급된다.[25] 특히, 공식적 권위나 강제력을 필요로 하지 않는 네트워크 거버넌스의 특성상, 협력적 거버넌스와 협력적 거버넌스의 거버넌스인 메타거버넌스에서 민간조직이나 일반국민들의 공공기업가로서의 활동이 강조된다. 그러나 정부 역시 공공기업가 역할을 담당할 수 있고, 또 담당해야 한다.[26] 정부를 포함한 다양한 사회 구성원들의 협력적 거버넌스와 메타거버넌스에서의 공공기업가 역할에 대한 연구가 거버넌스 이론의 또 하나의 중요한 과제라고 할 수 있다.

이와 같이 네트워크 거버넌스를 활용하는 협력적 거버넌스의 장점과 단점, 그리고 조건을 분석하는 제2세대 거버넌스 이론을 통하여 전통적 행정학의 강력한 "기술적이고 관리공학적인 지향technical or administrative engineering orientation"[27]과 "계층제적 사고방식hierarchical modes of thinking"[28]을 극복하고 국가 또는 사회 전체 차원의 사회문제 해결 효율성을 제고할 수 있을 것이다.

3. 제2세대 거버넌스 이론의 과제

1) 계층제 중독과 거버넌스 이론[29)]

거버넌스 이론의 가장 중요한 과제는 전통적 사회문제 해결 방식인 '계층제적 사회문제 해결 방식에 대한 뿌리 깊은 맹목적 의존의 극복'이라고 할 수 있다. 협력적 거버넌스를 통한 사회문제 해결이 다수 보고되고 있음에도 불구하고, 아직까지 사회문제를 해결하는 '최종수단'은 법적 권한을 갖는 정부에 의한 계층제적 통제라는 것이 많은 학자들과 일반국민들의 생각이다. 설령 네트워크 거버넌스가 큰 비중을 차지하는 협력적 거버넌스를 통한 사회문제가 이루어지고 있다고 하더라도, 이러한 방식은 어디까지나 임시방편적인 또는 제한적인 수단일 뿐, 장기적으로는 정부의 계층제적 통제가 법제화되어야 한다는 것이다.

이와 유사한 현상이 현대조직에서도 발견된다. 앞서 논의된 바와 같이, 페어라우Fairtlough는 이러한 현상을 "계층제 중독addiction to hierarchy" 또는 "계층제 헤게모니"라고 부른다.[30)] 사회문제를 해결하고 조직을 관리하는 방법에는 계층제뿐만이 아니라 다양한 방법이 있음에도 불구하고, 현대사회는 자기도 모르는 사이에 계층제에 중독되어 있어 조직의 심각한 비효율이 초래된다는 것이 그의 주장이다. 계층제가 당연한 것으로 받아들여지는 계층제 중독현상은 민간기업에서도 심각하게 나타나고 있으며, 이러한 계층제 헤게모니로 인하여 계층제적 질서 이외의 다른 조직관리 방식은 무질서한 것으로 받아들여져 왔다. 그 결과, 조직의 비효율을 근본적으로 치유할 수 있는 대안에 대한 탐색의 가능성이 원천적으로 봉쇄되는 부작용이 초래되었다.

그에 의하면, 조직이 필요로 하는 것은 '계층제 자체'가 아니라 수단과 목적을 적절하게 조정하는 것이다. 즉 조직이 필요로 하는 것은 (i) 일을 할 수 있게 하는 체계 구축 및 유지, (ii) 신뢰를 구축하는 조직문화, (iii) 봉사하는 리더십, 그리고 (iv) 책임 있는 권력 등이다. 물론 계층제가 이러한 필요를 충족시키기 위해 가장 일반적으로 사용되어온 방법인 것은 사실이다. 그러나 계층제가 조직이 필요로 하는 것을 제공하는 유일무이한 방법은 아니다.

조직 구성 및 관리 방식으로 계층제가 많은 장점을 갖고 있는 것은 사실이다. 그러나 계층제는 권력남용 방지, 자발적 협력, 공동목적 추구, 학습과 혁신, 팀워크, 다양성의 활용 등 다층조직이나 이서제 heterarchy[31]의 장점을 갖지 못하므로 복잡한 현대사회의 조직 방식으로는 한계가 있다. 그럼에도 불구하고 계층제 헤게모니 또는 계층제 중독으로 인하여 현대사회는 다른 대안의 존재 자체를 부정한다.

계층제 중독의 문제는 사회문제 해결 과정에서 더 심각하게 나타난다. 대부분의 사회문제 해결 과정에서 집합행동 문제는 하딘Hardin이 말하는 '기술적 해결책이 존재하지 않는 문제'라고 할 수 있다.[32] 하딘에 의하면 기술적 해결책이란 "인간이 가치나 도덕성의 변화 없이 자연과학적인 기술의 변화만으로 문제를 해결하는 방법"을 의미한다.[33] 인간의 가치나 도덕성의 변화에 의해서만 해결될 수 있는 기술적 해결책이 존재하지 않는 문제는 외부적 통제를 통하여 해결될 수 없다.

그러나 전통적 행정학의 관료제 패러다임은 계층제적 통제권한을 가진 제3자 특히 정부의 직접적인 개입 없이는 집합행동 문제를 해결할 수 없다고 간주해왔다.[34] 관료나 시민의 가치나 도덕성의 변화 없이 정부의 총체적 계획과 계층제적 통제를 통하여 '완벽한 행정'을 구현할 수 있는 방법을 추구해왔던 것이다. 이러한 관점에서 본다면, 정부가 직접 통제할 수 없는 새로운 방식으로 사회문제를 해결하는 것은 상상할 수 없게 된다.[35]

이러한 믿음, 또는 선입관이 바로 '또 하나의 심각한 계층제 중독'이다. 개혁이나 효율성 제고에 대한 외부의 압력이 민간부문에 비하여 상대적으로 훨씬 적은 공공부문의 경우 이러한 중독현상은 더욱 심각하게 나타난다. 이처럼 계층제 중독은 거버넌스 이론의 발전을 저해하는 가장 큰 걸림돌이라고 할 수 있다.

2) 복잡계의 창발성과 협력적 거버넌스

계층제 중독 문제를 극복하기 위해서는 분석의 초점을 정부 또는 계층제가 아니라 '사회문제 해결'로 옮기고, 다양한 사회 구성원들과 단체가 정부와 함께 사회문제를 해결하는 역할을 담당한다고 가정할 필요가 있다. 이렇게 가정할 경우, 사회문제를 해결하는 과정인 거버넌스의 영역이나 범위에는 정부뿐만 아니라 사회문제 해결에 참여하는 모든 사회 구성원과 단체가 포함된다. 그리고 사회문제 해결에 참여하는 사회 구성원 사이의 관계를 조직화하고 관리하는 계층제적 통제 이외의 다양한 방법을 생각할 수 있게 된다.

네트워크 거버넌스는 '정부의 총체적 계획과 계층제적 통제'를 대체할 수 있는 새로운 사회문제 해결 양식의 이념형이다. 사회문제를 해결하기 위한 새로운 방식의 이념형인 네트워크 거버넌스는 정부는 물론 주어진 사회문제와 관계된 모든 행위자들의 자발적이고 수평적인 협력을 통하여 사회문제를 해결하는 방식을 의미한다. 정부의 능력으로는 더 이상 해결할 수 없는 사악한 문제가 급증하였고, 결과적으로 총체적 수준의 계획이나 계층제적 통제에 의존하지 않는 새로운 사회적 조정 양식의 이념형인 네트워크 거버넌스가 새로운 대안으로 부각되고 있다.[36] 어느 행위자도 사회문제 해결에 필요한 지식과 역량을 독점적으로 갖고 있지 않은 사회문제, 즉 사악한 문제의 경우, 사회문제 해결에 필요한 사회적 조정 방법을 사전에 완벽하게 인지하고 구체적으로 설계하는 것은 불가능하다.[37]

현대 사회의 경우, 아무리 사회문제 해결에 필요한 총체적 수준의 정보를 확보하기 위하여 노력한다 하더라도 정부는 국지적 수준의 정보 이상의 정보를 확보할 수 없다. 국지적 수준의 정보만 갖고 있는 정부는 사회문제를 해결하기 위해 다른 행위자들과 상호작용을 할 수밖에 없다. 그러므로 네트워크 거버넌스는 국지적 수준의 정보와 지식에 의해서 행동할 수밖에 없는 행위자들의 상호작용의 결과로 나타나는 반직관적인, 또는 예측하기 어려운 복잡계complex adaptive system의 창발성emergence으로 나타나게 된다.[38]

이러한 관점에서 볼 때, 네트워크 거버넌스를 중요한 구성요소로 하는 현실의 사회문제 해결 방법인 협력적 거버넌스는 복잡계로서의 특징을 갖는다. 협력적 거버넌스는 (i) 정부 등 공공기관뿐만 아니라 사회문제 해결과 관련된 민간부문의 다양한 조직과 개인들을 포함하는 모든 행위자들의 활동과 이들 간의 상호작용으로 이루어지고, (ii) 정부의 공식적 권위에 의존하지 않는 비공식적 협력으로 이루어지며,

(iii) 행위자들이 추구하는 목적이 다양하고, (iv) 사회문제에 대한 효과적인 해결이 명백하게 관찰되고 경험될 수 있지만, (v) 아무도 사실상 거버넌스의 주체가 될 수 없다[39]는 점에서 복잡계에 해당된다고 할 수 있다.[40]

협력적 거버넌스가 복잡계라는 것은 총체적 통제나 설계가 불가능하다는 것과 '계층제 헤게모니의 붕괴'를 의미한다. 정부 또한 총체적 통제나 설계 능력을 갖지 못한 복잡계 구성원의 하나일 뿐이다. 전통 사회과학 이론은 단일중추에 의한 중앙집권적 계획이나 통제 없이 자율적 행위자들 간의 자발적이고 수평적인 협력을 통한 사회문제 해결의 가능성에 대하여 매우 회의적이다. 전체적 차원에서 계획이나 통제를 담당하는 존재가 없고, 그 결과 아무도 전체적 차원의 책임을 지지 않는 것은 위험하다는 것이다. 그러나 복잡계 이론은 중앙집권적 통제 없이도 자율적 행위자들 사이의 자발적이고 수평적인 협력만을 통하여 규칙성이 출현하고 지속되는 것이 가능하다고 설명한다.

또한, 협력적 거버넌스가 창발성을 갖는 복잡계라는 것은 협력적 거버넌스의 구성요소인 네트워크 거버넌스가 갖는 복잡계로서의 조건과 특성을 알지 못한다는 것을 의미한다.[41] 창발성으로 설명되는 협력적 거버넌스의 특성인 '중앙집권적 설계나 통제 없이 자발적이고 수평적인 협력을 통한 사회문제의 해결'은 신비스러운 현상이 아니라 이론의 부재로 설명할 수 없는 현상인 것이다. 이러한 설명을 제공하는 이론을 개발하는 것이 바로 제2세대 거버넌스 이론의 핵심 과제이다. 네트워크 거버넌스를 핵심 구성요소로 갖는 협력적 거버넌스의 불가피성과 효용성은 앞으로 크게 증가할 것이다. 자발적이고 수평적인 협력을 통한 사회문제의 성공적인 해결을 위하여 네트워크 거버넌스의 조건과 복잡계로서의 네트워크 거버넌스의 창발성에 대한 체계적인 설명을 제공할 수 있는 '제2세대 거버넌스 이론'이 필요하다.

마지막으로, 이념형인 순수한 형태의 네트워크 거버넌스는 현실에 존재하지 않는다는 사실에 주목할 필요가 있다. 앞서 언급된 바와 같이 사회적 조정 양식은 모두 현실에서 순수한 형태로 존재하지 않는 이념형이다.[42] 현실에서 이들 이념형은 순수한 형태로 활용되지 않고 혼합의 형태로 존재할 것이다.[43] 사회문제를 성공적으로 해결하기 위해서는 세 가지 사회적 조정 양식의 이념형을 상황에 맞도록 혼합하는 노력이 필요하다. 이러한 혼합으로 나타나는 복잡계가 바로 협력적 거버넌스이고, 이러한 혼합인 협력적 거버넌스가 바람직한 창발성을 갖도록 유도하는 노력이 이 책에서 말하는 메타거버넌스이다. 따라서 제2세대 거버넌스 이론은 이러한 혼합, 즉 협력적 거버넌스의 조건과 메타거버넌스의 도구를 탐색하는 이론이 되어야 한다.

3) 계층제 중독의 극복 가능성과 거버넌스 이론

비록 현실에서는 이미 계층제적 통제 이외의 방식이 일반인들이나 학자의 고정관념보다 훨씬 광범위하게 사용되고 있지만, 계층제적 통제의 효용성과 불가피성에 대한 고정관념을 극복하는 것은 여전히 매우 어려운 과제이다. 이러한 한계를 극복하지 못할 경우, 거버넌스 이론은 계층제적 통제를 핵심으로 하는 전통적 행정학 이론을 보완하는 정도의 이론으로 머물 수밖에 없다. 계층제 중독을 극복하고 새로운 사회적 조정 양식의 가능성과 조건을 명확하게 설명할 수 있는 근본적인 사고의 전환이 이루어지지 않는다면, 다양한 사회적 조정 양식의 혼합 기준과 비율을 처방할 수 있는 제2세대 거버넌스 이론의 구축은 불가능하다.

계층제적 통제에 대한 고정관념이나 중독을 극복하지 못한 사례로 한국의 KONOS 사례를 들 수 있다.[44] KONOS 설립 이전 한국의 장기이식은 다양한 행위자들의 자발적 협력을 통해 비교적 성공적으로 이루어졌다. 그러나 장기이식의 책임성 확보를 위하여 정부가 KONOS 설립을 핵심으로 하는 입법을 통해서 장기이식체계에 대한 중앙집권적 통제를 강화하였다. 그러나 정부의 중앙집권적 통제를 핵심으로 하는 법률 제정 이후 많은 장기이식 건수가 급격히 감소하는 등의 심각한 문제가 발생하였다. 물론 KONOS 이전에도 전혀 문제가 없었던 것은 아니지만, 협력적 거버넌스를 통한 사회문제 해결 가능성을 지나치게 부정적으로 인식한 정부의 정책으로 문제가 오히려 악화된 것이다. 이러한 문제를 해결하기 위하여 몇 차례 정책 변화가 있었는데, 정책변화의 주된 내용은 네트워크 거버넌스와 시장 거버넌스적 요소를 추가한 것이라고 할 수 있다. 그러나 이러한 요소들은 여전히 계층제적 통제를 근간으로 하고 이를 보완하기 위한 보조적 수단으로만 활용되고 있다. 이러한 사례가 계층제적 통제에 대한 중독의 전형적인 사례라고 할 수 있다.

'정부'라는 개념은 전통적으로 계층제적 통제와 동의어로 사용되어 왔다. 반면에 거버넌스는 계층제적 통제 이상의 의미를 갖는다. 거버넌스는 일반적으로 사회 전체적인 차원에서 정치·경제·사회적 문제를 관리하고 해결하는 것을 의미한다. 맥기니스McGinnis는 라스웰Laswell의 표현을 차용하여 거버넌스를 "누가 어떤 권위에 근거하여 누구에게 무엇을 할 수 있는가를 결정하는 것"이라고 정의한다.[45] 이러한 일반적인 또는 광의의 거버넌스 정의는 계층제적 통제 이외의 다양한 사회문제 해결 양식을 포함하고 있다는 점에서 의미를 갖는다.

제2세대 거버넌스 이론은 계층제적 통제를 당연한 것으로 받아들이고 규제나 정책의 질을 제고하거나 규제나 정책이 만들어지는 과정의 투명성과 국민의 참여 가능성을 제고하기 위한 처방을 탐색하는 수준에 머물러서는 안 된다. 계층제적 통제를 근간으로 하는 정부 주도적 규제나 정책 이외의 새로운 사회문제 해결 방식을 탐색하고 새로운 사회문제 해결 방식의 기준과 조건을 제시할 수 있어야 한다. 사회문제의 성격, 사회적 자본의 수준, 정부 및 민간부문의 역량 등에 따라 사회문제를 해결하기 위한 사회적 조정 양식의 최적 조합 즉, 협력적 거버넌스의 형태는 달라질 것이다. 이러한 최적 조합의 탐색을 위하여 '계층제 헤게모니' 또는 '계층제 중독'은 반드시 극복되어야 한다.

협력적 거버넌스의 유용성에도 불구하고, 강력한 중앙집권적 조정과 통제가 여전히 필요하다는 주장이 존재한다.[46] 또한 협력적 거버넌스의 복잡성과 이로 인한 실패 가능성과 위험을 간과해서는 안 된다는 비판도 존재한다.[47] 협력적 거버넌스의 핵심 구성요소인 네트워크 거버넌스는 신뢰와 같은 사회적 자본과 성숙한 시민사회의 존재를 전제로 한다. 만일 이러한 조건이 갖추어지지 않는다면 협력적 거버넌스에 의한 사회문제 해결은 불가능하다. 그러나 네트워크 거버넌스에 크게 의존하는 협력적 거버넌스에 의한 사회문제의 성공적인 해결 사례가 전 세계적으로 많이 보고되고 있다.[48] 뿌리 깊은 계층제 중독과 네트워크 거버넌스에 대한 의구심에도 불구하고, 실제로 현실에서는 협력적 거버넌스에 의한 성공적인 사회문제 해결이 증가하고 있는 것이다.

성공적인 협력적 거버넌스 사례의 증가가 바로 제2세대 거버넌스 이론이 풀어야 할 이론적 퍼즐이다. 네트워크 거버넌스에 대한 회의적인 시각을 극복하고, 협력적 거버넌스의 성공과 실패 사례를 분석하고, 다양한 사회문제 해결 방식의 적용조건과 협력적 거버넌스의 성공조건과 메타거버넌스 도구를 탐색하는 이론을 구축하는 것이 새로운 행정학 이론으로서의 제2세대 거버넌스 이론의 핵심 과제인 것이다.

4. 제2세대 거버넌스 이론 예시

제2세대 거버넌스 이론의 핵심적 내용은 네트워크 거버넌스를 활용하는 협력적 거버넌스의 조건과 메타거버넌스에 관한 연구라고 할 수 있다. 제2세대 거버넌스 이론은 협력적 거버넌스가 어떤 조건이 갖추어졌을 때 어떤 사회문제를 어떻게 효율적으로 해결할 수 있는가 하는 문제에 대한 해답을 찾기 위하여 노력을 집중하게 될 것이다. 계층제 거버넌스, 시장 거버넌스 그리고 네트워크 거버넌스의 혼합으로 나타나는 협력적 거버넌스에서 각각 거버넌스 유형의 적절한 비율은 해결해야 할 사회문제의 특성과 공동체의 정치·경제·사회적 특성 등에 따라 어떤 영형을 받는가 하는 문제, 즉 적절한 협력적 거버넌스의 유형 또한 제2세대 거버넌스 이론의 중요한 연구과제이다. 그리고 협력적 거버넌스의 책임성을 확보할 수 있는 조건과 방안, 즉 메타거버넌스의 도구에 대한 연구도 제2세대 거버넌스 이론의 핵심

과제가 될 것이다.

협력적 거버넌스의 조건 등 제2세대 거버넌스 이론의 연구과제를 다루고 있는 연구를 예시적으로 소개하면 다음과 같다.

1) 오스트롬Ostrom 이론

2009년 노벨 경제학상 수상자인 엘리노어 오스트롬Elinor Ostrom은 관개시설과 공동어장 등 공유재common pool resource 관리문제를 자치적으로 해결한 사례를 분석한 경험적 연구에 대한 메타분석을 통하여 공유재 문제가 협력적 거버넌스에 의해서 성공적으로 해결될 수 있는 조건을 도출하였다.[49] 공유재란 어떤 공동체가 공동으로 소유하고 있는 재화, 즉 재화의 사용대가를 지불하지 않고도 공동체에 속하는 사람이면 누구나 사용할 수 있는 재화를 말한다.[50] 여기에서 공동체는 전인류가 될 수도 있고, 작은 농촌이나 어촌 마을이 될 수도 있다. 예를 들어, 전인류는 '지구 환경'이라는 공유재를 공동으로 소유하고 있는 공동체이고, 한 어촌의 어부들은 공동어장이라는 공유재를 공동으로 소유하고 있는 공동체이다.

전통적으로 공유재를 자치적으로 관리하고 사용하는 것은 불가능하고, 따라서 정부의 통제 즉 계층제 거버넌스를 통해서만 공유재를 성공적으로 관리할 수 있다는 것이 학자들이나 정책 담당자들의 일반적인 생각이었다. 그러나 엘리노어 오스트롬은 다양한 사례연구를 통하여 일정한 조건이 충족되는 경우 사용자들 스스로가 계층제적 지시에 의존하지 않고 자치적인 방법으로 공유재를 성공적으로 관리할 수 있다는 사실을 발견하였다.

엘리노어 오스트롬은 성공적 공유재 자치관리의 조건을 다음과 같은 제도설계원칙institution design principle: DP으로 정리하였다.[51]

(i) DP1[명확하게 정의된 경계]: 공유재를 사용할 수 있는 권리를 가진 사용자가 명확히 정의되어야 하며, 공유재의 경계도 명확하게 정의되어야 한다.

(ii) DP2[규칙의 현지조건과의 부합성]: 자원 사용 시간, 공간, 기술, 수량을 제한하는 규칙은 현지조건에 부합해야 한다.

(iii) DP3[집합 선택 장치]: 실행규칙에 의해 영향을 받는 대부분의 사람들이 실행규칙을 제정하고 수정하는 과정에 참여할 수 있어야 한다.

(iv) DP4[감시]: 공유재의 현황 및 사용 활동을 적극적으로 감시하는 감시자가 있어야 한다.

(v) DP5[점증적 제재 수단]: 실행규칙을 위반하는 사용자에 대한 위반행위의 경중과 맥락에 따른 점증적 제재 수단이 있어야 한다.

(vi) DP6[갈등해결 장치]: 사용자 사이 혹은 사용자와 관리자 사이의 분쟁을 해결하기 위한 지역 수준의 갈등해결 장치가 있어야 한다.

(vii) DP7[최소한의 자치권 보장]: 스스로 제도를 설계할 수 있는 사용자들의 권리가 외부 정부에 의해 보장되어야 한다.

(viii) DP8[중층 사업단위]: 공유재가 대규모 체계의 한 부분인 경우, 공유재 관리와 운영활동은 중층 사업단위로 조직화되어야 한다.

또한, 엘리노어 오스트롬은 다양한 연구를 종합하여 사용자들 사이의 신뢰와 호혜성이 공유재를 자치적으로 관리하는 데 필요한 협력을 가능하게 하는 핵심요소라는 사실을 발견하였다. 내가 협력한다면 상대방도 협력할 것이라는 호혜성에 대한 믿음이 협력을 가능하게 한다는 것이다. 그리고 신뢰구축은 미시적 환경(의사소통, 평판, 개인기여도, 진출입 용이성, 장기적 시야, 동의된 제재)에 의해 영향을 받는다고 설명한다.

미시적 환경이 신뢰구축과 협력에 주는 영향을 간략하게 정리하면 다음과 같다.[52]

(i) 의사소통, 특히 면대면 의사소통을 통하여 상대방의 호혜적 대응가능성에 대한 평가가 가능하게 된다. 사용자들 사이의 의사소통이 가능한 경우 신뢰구축을 통한 협력의 가능성은 높아진다.

(ii) 과거의 행동을 알 수 없는 사용자들에 대한 평판을 알 수 있는 경우 신뢰구축을 통한 협력의 가능성은 높아진다.

(iii) 개별 사용자의 기여가 큰 차이를 가져올 수 있는 경우 신뢰구축을 통한 협력의 가능성은 높아진다.

(iv) 진출입이 용이한 경우 사용자는 다른 사용자들이 협력하지 않으면 자신도 협력하지 않고 쉽게 퇴장할 수 있다. 따라서 진출입이 용이하면 상대방의 협력에 무임승차하는 것이 어렵고, 그 결과 협력의 가능성이 높아진다.

(v) 사용자들의 시야가 장기적일수록 신뢰구축을 통한 협력의 가능성은 높아진다.

(vi) 사용자들 사이에서 자치적으로 동의된 제재장치가 있는 경우, 사용자들의 규정위반의 빈도가 낮아지고 신뢰구축을 통한 협력의 가능성은 높아진다.

신뢰구축과 협력에 이와 같은 영향을 주는 미시적 환경은 또한 맥락(공유재의 크기, 생산성, 중요성, 이동성, 사용자 수, 리더, 정보 수준 등)의 영향을 받는다. 관련 선행연구에 의하면 맥락은 사용자들의 단기적인 상호작용은 물론, 공유재 사용 상황의 장기적인 결과에도 영향을 준다. 그러나 맥락이 미시적 환경과 신뢰구축 그리고 협력에 어떤 영향을 주는지는 아직 명확하지 않다.[53]

2) 안셀과 개쉬Ansell and Gash 이론

이 책의 6장에서 논의된 바와 같이, 안셀과 개쉬는 협력적 거버넌스를 "하나 혹은 그 이상의 공공기관이 공식적이고, 의견일치를 추구하고, 의도적으로 이루어지는 집합적 의사결정과 집행 과정에서 민간부문의 이해관계자와의 직접적 상호작용을 통해 공공문제를 해결하는 것"으로 정의한다. 이와 같은 정의에 근거하여 그들은 협력적 거버넌스에 관한 137개의 연구에 대한 메타분석을 통해 협력적 거버넌스의 성공 요인을 도출하여 '협력적 거버넌스 모형model of collaborative governance'을 제시하였다.

안셀과 개쉬의 모형은 협력 과정collaborative process, 초기조건starting conditions, 촉진적 리더십facilitative leadership, 제도설계institutional design 그리고 결과outcome 등으로 구성된다. 그들에 의하면, 초기조건, 촉진적 리더십, 그리고 제도설계가 협력 과정에 영향을 주고, 이러한 협력 과정을 거쳐서 사회문제 해결의 결과가 나타나게 된다고 한다.

이들의 모형을 좀 더 상세히 설명하면 다음과 같다.[54]

첫째, '초기조건'은 권력과 자원의 불균형, 참여 인센티브와 참여제약, 그리고 협력과 갈등의 과거 등으로 구성된다. 협력의 시작단계에서 초기조건은 당사자들 간의 협력을 촉진시키거나 억제시키는 작용을 한다. 초기조건이 협력에 미치는 영향은 다음과 같다.[55]

(i) 중요한 참여자들의 실질적인 참여가 불가능할 정도로 참여자 사이에 심각한 권력과 자원의 불균형이 존재하는 경우, 효과적 협력을 위해서는 취약하고 불리한 여건을 가진 참여자의 이해관계를 대표하고 역량을 강화하기 위한 노력이 필요하다.

(ii) 독자적으로 목적을 달성할 수 있는 대안이 가능한 경우, 참여자들이 서로 매우 상호의존적이라는 것을 인식할 때만 협력적 거버넌스가 작동한다.

(iii) 참여자들 사이에 적대적인 과거가 있는 경우, 참여자 사이에 높은 상호의존성이 있거나 또는 낮은 신뢰와 사회자본을 교정하는 적극적인 조치가 없는 한 협력적 거버넌스는 성공할 수 없다.

둘째, '촉진적 리더십'은 참여자들을 협상 테이블로 나오게 하고 협력과정에서 참여자들을 조정하는 역할을 한다. 촉진적 리더십은 협력적 거버넌스의 성공을 좌우하는 중요한 구성요소이다. 특히 권력과 자원 불균형이 심하고 과거 적대감이 높을 때 촉진적 리더십은 중요한 역할을 한다.[56] 리더십이 협력적 거버넌스에 미치는 영향은 다음과 같이 정리될 수 있다.

(i) 갈등이 크고 신뢰가 낮지만 권력분포가 상대적으로 평등하고 참여자들이 참여유인을 갖고 있는 경우, 참여자들이 믿고 인정하는 정직한 조정자는 협력적 거버넌스의 가능성을 높일 수 있다.

(ii) 권력 분포가 비대칭적이고 참여유인이 약한 경우, 시작단계에서부터 다양한 이해관계자들의 존경과 신뢰를 받는 강력한 '자생적' 지도자가 있으면 협력적 거버넌스가 성공할 가능성이 높다.

셋째, '제도설계'는 협력 과정의 절차적 정당성의 기준이 되는 협력을 위한 기본적인 프로토콜과 규칙을 말한다. 협력적 거버넌스가 성

공적으로 작동하기 위해서는 다음과 같은 제도설계가 필요하다.[57]

(i) 광범위한 참여자가 규칙에 포함되어야 하고,

(ii) 중요한 이해관계자가 규칙에서 배제되면 안 되며,

(iii) 명확한 기본규칙이 있어야 하고,

(iv) 규칙제정 과정이 투명해야 하며,

(v) 의견일치를 위한 규칙이 필요하고,

(vi) 필요한 경우 기한deadline이 구체적으로 규정되어야 한다.

넷째, '협력 과정'은 면대면 대화, 신뢰구축, 과정몰입, 공유된 이해, 중간성과 등으로 구성되는 반복적이고 순환적인 과정으로 이루어진다. 앞서 설명된 바와 같이, 이러한 협력 과정은 초기조건, 촉진적 리더십, 그리고 제도설계의 영향을 받는다. 초기조건, 촉진적 리더십, 제도설계 등이 협력적 거버넌스에 미치는 영향은 다음과 같이 정리될 수 있다.[58]

(i) 적대적인 과거가 존재하는 경우, 효과적인 신뢰구축을 위해 시간을 할애해야 한다.

(ii) 협력이 의무적인 경우에도 "동의와 지원을 이끌어내는 것"은 여전히 협력 과정에서 중요하다.

(iii) 과거 적대감이 높고 신뢰구축에 긴 시간이 필요하다면, 작은 승리를 만드는 중간성과가 특별히 중요하다.

안셀과 개쉬에 의하면, 협력적 거버넌스에서 가장 중요한 것은 신뢰와 상호의존성이다. 참여자들 사이에 신뢰가 구축되지 않는다면 협력적 거버넌스는 성공할 수 없다. 신뢰와 상호의존성 사이에는 상호작용 효과가 존재한다. 참여자들의 신뢰 수준이 낮은 경우에도 높은 상호의존성이 존재하면 협력적 거버넌스의 성공 가능성은 높아진다.

반면에, 참여자들 사이에 높은 수준의 신뢰가 구축된 경우에도 상호 의존성이 낮으면 협력적 거버넌스의 가능성은 낮아진다.

3) 브라이슨과 동료들Bryson et. al. 이론

브라이슨과 동료들은 복잡하고 어려운 문제를 해결하기 위한 '공공부문과 민간부문 사이의 협력cross-sector collaboration' 즉, 협력적 거버넌스 모형을 제시한다.[59] 이들의 협력적 거버넌스 모형은 협력의 형성에 영향을 주는 초기조건initial conditions, 과정process, 구조와 지배구조structure and governance, 상황과 제약contingencies and constraints, 그리고 결과와 책임outcomes and accountabilities 등으로 구성되어 있다. '초기조건'과 '상황과 제약'은 '과정'과 '구조와 지배구조'에 영향을 미치고, '과정'과 '구조와 지배구조'는 서로 영향을 주고받으면서 '결과와 책임'에 영향을 미친다.

이들의 모형을 좀 더 상세히 설명하면 다음과 같다.

첫째, '초기조건'은 환경요인, 부문 실패(독자적 해결 실패) 그리고 직접 선행조건 등으로 구성된다. 초기조건이 협력적 거버넌스에 미치는 영향을 정리하면 다음과 같다.[60]

(i) 조직 간 협력과 마찬가지로 변화가 심하고 불확실성이 높은 격동적인 환경에서 협력적 거버넌스가 더 잘 형성된다.

(ii) 공공부문이나 민간부문의 개별적 노력으로 해결될 수 없는 사회문제가 존재하는 경우 협력적 거버넌스가 추진된다.

(iii) 강력한 후원자, 문제에 대한 일반적 동의, 기존 네트워크 존재와 같은 하나 또는 그 이상의 연계 메커니즘(직접 선행조건)이 협력 초

기단계에서부터 존재할 경우, 협력적 거버넌스가 성공할 가능성이 높아진다.

둘째, '과정'은 초기 동의 형성, 리더십 구축, 정당성 구축, 신뢰구축, 갈등관리, 계획 등으로 구성된다. 과정이 협력적 거버넌스에 미치는 영향을 정리하면 다음과 같다.[61]

(i) 협력적 거버넌스 추진을 결정하는 초기 동의 형성의 과정과 내용은 협력적 거버넌스의 성과에 영향을 미친다.

(ii) 공식적 또는 비공식적 리더십을 제공하는 열성적인 후원자와 효과적인 옹호자가 있으면 협력적 거버넌스가 성공할 가능성이 높아진다.

(ii) 협력의 정당성이 높을수록 협력적 거버넌스가 성공할 가능성이 높아진다.

(iii) 신뢰구축 활동이 계속될 때 협력적 거버넌스가 성공할 가능성이 높아진다.

(iv) 권력 균등화와 갈등관리를 위해서 자원과 전략이 사용될 때 협력적 거버넌스가 성공할 가능성이 높아진다.

(v) 강제된 협력을 위한 사전에 의도된 계획과 자발적인 협력을 위한 즉흥적 계획이 결합됐을 때 협력적 거버넌스가 성공할 가능성이 높아진다.

셋째, '구조와 지배구조'는 맥락 내의 구조, 구조적 배열 그리고 지배구조로 구성된다. 구조와 지배구조가 협력적 거버넌스에 미치는 영향을 정리하면 다음과 같다.[62]

(i) 협력적 거버넌스 구조는 체계 안정성과 전략적 목표와 같은 환경요인에 의해 영향을 받는다.

(ii) 모호한 구성원 자격과 복잡한 지역 환경 때문에 협력적 거버넌스 구조는 시간이 가면서 변화한다.

(iii) 협력적 거버넌스의 구조와 과업 성격은 협력적 거버넌스의 전반적인 효과에 영향을 미친다.

(iv) 공식적이고 비공식적인 지배구조 메커니즘은 협력적 거버넌스의 효과에 영향을 미친다.

넷째, '상황과 제약'은 협력적 거버넌스의 '과정', '구조와 지배구조'에 영향을 주고, 나아가 협력적 거버넌스의 지속가능성에 영향을 준다. 상황과 제약에는 협력유형, 권력불균형, 경쟁적 제도 논리가 포함된다. 상황과 제약이 협력적 거버넌스에 미치는 영향을 정리하면 다음과 같다.[63]

(i) 협력적 거버넌스 유형에 따라 협상의 정도가 결정된다. 시스템 수준의 계획 활동과 관련된 협력적 거버넌스에서 가장 많은 협상이 이루어지고, 서비스 전달과 관련된 협력적 거버넌스에서는 상대적으로 적은 협상이 이루어진다.

(ii) 권력불균형과 충격을 완화하기 위한 자원과 전략을 갖춘 협력적 거버넌스가 성공할 가능성이 높다.

(iii) 다양한 제도적 대안(계층제, 시장, 네트워크)의 장단점에 대한 찬반논리 논쟁이 협력적 거버넌스의 과정, 구조, 지배구조 그리고 목표 등의 본질적 요소에 대한 동의 정도에 영향을 미친다.

다섯째, '결과'에는 공공가치, 1, 2, 3차 효과[64] 그리고 회복력과 재평가가 포함된다. 결과가 협력적 거버넌스에 미치는 영향을 정리하면 다음과 같다.[65]

(i) 참여자들의 특징적 약점을 최소화·극복·보완하는 방안을 찾으

면서 참여자 각자의 이익과 강점에 기초해서 협력 과정이 이루어질 때, 협력적 거버넌스는 공공가치를 창출할 가능성이 높아진다.

(ii) 협력 과정이 긍정적인 1차, 2차, 3차 효과를 만들어낼 때, 협력적 거버넌스는 공공가치를 창출할 가능성이 높아진다.

(iii) 협력 과정이 회복력이 있고 또한 협력 과정에 대한 정기적 재평가가 이루어질 때, 협력적 거버넌스는 공공가치를 창출할 가능성이 높아진다.

마지막으로, '책임'은 협력적 거버넌스가 누구에게 그리고 무엇을 위해 책임지는가 하는 문제와 관련된다.[66] 다양한 이해관계자들이 결과에 대해 상반된 평가를 할 수 있기 때문에 책임성 확보 시스템은 협력적 거버넌스의 성공 가능성을 높이게 된다. 책임이 협력적 거버넌스에 미치는 영향은 다음과 같다. 투입·과정·결과물을 추적하는 책임성 확보 시스템을 갖고 있고, 자료를 수집·해석·사용하는 다양한 방법을 활용하고, 중요한 정치적이고 전문적인 고객들이 강력한 영향력을 갖는 성과관리 시스템을 이용할 때, 협력적 거버넌스는 성공할 가능성이 높아진다.

참고로, 브라이슨과 동료들은 협력적 거버넌스의 성공 가능성을 비관적으로 평가한다. 협력적 거버넌스를 추진하는 것도 매우 어렵고, 추진되기 시작한 협력적 거버넌스를 지속적으로 유지하는 것은 더욱 어렵다는 것이다. 협력적 거버넌스를 통하여 사회문제를 성공적으로 해결하기 위해서는 현실적으로 많은 관심과 노력이 필요하다. 그러나 단순히 관심과 노력만으로 협력적 거버넌스가 가능한 것은 아니며, 참여자들이 통제할 수 없는 환경적 요인도 협력적 거버넌스의 성공에 매우 중요한 영향을 준다는 것이 그들의 결론이다.[67]

4) 에머슨과 동료들Emerson at. al. 이론

에머슨과 그의 동료들은 협력적 거버넌스를 "다른 방법으로는 성취하기 힘든 공공목적을 달성하기 위하여 정부기관의 경계, 정부의 수준, 공적·사적·시민사회 영역을 가로질러 행위자들을 참여하게 하는 공공정책 결정 및 관리의 과정과 구조"라고 정의한다.[68] 이들은 다양한 분야의 협력적 거버넌스에 관한 문헌들을 검토하고 통합하여 '협력적 거버넌스 통합분석틀integrative framework for collaborative governance'을 제시하였다.

이들이 제시하는 통합분석틀은 시스템 맥락system context, 추진동력drivers, 협력적 거버넌스 레짐collaborative governance regime: CGR, 협력결과collaborative outcomes 등의 요소로 구성된다. 이 모형에서 가장 핵심적인 요소인 CGR은 "부문 간의 협력이 나타나는 공공의사결정의 특정한 양식 또는 체계"를 의미하며, 여기에는 협력동력collaborative dynamics과 협력행동collaborative action이 포함된다. CGR에 영향을 주거나 영향을 받는 시스템 맥락은 정치적·법적·사회경제적·환경적 영향의 집합을 의미하며, 협력동력의 기회와 제약을 만들고 영향을 준다. 리더십, 인센티브, 상호의존성 또는 불확실성 등으로 구성되는 추진동력은 CGR을 착수시키고 CGR의 방향을 설정한다. 마지막으로 CGR의 결과로 나타나는 협력 결과는 CGR이 사회에 주는 영향impact과 환류작용에 의한 적응adaptation으로 구성된다. 이러한 요인들을 구체적으로 살펴보면 아래와 같다.

첫째, 시스템 맥락은 자원 조건, 정책적·법적 환경, 과거 문제해결 실패 경험, 권력관계·역동성, 네트워크 연결 정도, 갈등·신뢰수준,

사회·경제·문화적 건전성·다양성 등으로 구성된다. 이러한 시스템 맥락은 협력적 거버넌스 즉 CGR의 착수와 진행 과정 전반에 중요한 영향을 미친다. 그리고 착수 과정에서 시스템 맥락은 추진동력에 영향을 준다.

둘째, 추진동력은 CGR의 착수에 필요한 추진력을 제공하고 CGR의 유형과 방향을 설정한다. 추진동력에는 리더십, 실질적 인센티브, 상호의존성과 불확실성 등이 포함된다. 일반적으로 CGR이 착수되기 위해서는 리더십, 실질적 인센티브, 상호의존성 또는 불확실성 등 추진동력 중의 하나 또는 그 이상이 필요하다. 그리고 더 많은 추진동력이 존재하고 더 많은 참여자들이 추진동력의 존재를 알고 있을 경우, CGR이 시작될 가능성은 더 커진다.[69]

셋째, CGR은 협력적 거버넌스의 운영과 의사결정 그리고 활동 등이 이루어지는 시스템으로, 협력동력collaborative dynamics과 협력행동 collaborative action으로 구성된다. 먼저, 협력동력은 '원칙적 참여', '공유된 동기', '공동행동 역량'이라는 세 가지 요소로 구성되고, 상호작용하면서 반복적으로 작동하여 협력행동을 이끌어낸다.

(i) '원칙적 참여'는 발견, 정의, 숙의, 결정이라는 상호작용 과정에 의해 형성되고 지속된다. 여기에서, 발견은 관련자의 이해관계와 가치관 등을 포함한 관련 정보를 확인하는 것을 말하고, 정의는 공동의 목표와 목적을 설정하는 것을 말하고, 숙의는 진솔하고 이성적인 의사소통을 말하고, 결정은 협력 과정과 관련된 공동결정을 내리는 것을 의미한다. 원칙적 참여는 발견, 정의, 숙의, 결정의 반복과정을 통해서 형성되고 유지되며, 원칙에 입각한 참여의 효과성은 이 반복 과정의 질에 의해 결정된다.[70]

(ii) '공유된 동기'는 상호신뢰, 상호이해, 내부적 정당성, 공유된 몰입으로 구성된다. '공유된 동기'는 한번 형성되면 '원칙적 참여'를 증진시키고 유지하는 데 도움을 주며, 반대로 '원칙적 참여'도 '동기의 공유'에 선순환으로 도움을 준다. 여기에서, 상호신뢰는 참여자들이 서로를 이성적이고, 예측가능하고, 의지할 수 있는 존재라고 믿는 것을 의미하고, 상호이해는 다른 참여자들의 입장과 이해관계가 무엇인지를 이해하고 존중하는 것을 의미하고, 내부적 정당성은 협력 과정에 참여하는 관련자들의 신뢰성을 인정하는 것을 의미하고, 공유된 몰입은 조직과 부문의 경계를 초월하여 협력할 수 있도록 참여자들을 하나로 묶는 연대감을 형성하는 것을 의미한다. 원칙적 참여를 통하여 이루어지는 수준 높은 상호작용의 반복은 상호신뢰, 상호이해, 내부적 정당성 그리고 공유된 몰입을 촉진하고, 결과적으로 공유된 동기를 형성한다. 일단 형성된 공유된 동기는 원칙적 참여를 강화하고 유지한다.[71]

(iii) '공동행동 역량'은 제도적 장치, 리더십, 지식, 그리고 자원으로 구성된다. '원칙적 참여'와 '공유된 동기'는 제도적 장치, 리더십, 지식, 그리고 자원의 개발을 자극하여 '공동행동 역량'을 창출하고 지속시킨다. CGR의 목적에 의해 '공동행동 역량'의 필요수준이 결정된다. '원칙적 참여', '공유된 동기' 그리고 '공동행동 역량' 사이의 생산적이고 자기강화적인 상호작용에 의해 협력동력의 질과 정도가 결정된다.[72]

(iv) 협력동력에 의해 형성되는 협력행동은 승인을 확보하고, 정책·법률을 수립하고, 자원을 확보하고, 직원을 배치하고, 인가·허가하고, 새로운 관리 절차를 도입하고, 집행 과정을 감독하고, 강제력을

동원하여 정책을 집행하는 등의 활동을 포함한다. 협력행동이 추구하는 공공가치와 협력행동의 이유가 참여자들 사이에서 명시적으로 동의되고 협력행동에 필요한 역량이 협력동력을 통하여 형성되면, 협력행동이 이루어질 가능성이 증가한다.[73]

넷째, 협력행동에 의해 도출되는 협력결과에는 영향과 적응이 포함된다. 협력행동의 결과로 나타나는 영향은 CGR이 목표한 사회문제가 해결되는 것을 의미한다. 협력동력 과정에서 목표가 협력행동의 이유에 적합하도록 명확하게 정의되면, 영향은 주어진 목표에 근접하게 된다. 그리고 결과적으로 영향은 시스템 맥락의 조건을 변화시키게 되고, CGR의 적응이 이루어진다. 적응은 시스템 맥락의 변화를 유발하고, CGR의 변화를 유발하고, 협력동력의 변화를 유발하는 것을 의미한다.

5) 협력적 거버넌스 이론 정리

엘리노어 오스트롬의 제도분석틀IAD framework: institutional analysis and development framework은 〈그림 9-1〉과 같이 외부 변수인 물리적 조건 biophysical conditions, 공동체 속성attributes of community, 제도적 장치rules-in-use, 그리고 외부 변수에 의해 영향을 받는 행동상황action situations, 상호작용interactions, 결과outcomes 등으로 구성된다.[74]

여기에서 물리적 조건은 상호작용의 대상이 되는 재화의 성격을 포함하는 물리적 특성에 관련된 조건을 의미한다. 공동체 속성은 행동상황에서 상호작용을 하는 행위자들로 이루어진 공동체의 속성과 조건을 말한다. 또한 제도적 장치는 행동상황에서 이루어지는 상호작

〈그림 9-1〉 제도분석틀

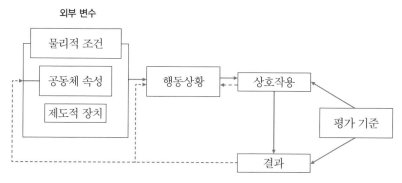

• 출처: Elinor Ostrom, "Beyond Markets and States: Polycentric Governance of Complex Economic System," *American Economic Review*, 100:3(2010): 641-672, p.646.

용에 영향을 주는 공식적이고 비공식적인 제도를 말한다. 이상의 세 가지 변수가 행동상황에 영향을 주고, 행동상황에서 행위자들의 실제 상호작용이 이루어진다.[75]

앞에서 제시된 협력적 거버넌스 이론들의 내용을 엘리노어 오스트롬의 제도분석틀을 이용하여 간략하게 정리하면 다음과 같다.

첫째, 물리적 조건에는 해결되어야 하는 사회문제와 관련된 자연과학적 특성인 '참여 인센티브', '단독해결 실패(협력 필요성)', '상호의존성', '불확실성', '지식', '자원' 등이 포함된다. 이러한 물리적 조건이 협력적 거버넌스가 이루어지는 행동상황에서의 참여자들의 상호작용에 영향을 준다. 예를 들어, 문제해결의 필요성을 모든 참여자들이 공감하지만 문제의 특성상 문제해결에 필요한 정보와 지식 그리고 자원을 단독으로 확보하는 것이 불가능하여 어느 한 기관 또는 행위자가 사회문제를 혼자서 해결할 수 없고, 문제의 정의나 해결 방법에 대한 동의가 어려운 문제, 즉 사악한 문제인 경우 협력적 거버넌스가 필요하게 된다.

그러나 협력적 거버넌스가 필요한 모든 사악한 문제가 언제나 참여자들의 협력을 통해서 성공적으로 해결되는 것은 아니다. 각각의 참여자들에 의해 단독으로 이루어진 사악한 문제 해결 노력이 실패하였고, 모든 참여자들이 사악한 문제가 해결되기를 간절하게 원해서 문제해결 노력에 대한 참여 인센티브가 큰 경우, 즉 사악한 문제의 해결이라는 **'공동의 목적'**이 뚜렷하게 존재하는 경우에 협력적 거버넌스가 출현하고 성공할 가능성이 높아진다.

둘째, 공동체 속성에는 '권력·자원 불균형', '협동과 갈등의 과거', '과거 실패 경험', '리더십', '기존 협력 네트워크 존재', '강력한 후원자', '동의된 문제의식', '권력관계', '네트워크 연결 정도', '갈등·신뢰 수준', '사회경제적 다양성' 등이 포함된다. 공동체 속성 또한 협력적 거버넌스가 이루어지는 행동상황에 영향을 준다. 협력적 거버넌스에 참여하는 기관과 행위자들이 모두 같은 문제의식을 갖고 있고, 강력한 후원자가 존재하며, 과거 협동 경험으로 높은 신뢰가 형성된 경우 협력적 거버넌스의 성공 가능성은 높아진다. 또한, 과거 실패 경험이 존재하거나 협력적 거버넌스에 참여하는 다양한 기관과 행위자 사이의 신뢰 수준이 낮은 경우 협력적 거버넌스의 성공 가능성은 낮아진다.

그러나 공동체의 속성이 협력적 거버넌스의 추진과 성공에 미치는 영향은 복잡하다. 예를 들어, 협력적 거버넌스에 참여하는 여러 기관과 행위자들의 다양성 또는 이질성은 협력적 거버넌스의 성공에 긍정적 영향을 줄 수도 있고 부정적 영향을 줄 수도 있을 것이다. 다양한 기관과 행위자들이 사악한 문제의 해결이라는 **'공동의 목적'**을 추구하고, 또한 사악한 문제의 정의와 해결 방법 등에 대하여 '동일한 문제의식'을 갖는 경우에는 참여자들의 다양성과 이질성은 협력적 거버넌스의 성공 가능성을 높일 수 있다. 다양한 기관과 행위자들이 갖고 있는 정보와 자원이 중복되지 않아 협력적 거버넌스에 필요한 정보와 자원을 적절하게 확보할 수 있는 가능성이 높아질 수 있기 때문이다.

하지만 다양한 기관과 행위자들이 사악한 문제의 해결이라는 '**공동의 목적**'을 공유하지 못하고, 사악한 문제의 정의와 해결 방법 등에 대하여 '동일한 문제의식'을 갖고 있지 않은 경우에는 참여자들의 다양성과 이질성은 협력적 거버넌스의 성공 가능성을 낮출 수 있다.

셋째, 제도적 장치에는 '법·정책 환경', '감시제도', '성과평가제도', '책임성 확보 제도', '관리제도', '명확한 경계', '현지조건 부합성', '집합적 선택 장치', '감시', '갈등해결 장치', '자치권 보장', '중층구조' 등이 포함된다. 적절한 제도적 장치가 존재하는 경우 협력적 거버넌스 추진과 성공 가능성은 높아질 것이다. 예를 들어, 제도적 장치가 협력적 거버넌스가 필요한 문제상황에 부합하고, 적절한 감시·평가·책임 확보 장치가 존재하여 상대방의 호혜적 행동을 신뢰할 수 있는 경우 협력적 거버넌스의 추진과 성공 가능성이 높아질 것이다.

그러나 협력적 거버넌스의 성공에서 중요한 역할을 담당하는 네트워크 거버넌스를 강제하거나 유도할 수 있는 제도적 장치를 외부자가 제공하는 것은 쉽지 않다. 따라서 제도적 장치의 설계와 집행 또한 네트워크 거버넌스를 활용한 협력적 거버넌스를 통하여 이루어질 때, 협력적 거버넌스의 성공 가능성은 높아질 것이다.

넷째, 상호작용에는 '초기 동의 형성', '리더십 구축', '면대면 대화',

'신뢰구축', '정당성 구축', '과정 몰입', '공유된 이해', '중간성과·1, 2, 3차 효과', '갈등관리', '적절한 계획', '숙의를 통한 결정', '상호신뢰', '상호이해', '내부적 정당성 확보', '공유된 몰입' 등이 포함된다. 상호 작용은 협력적 거버넌스가 실제로 이루어지는 과정으로, 물리적 조 건과 공동체 속성 그리고 제도적 장치의 영향을 받는다. 여기에서 가 장 중요한 것은 협력적 거버넌스에 참여하는 다양한 기관과 행위자 사이의 '**신뢰의 구축**'이다. 협력적 거버넌스에 참여하는 다양한 기관 과 행위자 사이에서 신뢰를 바탕으로 한 실질적인 논의와 협력이 이 루어지는 경우 협력적 거버넌스의 성공 가능성은 높아질 것이다. 또 한, 숙의를 통하여 결정이 이루어지고, 면대면 대화를 통하여 정당성 과 신뢰가 구축되면, 중간성과가 나타나는 과정이 반복되면서, 참여 자들 사이의 신뢰의 수준은 더욱 높아져 결과적으로 협력적 거버넌 스의 성공 가능성이 높아질 것이다.

다섯째, 결과에는 '공공가치 달성', '성과평가 및 환류', '영향', '적 응' 등이 포함된다. 결과는 상호작용의 산출물로, 협력적 거버넌스가 추구한 공공가치 달성 여부에 의해 평가될 수 있다. 그리고 이러한 평 가결과는 협력적 거버넌스의 점진적인 개선을 위하여 물리적 조건, 공동체 속성, 그리고 제도적 장치 등 협력적 거버넌스의 외부 조건에 환류될 수 있다. 이와 같은 환류가 이루어지는 경우 협력적 거버넌스 의 성공 가능성은 높아질 것이다.

결론적으로, 협력적 거버넌스의 성공을 위하여 가장 중요한 것은 (i) 단독으로 해결할 수 없는 사악한 문제를 해결하고자 하는 '**공동의 목적**'과 (ii) 협력적 거버넌스의 구성요소 중 계층제적 지시나 자발적 교환으로는 작동할 수 없는 수평적 협력을 가능하게 할 수 있는 '**신**

뢰의 구축'이다. 사악한 문제의 해결이라는 목적을 공유하지 않는 한, 협력적 거버넌스는 추진되지 않는다. 또한 개인들 사이의 집합행동의 조건인 신뢰, 호혜성 등은 공공부문과 민간부문의 다양한 기관 또는 조직 사이의 집합행동이라고 할 수 있는 협력적 거버넌스에서도 중요한 조건이라고 할 수 있다.

5. 제2세대 거버넌스 이론의 발전 방향

이상에서 제2세대 거버넌스 이론의 사례라고 할 수 있는 협력적 거버넌스 모형들을 간략하게 살펴보았다. 다양한 사례분석 문헌에 대한 메타분석을 통하여 도출된 이들 협력적 거버넌스 모형은 협력적 거버넌스에 영향을 주는 주요 요인으로, (i) 협력 과정이 일어나는 배경과 기본적인 조건이 되는 '물리적 조건', (ii) 협력적 거버넌스 참여자들의 상호작용에 영향을 주는 '제도적 장치', (iii) 협력적 거버넌스 참여자들로 구성된 '공동체 속성', (iv) 협력적 거버넌스 참여자들 사이의 상호작용이 실제로 일어나는 '협력 과정', 그리고 (v) 협력적 거버넌스 결과를 평가하고 환류하는 '결과' 등을 들고 있다.

다양한 사회문제를 성공적으로 해결하기 위해서는 다양한 유형의 협력적 거버넌스가 필요하고, 따라서 협력적 거버넌스의 일반적 조건을 모두 포함하는 종합적 이론이나 모형을 구축하는 것은 쉬운 일이 아니다.[76] 그러므로 앞에서 살펴본 모형들은 일부 특정 협력적 거버넌스의 조건을 정리한 것으로 일반화 가능한 모형이라고는 할 수 없을 것이다. 다양한 사회문제 해결 사례에서 지금까지 알려지지 않았던 협력적 거버넌스 유형과 협력적 거버넌스 성공조건이 발견될 수 있다. 따라서 제2세대 거버넌스 이론의 정립을 위해서 다양한 협력적 거버넌스의 성공과 실패 사례에 대한 심층적인 연구가 필요하다.

어쩌면 협력적 거버넌스의 일반적 조건을 탐색한다는 것 자체가 불가능한 일인지 모른다. 로즈Rhodes는 협력적 거버넌스가 나타나는 이유와 원인이 너무 다양해서 일반적 모형으로 현실의 협력적 거버넌스를 연역적으로 설명하는 것은 부적절하다고 설명한다.[77] 그는 다양한 사회에서 다양한 문제를 해결하기 위하여 나타나는 협력적 거버넌스를 설명하기 위해서 필요한 것은 일반적이고 종합적인 모형이 아니라 해석주의적 연구interpretative research를 통한 개별 협력적 거버넌스 사례에 대한 심층적인 이해라고 주장한다.[78]

이러한 관점에서 협력적 거버넌스의 일반모형, 즉 제2세대 거버넌스 이론의 구축을 위하여 다양한 협력적 거버넌스 사례에 대한 심층적인 연구의 축적이 필요하다고 할 수 있다. 다양한 사례분석을 통하여 협력적 거버넌스의 성공과 실패조건을 탐색하고, 이를 범주화하고 종합하고 단순화하여, 성공과 실패조건과 협력적 거버넌스 과정과 성과 사이의 관계에 대한 가설을 설정하고 경험적으로 검증하는 것이 제2세대 거버넌스 이론의 핵심 과제이다.

또한, 제2세대 거버넌스 이론의 중요한 과제로 '사회문제의 속성'과 '협력적 거버넌스 유형'의 관계에 대한 연구를 들 수 있다. 앞서 논의된 바와 같이, 협력적 거버넌스가 요구되는 사회문제에는 다양한 유형이 존재한다. 이 책의 제4장에서는 사악성wickedness의 정도로 사회문제를 유형화하였다. 또한, 이 책의 제6장에서는 협력적 거버넌스를 계층제 거버넌스와 시장 거버넌스, 그리고 네트워크 거버넌스의 혼합으로 정의하였다. 이렇게 정의할 경우, 협력적 거버넌스는 세 가지 거버넌스 유형의 혼합 비율에 따라 다양한 유형을 갖는다.

다양한 유형의 사회문제를 성공적으로 해결하기 위해서는 다양한 유형의 협력적 거버넌스가 요구된다. 제2세대 거버넌스 이론은 바로 이러한 사회문제 유형과 협력적 거버넌스 유형 사이의 관계에 대해 연구할 필요가 있다. 기존의 협력적 거버넌스 이론이나 모형들도 사회문제의 특성이 협력적 거버넌스의 착수와 성공에 미치는 영향을 언급하고 있다. 그러나 사회문제의 유형에 따라 어떤 유형의 협력적 거버넌스가 필요한지, 즉 어떤 비율로 세 가지 유형의 거버넌스가 혼합되어 활용되는 것이 적절한지에 대한 언급은 거의 없다.

세 가지 유형의 거버넌스의 단순한 혼합 비율뿐만이 아니라 각각 거버넌스 유형의 구체적인 형태와 내용 또한 협력적 거버넌스의 추진과 성공 가능성에 영향을 줄 것이다. 그리고 사회문제의 속성은 다른 외부 조건들, 즉 다른 물리적 조건과 공동체 속성, 그리고 제도적 장치와 상호작용하면서 협력적 거버넌스의 추진과 성공 가능성에 영향을 줄 것이다.

마지막으로, 제2세대 거버넌스 이론의 또 하나의 중요한 과제로 협력적 거버넌스를 유도하고, 착수시키고, 유지하고, 관리하고, 책임성을 확보하는 방법, 즉 메타거버넌스에 대한 연구를 들 수 있다. 특히, 응용사회과학인 행정학의 특성을 생각할 때, 협력적 거버넌스의 거버넌스인 메타거버넌스의 실천적 방안을 처방하기 위한 연구가 절실하게 필요하다고 할 수 있다. 물론, 메타거버넌스라는 말을 사용하지는 않았지만 오스트롬의 제도원칙 등 기존 연구들도 이러한 문제를 다루고 있다. 하지만 문제의 유형과 공동체 속성 등과 연계하여 보다 실

천적이고 구체적인 메타거버넌스 도구를 처방하는 체계적인 연구가
요구된다.

결론적으로, 사회문제와 협력적 거버넌스 유형의 관계 그리고 메타
거버넌스에 대한 연구가 제2세대 거버넌스 이론의 잃어버린 연결고
리missing link라고 할 수 있다. 지금까지는 본격적으로 다루어지지 않
은 다양한 사회문제 유형, 협력적 거버넌스를 통한 사회문제 해결가
능성 그리고 협력적 거버넌스를 가능하게 하는 메타거버넌스에 대한
심층적인 사례연구, 특히 해석주의적인 연구의 축적이 제2세대 거버
넌스 이론의 구축과 발전, 나아가 거버넌스 이론의 완성에 큰 기여를
할 수 있을 것이다.

미주

1) Garry Stoker, "Governance as Theory: Five Propositions," *International Social Science Journal*, 50 : 1(1998): 17-28.

2) Walter J. M. Kickert, "Public Governance in the Netherlands: An Alternative to Anglo-American 'Managerialism'," *Public Administration*, 75(1997): 731-752; Bob Jessop, "Capitalism and its Future: Remarks on Regulation, Government and Governance," *Review of International Political Economy*, 4 : 3(1997): 561-581; Guy Peters, "Globalization, Institutions and Governance," in Guy Peters and Savoie, (ed.) *Governance in the Twenty-First Century: Revitalizing the Public Service*, (Montreal: McGill-Queen's University Press, 2000): 29-57; Jan Pierre, *Debating Governance*, (Oxford University Press, 2000).

3) Laurence E. Lynn, Jr, Carolyn J. Heinrich, and Carolyn J. Hill, *Improving Governance: A New Logic for Empirical Research*, (Washington. D.C.: Georgetown University Press, 2001).

4) Cheryl Simrell King and O. C. McSwite, "Public Administration at Midlife?"

Public Administration Review, 59:3(1999): 256-262, p.258.

5) 이명석, "행정학의 패러다임과 거버넌스," 〈국정관리연구〉, 2:2(2007): 5-30, pp.17-18.

6) Laurence E. Lynn, Jr, Carolyn J. Heinrich, and Carolyn J. Hill, Improving Governance: A New Logic for Empirical Research.

7) 거버넌스 이론을 전통적 행정학의 관료제 패러다임과 구분되는 행정학의 새로운 패러다임으로 차별화할 수도 있으나, 패러다임이라는 개념의 모호성으로 여기서는 행정학의 새로운 이론으로 차별화하기로 한다. 자세한 내용은, Vincent Ostrom, *Intellectual Crisis in American Public Administration;* 이명석, "거버넌스의 개념화: 사회적 조정으로서의 거버넌스," 참조할 것.

8) 이명석, "거버넌스 이론의 모색," 〈국정관리연구〉, 1:1(2006): 36-63, p.53.

9) 이명석, "행정학의 패러다임과 거버넌스," p.23.

10) 이명석, "협력적 거버넌스와 공공성," 〈현대사회와 행정〉. 20:2(2010): 23-53, p.44.

11) 앞의 논문.

12) 이명석, "거버넌스 이론의 모색," pp.46-48.

13) Vincent Ostrom, *Intellectual Crisis in American Public Administration.*

14) Walter J. M. Kickert, "Public Governance in the Netherlands: An Alternative to Anglo-American 'Managerialism'," *Public Administration*, 75(1997): 731-752.

15) Gorge Frederickson and K. Smith, *The Public Administration Theory Primer*, (Boulder, Colorado: Westview Press, 2003), p.244.

16) Laurence E. Lynn, Jr, Carolyn J. Heinrich, and Carolyn J. Hill, *Improving Governance: A New Logic for Empirical Research.*

17) Michael. M. Harmon, and Richard. T. Mayer, *Organizational Theory for Public Administration*, (Glenview: Scott, Foresman, 1986).

18) George Frederickson, Kevin B. Smith, Christopher W. Larimer and Michael J. Licari, *The Public Administration Theory Primer*, (Westview Press, 2015): pp.221-222.

19) Eva Sørensen and Jacob Torfing, "The Democratic Anchorage of Governance Networks," *Scandinavian Political Studies*, 28:3(2005): 195-218.

20) Walter J. M. Kickert and Johannes F. M. Koppenjan, "Public Management and Network Management: An Overview," In Walter J. M. Kickert, Erik-Hans Klijin

and Johannes F. M. Koppenjan, (eds.) *Managing Complex Networks*, (London: Sage, 1997), pp.41-42.

21) Eva Sørensen and Jacob Torfing, "The Democratic Anchorage of Governance Networks," *Scandinavian Political Studies*, 28:3(2005): 195-218, p.196.

22) Geert Teisman and Erik-Hans Klijn, "Partnership Arrangements: Governmental Rhetoric or Governance Scheme?" *Public Administration Review*, 62:2(2002): 197-205, pp.199-200.

23) 앞의 논문.

24) 이명석, "행정학의 패러다임과 거버넌스," p.25.

25) 앞의 논문, p.21.

26) 정부가 공공기업가의 역할을 담당한 대표적인 사례로 미국 샌프란시스코의 '크리시필드Crissy Field'의 사례를 들 수 있다. '금문교 국립 휴양지역Golden Gate National Recreational Area: GGNRA'을 관리하던 국립공원관리청의 오닐 소장은 군사기지로 사용되던 크리시필드가 GGNRA에 편입된 후, 크리시필드의 환경오염을 제거하고 공원으로 전환·관리하는 과정에서 정부의 예산이나 인력을 동원하지 않고 새로운 방법을 활용하였다. 크리시필드를 정화하고 관리할 예산을 연방정부로부터 지원받지 못하게 되자, 오닐 소장은 환경문제에 관심이 많은 민간단체, 시민, 그리고 민간기업 등을 찾아다니며 설득하여 크리시필드를 정화하여 공원으로 전환하는 데 필요한 인적·물적 자원을 확보하는 데 성공하였다. 그는 이 과정에서 정부의 공권력에 의존하는 대신, 설득을 통하여 크리시필드의 정화라는 '공공가치public value'를 공유하는 다양한 사회 구성원들의 자발적 협조를 이끌어내는 데 성공하였다. 자세한 내용은 Stephen Goldsmith and William D. Eggers, *Governing by Network: The New Shape of Public Sector*, (Brookings Institute Press, 2004) 참조할 것.

27) Roderick AW. Rhodes, "Governance and Public Administration," in Jan Pierre, (ed.) *Debating Governance: Authority, Steering and Democracy*, (Oxford: Oxford University Press, 2000): 54-90, p.85.

28) Garry Stoker, "Governance as Theory: Five Propositions," *International Social Science Journal*, 50:1(1998): 17-28, p.24.

29) 이 절의 내용은 이명석, "거버넌스: 신드롬 또는 새로운 행정학 이론?" 〈국정관리연구〉, 11:3(2016): 1-25에서 발췌하여 정리한 것임.

30) Gerard Fairtlough, *The Three Ways of Getting Things Done*, (Greenway, U.K.: Triarchy Press, 2005), p.1.

31) 단일 명령체계 또는 규칙에 의해 통제되는 계층제hierarchy와는 달리, 복수의 명령체제 또는 규칙에 의해 통제되는 체제를 이서제heterarchy라고 한다. 자세한 내용은 Gerard Fairtlough, *The Three Ways of Getting Things Done*, p.28 참조할 것.

32) Gerrett Hardin, "The Tragedy of the Commons," *Science*, 162(1968): 1243-1248. p.1243.

33) 앞의 논문, p. 1243.

34) 이명석, "거버넌스 이론의 모색," p.39.

35) Garry Stoker, "Governance as Theory: Five Propositions," *International Social Science Journal*, 50:1(1998): 17-28; Roderick AW. Rhodes, "The Governance Narrative: Key Findings and Lessons from the ESRC's Whitehall Programme," *Public Administration*, 78:2(2000): 345-363.

36) Eva Sørensen and Jacob Torfing, "Making Governance Networks Effective and Democratic through Metagovernance," *Public Administration*, 87:2(2009): 234-258, p.234.

37) Horst W.J. Rittel and Melvin M. Webber, "Dilemmas in a General Theory of Planning," *Policy Sciences*, 4(1973): 155-169. p.159.

38) 이하의 내용은 이명석, "네트워크 거버넌스와 정부의 역할: 복잡계이론을 중심으로," 〈국정관리연구〉, 6:1(2011): 1-31에서 발췌한 것임.

39) Claus Offe, "Governance: An Empty Signifier," *Constellations*, 16:4(2009): 550-562, p.553.

40) 이명석, "네트워크 거버넌스와 정부의 역할: 복잡계이론을 중심으로," pp.14-15.

41) 앞의 논문, p.26.

42) Roderick AW. Rhodes, "The Governance Narrative: Key Findings and Lessons from the ESRC's Whitehall Programme," *Public Administration*, 78:2(2000): 345-363; 이명석, "거버넌스의 개념화: 사회적 조정으로서의 거버넌스," p.334.

43) 참고로, 조직은 관료제적 조직, 기계적 조직, 유기적 조직, 그리고 단순 조직 등으로 분류될 수 있고, 계층제적 통제의 성격이 가장 강한 기계적 조직의 경우조차 조직구성 및 운영방식의 혼합은 계층제 75%와 이서제 25%로 이루어진다. 자세한 내용은 Gerard Fairtlough, *The Three Ways of Getting Things Done* 참조할 것.

44) 이명석, "거버넌스에서 정부로?: 한국장기이식 거버넌스 사례를 중심으로," 〈한국정책분석평가학회보〉, 16:3(2006): 195-220.

45) Michael McGinnis, "An Introduction to IAD and the Language of the Ostrom

Workshop: A Simple Guide to a Complex Framework," *Policy Studies Journal*, 39:1(2011): 169-183, p.171.

46) Guy Peters, "Globalization, Institutions and Governance," in Guy Peters and Savoie, (ed.) *Governance in the Twenty-First Century: Revitalizing the Public Service*, (Montreal: McGill-Queen's University Press, 2000): 29-57.

47) Bob Jessop, "Governance Failure," in Garry Stoker. (ed.) *The New Politics of British Local Governance*, (St. Martin Press, 2000): 11-32.

48) Elinor Ostrom, *Governing the Commons: The Evolution of Institutions for Collective Action*, (Cambridge University Press, 1990); Elinor Ostrom, "Beyond Markets and States: Polycentric Governance of Complex Economic System," *American Economic Review*, 100:3(2010): 641-672, pp.661-662; Chris Ansell and Alison Gash, "Collaborative Governance in Theory and Practice," *JPART*, 18:4(2007): 543-572.

49) Elinor Ostrom, *Governing the Commons: The Evolution of Institutions for Collective Action*.

50) 이러한 특성을 '배제불가능성'이라고 한다. 한편 아무리 사용하여도 사용할 수 있는 양이 줄지 않는 공공재와는 달리, 공유재는 많은 사람이 사용하면 사용할 수 있는 양이 줄어드는 특성(편익감소성)을 갖는다. 자세한 내용은 이명석, "제도, 공유재, 그리고 거버넌스," 〈행정논총〉, 44:2(2006) 참조할 것.

51) 앞의 책. 엘리노어 오스트롬의 제도설계원칙은 공유재 관리와 사용 상황에서의 협력적 거버넌스 사례에 특화된 조건이라고 할 수 있다. 그러나 일반적인 협력적 거버넌스 상황에도 적용될 수 있을 것이다. 자세한 내용은 Garry Stoker, "Governance as Theory: Five Propositions" 참조할 것.

52) Elinor Ostrom, "Beyond Markets and States: Polycentric Governance of Complex Economic System," pp.661-662.

53) 앞의 논문, pp.662-663.

54) Chris Ansell and Alison Gash, "Collaborative Governance in Theory and Practice," 543-572.

55) 앞의 논문, pp.551-554.

56) 앞의 논문, p.555.

57) 앞의 논문, pp.556-557.

58) 앞의 논문, pp.559-561.

59) John M. Bryson, Barbara C. Crosby and Melissa Middleton Stone, "The Design and Implementation of Cross-Sector Collaborations: Propositions from the Literature," *Public Administration Review*, 66(2006): 44-55.

60) 앞의 논문, pp. 45-46.

61) 앞의 논문, pp. 46-48.

62) 앞의 논문, pp. 48-49.

63) 앞의 논문, p. 50.

64) 참고로 여기서 1, 2, 3차 효과는 안셀과 개쉬가 말하는 '작은 승리를 만드는 중간성 과'와 같은 것이다. 자세한 내용은 앞의 논문 p.51 참조할 것.

65) 앞의 논문, pp. 50-51.

66) 앞의 논문, pp. 51-52.

67) 참고로, 바로 이러한 특성이 협력적 거버넌스의 창발성에 해당된다고 할 수 있다.

68) Kirk Emerson, Tina Nabatchi and Stephen Balogh, "An Integrative Framework for Collaborative Governance," *Journal of Public Administration Research and Theory*, 22:1(2012): 1-30, p.2.

69) 앞의 논문, pp.9-10.

70) 앞의 논문, pp.10-13.

71) 앞의 논문, pp.13-14.

72) 앞의 논문, pp.14-17.

73) 앞의 논문, pp.17-18.

74) Elinor Ostrom, "Beyond Markets and States: Polycentric Governance of Complex Economic System," pp.645-647.

75) 행동상황은 행위자들의 상호작용이 이루어지는 '게임의 규칙'을 의미한다. 이 게임 의 규칙은 3가지 외부 변수에 의해 결정되며, 행위자들의 구체적인 행동은 상호작 용으로 나타나게 된다. 따라서 선행연구의 성공요인 정리에서 행동상황은 사용하지 않는다. 자세한 내용은, 앞의 논문. p.647 참조할 것.

76) 협력적 거버넌스 성공조건에 대한 보다 종합적인 문헌 검토는, 정수용, 《협력적 거 버넌스의 성공요인에 관한 연구: 지역주민의 공동의 문제해결 사례를 중심으로》, (성균관대학교. 박사학위 논문, 2015) 참조할 것.

77) Roderick AW. Rhodes, "Understanding Governance: Ten Years On," *Organization Studies*, 28:8(2007): 1243-1264.

78) '인과관계'에 대한 일반화 가능한 법칙을 추구하는 자연과학주의적 연구와는 달리, 해석주의적 연구는 특정 사례에 대한 심층적인 분석을 통하여 어떤 사회현상이 나타나게 된 '이유'를 구체적으로 설명하는 것을 목적으로 한다. 자세한 내용은, David Braybrooke, *Philosophy of Social Science*, (Prentice Hall, 1987); Roderick AW. Rhodes, "The Governance Narrative: Key Findings and Lessons from the ESRC's Whitehall Programme," *Public Administration*, 78:2(2000): 345-363 참조할 것.

제10장

거버넌스의 지적 위기

우리가 [미국 민주주의 실험의 의미를] 충분히 이해하지 못한다면, 우리는 민주주의라고 잘못 알려진 비밀제국주의와 독재적 폭정의 새로운 형태를 만들어 가는 함정에 빠진 우리를 발견하게 될 것이다.

—빈센트 오스트롬Vincent Ostrom,
《미국 행정학의 지적 위기》에서

1. 거버넌스: '충분히 새로운' 대안?

1) 일반 용어가 아닌 거버넌스

사전적인 의미, 또는 일반적인 의미의 거버넌스는 전혀 새로운 개념이 아니다. 거버넌스는 "제도, 권위 구조, 그리고 협력을 활용하여 사회와 경제활동을 조정하고 자원을 배분하는 활동, 또는 정부가 선택·감시·대체되는 과정",[1] "거래가 협상·집행되고 거래의 성실성이 결정되는 제도적 틀",[2] "사회 시스템을 목적을 향하여 조향하는 의도적인 메커니즘",[3] "동의를 형성하고 획득하여 다양한 이해관계가 존재하는 사회문제를 해결하는 것",[4] "일을 이루어지게 하는 능력",[5] "사회가 전체적인 수준에서 정치·경제·사회 문제를 관리하는 방법",[6] "공공 서비스의 생산·공급·소비와 관련된 재원조달·조정·분쟁조정·규칙제정" 등을 의미한다.[7] 이처럼, 거버넌스는 일반적으로 사회문제가 해결되고 사회가 관리되는 방법 전체를 총칭하는 일반용어generic term라고 할 수 있다.

여기에서 중요한 것은 전통적으로 사용되어 왔던 '정부'를 대신하여 거버넌스라는 개념이 유행하게 되었다는 사실 자체가 거버넌스라는 말이 더 이상 사회문제가 해결되고 사회가 관리되는 방법 전체를 총칭하는 일반용어가 아니라는 것을 의미한다는 점이다. 거버넌스라는 개념이 유행하게 된 것은 사회가 관리되는 방법의 근본적인 개혁에 대한 관심 때문이다. 즉, "사회가 다스려지거나 관리되는 '새로운' 방법 … 또는 다스리거나 관리하는 '새로운' 과정"[8]이 절실하게 필요하게 되었기 때문이다. 다시 말해서, 정부 대신에 거버넌스라는 말을 사용한다는 것은 정부 또는 전통적인 사회문제 해결 방법과 '완전히 차별화될 수 있는 새로운 방법'으로 사회문제를 해결하고 사회를 관리하는 것에 관심을 갖게 되었다는 것을 의미한다.

그러나 거버넌스는 그동안 다양한 의미로 해석되고 활용되며 많은 개념적 혼란을 야기해왔다. '새롭다'는 것 또한 매우 다양한 의미로 해석된다. 거버넌스가 '무엇인가 새로운 것'이라는 점에는 모두 동의하지만, 어떤 관점에서 새로운 것인지, 그리고 어느 정도 새로운 것인지에 대한 합의는 여전히 존재하지 않는다.[9]

앞서 충분히 논의된 바와 같이 새로운 것을 의미하는 거버넌스는 사회과학의 다양한 분야에서 사용되는 인기 있는 개념이다. 거버넌스는 행정학 분야, 국제 정치 분야, 그리고 국제기구의 좋은 거버넌스 분야 등에서 사용된다.[10] 다양한 분야에서 사용되는 거버넌스는 분야마다 그 의미도 다양하게 이해된다. 일반적으로 거버넌스는 행정학 분야에서는 신공공관리론과 네트워크 등의 의미로 사용되고, 국제 정치 분야에서는 계층제적 권위에 의존하지 않는 국가 사이의 상호협력관계의 의미로 사용되고, 국제기구의 좋은 거버넌스 분야에서는 정책 역량을 갖춘 정부에 대한 민주적 통제와 신자유주의 경제정책 등의 의미로 사용된다.

이들은 모두 나름대로의 기준에서 '새롭다'고 할 수 있다. 그러나 과연 이들이 모두 '충분히 새로운 무엇인가'라고 할 수 있는지 의문이다. 정부 즉 거버먼트government라는 말 대신에 거버넌스governance라는 말이 사용되게 된 것은 거버먼트에 대한 근본적인 불신으로 거버먼트를 대체할 수 있는 무엇인가 새로운 것이 필요했기 때문이다. 즉, 더 이상 정부라는 말로는 적절하게 표현할 수 없는 "사회가 다스려지거나 관리되는 이전과는 완전히 차별화되는 새로운 방법"이 필요했던 것이다. 만일 사회가 다스려지거나 관리되는 방법에 충분히 새로운 것이 없다면, 그래서 거버넌스 대신 정부라는 표현을 사용하여도 실질적인 차이가 없다면, 거버넌스는 수사적인 의미로 사용된 것에 불과하다고 할 수 있다.

2) 거버넌스문제와 거버넌스

그렇다면 과연 사회가 다스려지거나 관리되는 충분히 새로운 방법은 무엇일까? 이 책의 제2장에서도 간략하게 언급되었던 마인츠Mayntz의 정부실패 원인 진단 단계를 통하여 충분히 새로운 방법을 생각해볼 수 있다.[11] 그에 의하면, 정부가 전통적인 방법으로 사회문제를 성공적으로 해결하지 못하는 경우 가장 먼저 점검하는 것은 '정보문제'이다. 정부가 사회문제 해결에 필요한 충분한 정보를 갖지 못하면 성공적으로 사회문제를 해결할 수 없다. 정보문제가 발견된다면,

사회문제를 성공적으로 해결하기 위해서 충분한 정보를 확보하기 위한 노력이 요구된다.

정보문제가 존재하지 않는 경우, 다음 단계에서 '집행문제'가 점검된다. 정부가 사회문제 해결방안을 강제할 수 있는 적절한 강제력이나 능력을 갖지 못하면 성공적으로 사회문제를 해결할 수 없다. 집행문제가 정부실패의 원인으로 진단된다면, 적절한 법적 강제력과 권한을 확보하기 위한 조치가 요구된다.

집행문제도 없는 경우, 세 번째 단계는 '동기문제'를 점검하는 것이다. 정책 대상이 정책에 순응하지 않으면 사회문제의 성공적 해결은 불가능하다. 동기문제가 정부실패의 원인으로 진단되는 경우, 정책 대상 집단의 순응을 유도할 수 있는 대책 마련이 요구된다.

이상의 세 단계 점검에서도 문제가 발견되지 않을 경우, 정부실패의 원인을 진단하는 마지막 단계는 '거버넌스문제'를 점검하는 것이다. 여기에서 거버넌스문제는 정부의 계층제적 지시에 의한 목적지향적 개입의 부적절성 또는 불가능성을 말한다. 전통적 사회문제 해결방법을 사용하여 정부가 사회문제를 해결하는 소위 '사회가 다스려지거나 관리되는 전통적 방법', 또는 '전통적 거버닝 과정'의 본질적인 한계가 바로 거버넌스문제이다.

거버넌스문제를 해결하고 사회문제를 성공적으로 해결하기 위해서 정부의 계층제적 지시에 의한 목적지향적이고 직접적인 개입, 즉 계층제 거버넌스를 대체할 수 있는 새로운 대안을 찾아야 한다는 것이 마인츠의 주장이다. 최근 들어 정부실패의 주원인으로 지목되는 것이 바로 이 거버넌스문제이다. 그리고 이와 같은 거버넌스문제 때문에 정부 대신 거버넌스가 주목을 받게 된 것이라고 할 수 있다.

이와 같은 마인츠의 주장을 통해서 알 수 있는 것은, 정부의 목적 지향적이고 직접적인 개입, 즉 계층제 거버넌스를 대체할 수 있는 새로운 대안이 우리가 찾고 있는 '충분히 새로운 대안'이라는 사실이다. 정부와는 확실하게 차별화되는 충분히 새로운 거버넌스의 핵심은 다중심성과 네트워크 거버넌스이다.[12] 다중심성과 네트워크 거버넌스는 사회문제 해결 과정에서 정부가 차지하는 역할과 사회문제가 해결되는 방법의 근본적인 변화를 의미한다. 정부가 더 이상 계층제적 지시를 통하여 사회문제 해결을 독점하지 못하는 것이 다중심성과 네트워크 거버넌스의 특징이다. 따라서 거버넌스라는 말을 사용한다는 것은 바로 다중심성과 네트워크 거버넌스를 통한 사회문제 해결의 필요성을 인정한다는 것을 의미한다. 엘리노어 오스트롬의 표현을 빌리자면, 일반국민 스스로 사회문제를 해결할 수 있는 가능성을 인정하는 것이 거버넌스라는 개념을 사용하는 이유이다. 이와 같은 인식을 토대로 중앙정부의 계층제적 지시가 아닌 다른 방법으로 사회를 다스리거나 관리하는 것이 충분히 새로운 사회문제 해결 방법인 거버넌스의 핵심인 것이다.

그러나 현실에서 거버넌스는 수사적 의미로만 사용되고, 다중심성과 네트워크 거버넌스는 계층제적 지시를 보완하는 도구 정도로만 인식되는 경우가 많다. 예를 들어, 좋은 거버넌스는 거버넌스를 강조하면서도 정부에 의한 중앙집권적 통제 자체에 대한 대안을 탐색하는 것이 아니라, 정부 역량을 강화하고 정부정책의 품질을 제고하는 대안을 탐색하는 수준의 개혁에만 관심을 둔다. 또한, 신공공관리론은 전통적인 조직원리로서의 계층제를 대체할 수 있는 대안은 제시하지만, 좋은 거버넌스와 마찬가지로 정부에 의한 중앙집권적 통제 자체에 대한 대안에 관심을 갖지 않는다. 또한, 한국 행정학의 경우 정부의 정책 과정에 대한 국민의 참여를 확대하고 제도화하는 데 노력을 기울이고 있지만, 이는 '동기문제'에 대한 대응책일 뿐, '거버넌스문제'에 대한 근본적인 대응책이라고는 할 수 없다.

이처럼 대부분의 경우 모두 거버넌스라는 '이름'에는 관심이 있지만, 실제로 거버넌스문제를 정부실패의 원인으로 진단하고 정부에 의한 중앙집권적 통제를 대체할 수 있는 충분히 새로운 대안을 탐색하기 위한 노력은 부족한 실정이다. 그 결과 근본적인 문제를 해결하기 위한 충분히 새로운 대안을 탐색하는 대신, 언제나 부차적인 문제를 해결하기 위한 대안만을 탐색하게 된다.

이 경우, 정부실패 해결을 위한 노력이 아무리 성공적으로 이루어진다고 해도 그 결과는 부분최적화sub-optimality에 머물 수밖에 없게 된다. 정부 대신 거버넌스를 사용하는 것 자체가 사회문제 해결에서 정부뿐만 아니라 정부 이외의 조직이나 사회 구성원에 대한 관심을 갖는 것을 의미하는 것은 사실이다. 하지만 네트워크 거버넌스를 인정하지 않는다면 거버넌스는 정부와 큰 차이가 없는 셈이 된다. 이것이 바로 거버넌스 신드롬의 불가피한 결과인 '거버넌스의 지적 위기 intellectual crisis of governance'인 것이다.

2. 충분히 새로운 대안으로 거버넌스 정의하기

충분히 새로운 대안을 성공적으로 탐색하기 위해서는 거버넌스에 대한 명확한 정의가 필요하다. 거버넌스에 대한 명확한 정의를 위해서 지금까지 이 책에서 다루어진 거버넌스와 관련된 중요한 개념들을 정리하면 다음과 같다.

첫째, 이 책에서 '거버넌스governance'는 다양한 사회문제 해결 방법 또는 다양한 사회적 조정 양식을 모두 포괄하는 광의의 개념으로 정의된다. 즉, 거버넌스는 정부와 차별화되는 개혁적인 것을 의미하는 개념이 아니라 사회문제를 해결하는 방법, 또는 정부가 조직되고, 관리되고, 정책이 결정되고, 집행되는 다양한 방법을 광범위하게 의미하는 일반적인 혹은 사전적인 의미의 개념인 것이다. 이러한 광의의 거버넌스 또는 사전적인 의미의 거버넌스에는 전통적 행정학 이론에 근거한 사회문제 해결 방법인 계층제 거버넌스도 포함된다.

둘째, 이 책은 전통적 행정학의 대안으로 강조되는 거버넌스를 '네트워크 거버넌스network governance'로 정의한다. 흔히 거버넌스라는 용어 자체가 네트워크 거버넌스를 의미하는 개념으로 사용되기도 한다. 그러나 거버넌스에 대한 개념적 모호성을 극복하기 위하여 새로운 사회적 조정 양식의 이념형의 하나인 '네트워크'라는 거버넌스의 특성을 구체적으로 명시하는 것이 더 적절하다.[13] 이러한 거버넌스와 네트워크 거버넌스 정의를 사용하는 경우, 수사적으로 사용된 거버넌스는 정부와 차별화되는 의미를 갖지 않는다. 예를 들어, 환경거버넌스와 로컬거버넌스는 각각 환경행정 그리고 지방행정과 차별화되지 않는다.

셋째, 이 책은 '협력적 거버넌스collaborative governance'를 사회문제 해결 방식의 이념형인 정부와 시장, 그리고 네트워크 거버넌스의 최적조합을 활용하여 현실에서 실제로 사회문제를 해결하는 방식으로 정의한다. 협력적 거버넌스는 네트워크 거버넌스와 동의어로 사용되기도 한다. 그러나 개념적인 혼란을 방지하기 위하여 이 책에서는 협력적 거버넌스를 네트워크 거버넌스와 구분하여 계층제 거버넌스, 시장 거버넌스, 그리고 네트워크 거버넌스의 혼합 또는 조합으로 정의한다. 정부실패(계층제 거버넌스 실패)와 시장실패(시장 거버넌스 실패)가 불가피한 것과 마찬가지로 네트워크 거버넌스 실패도 불가피하다는 점을 생각할 때, 이들 세 가지 사회문제 해결 양식의 혼합을 통한 사회문제 해결은 불가피한 차선책이라고 할 수 있다. 사회문제의 특성, 그리고 사회문제가 발생하고 사회문제 해결이 이루어지는 사회 자체의 특성에 따라 다양한 형태의 협력적 거버넌스가 필요하게 된다. 예를 들어, 협력적 거버넌스를 이와 같이 정의할 경우 다양한 형태의 민관협력 파트너십과 외주계약 등이 모두 협력적 거버넌스에 포함될 수 있다.

마지막으로, 이 책에서 '메타거버넌스metagovernance'는 '협력적 거버넌스의 거버넌스governance of collaborative governance'로 정의된다. 대부분의 학자들이 세 가지 거버넌스 이념형의 실패 불가피성과 이에 따른 거버넌스 유형 혼합의 필요성을 강조한다. 이 책도 마찬가지이다. 계층제 거버넌스와 시장 거버넌스, 그리고 네트워크 거버넌스 등은 사회적 조정 양식의 이념형으로, 현실에서 순수한 형태로 나타나거나 작동하지 못하고 또한 필요한 조건이 충족되지 않으면 성공적으로 작동할 수 없다. 또한, 세 가지 사회적 조정 양식은 각각 장점과 단점을 갖고 있어 사회문제를 성공적으로 해결하기 위해서는 세 가지 사회적 조정 양식을 혼합하여 최적의 사회적 조정이 가능하도록 해야 한다. 이러한 관점에서, 이 책에서는 메타거버넌스를 계층제 거버넌스, 네트워크 거버넌스 그리고 시장 거버넌스의 최적 혼합으로 이루어진 협력적 거버넌스를 탐색하고 관리하는 것으로 정의한다. 즉, 메타거버넌스는 주어진 사회문제를 해결하는 방법으로 가장 적절한 거버넌스 유형의 혼합 비율을 탐색하고, 거버넌스 유형의 혼합 또는 조합 과정에서 나타나는 부작용을 최소화하고, 거버넌스 유형의 조합을 통한 시너지 효과를 극대화하기 위하여 사회문제 해결 과정을 조정하고 관리하는 것이라고 할 수 있다.

3. 거버넌스 신드롬의 부작용

그러나 현실에서 거버넌스는 이와 같이 정의되지 않는다. 현실에서 거버넌스는 무의미한 용어가 될 위험성까지 갖게 될 정도로 다양한 의미를 갖는 너무나 일반적인 용어로 사용되고 있다. 피터스Peters는 무슨 일이 생기기만 하면 거버넌스가 이루어졌다고 말하는 것은 무의미한 동어반복이라고 경고한다.[14] 같은 맥락에서 제숍Jessop은 "거버넌스는 거의 모든 현상에 적용될 수 있는 애매모호한 개념이 되었고, 그 결과 아무것도 묘사하거나 설명할 수 없게 되었다."고 거버넌스 개념의 지나치게 무분별한 사용을 경고하고 있다.[15] 또한, 오페Offe는 거버넌스가 아무런 구체적인 의미 없이 다양한 경우에 무분별하게 사용되는 문제점을 지적하면서, '거버넌스'라는 단어를 실제로 무엇을 의미하는지 알 수 없는 "텅 빈 기표empty signifier"라고 표현하였다.[16] 거버넌스가 이처럼 너무나 광범위한 현상을 설명하게 된다면, 결국에는 거버넌스라는 단어의 이용가치는 위협받게 될 것이다.

한국에서도 거버넌스는 다양한 의미로 사용되고 있다. 실제로 한국에서 사용되고 있는 거버넌스의 다양한 의미 또는 용도는 크게 두 가지로 분류될 수 있다. 첫째, 거버넌스는 정치권력이 배분되고, 통제되고, 정책이 결정되고, 집행되는 국가관리체계를 의미하는 개념으로 사용된다.[17] 이러한 정의는 광의의 거버넌스 정의에 해당하는 것이다. 둘째, 한국에서 거버넌스는 정부의 정책결정과정에 대한 시민 참여 또는 이러한 시민 참여가 제도화된 것을 의미한다. 이러한 정의는 한국에서 일반적으로 '협치'라고 불리는 참여적 정책결정에 해당하는 것이다.[18]

이렇게 정의되는 거버넌스는 충분히 새로운 대안이라고 할 수 없다. 첫째, 거버넌스가 국가관리체계로 정의되는 경우, 논의의 핵심은 계층제적 지시를 할 수 있는 공식적 권한의 배분과 통제가 된다. 따라서 계층제적 권한에 의존하지 않는 새로운 사회문제 해결 방법은 관심의 대상이 아니다. 둘째, 거버넌스가 정부의 정책결정 과정에 대한 시민 참여 또는 시민 참여가 제도화된 것으로 정의되는 경우에도 계층제적 권한에 의존하지 않는 새로운 사회문제 해결 방법은 관심의 대상이 아니다. 관심의 대상은 계층제적 권한에 의존하는 사회문제 해결 과정에 대한 시민사회의 영향력을 강화하는 것 일뿐이다.

거버넌스 개념의 무분별한 사용과 이로 인해 초래되는 거버넌스 신드롬은 심각한 부작용을 갖는다. 시장 거버넌스와 네트워크 거버넌스가 요구되는 상황에서 계층제 거버넌스가 네트워크 또는 시장 거버넌스로 위장하여 실질적인 영향력을 지속시키거나 심지어 실질적인 영향력을 오히려 강화하는 부작용을 초래할 수 있다.[19] 중앙집권적이고 정부주도적인 사회문제 해결의 불가피성을 강조하는 주류행정학의 전통적 이론적 입장과 계층제 중독 또는 계층제 헤게모니라는 현상을 감안한다면, 거버넌스 신드롬의 부작용이 나타날 수 있는 가능성은 현실적으로 매우 높다고 할 수 있다.

　실제로 미국의 경우 일종의 협력적 거버넌스인 파트너십 참여자들을 대상으로 한 연구에 따르면, 대부분의 파트너십에서 계층제 거버넌스의 부작용이 시장이나 네트워크 거버넌스의 부작용보다 압도적으로 많은 것으로 나타났다.[20] 그러나 계층제 거버넌스의 심각한 부작용에도 불구하고, 파트너들은 여전히 파트너십을 통한 사회문제 해결의 효율성 제고를 위하여 필요한 것이 '계층제 거버넌스의 비중 축소'가 아니라 '더 나은 계층제 거버넌스'에 의한 수직적 통제의 강화라고 생각하는 것으로 보고되고 있다. 그러나 파트너십은 단일 조직을 관리하는 방식과 같은 방식으로는 효과적으로 통제되고 관리되거나 책임성이 확보될 수 없다.

　협력적 거버넌스를 도식적으로 보여주는 이 책 6장의 〈그림 6-1〉을 통하여 거버넌스 신드롬의 부작용을 설명하면 다음과 같다.

　이 책의 제6장에서와 같이 사회문제를 해결하는 가장 적절한 방법이 계층제 거버넌스, 네트워크 거버넌스, 그리고 시장 거버넌스가 협력적 거버넌스에서 차지하는 비중이 동일한 경우를 생각해보자. 이 경우는 주어진 사회문제를 해결하기 위해서는 계층제적 지시와 네트워크의 자발적 협력, 그리고 시장의 가격경쟁 등이 모두 동일한 비중으로 요구되는 가상적인 상황이라고 할 수 있다. 이러한 협력적 거버넌스는 (0.33, 0.33, 0.33)이라고 표시할 수 있다(CG^1).

　그러나 거버넌스를 단순히 국가관리체계 또는 시민대표의 정책결정 과정 참여라고 정의할 경우, CG^1의 달성을 위한 개혁의 가능성은 매우 낮다. 첫째, 거버넌스를 국가관리체계라고 정의할 경우 정부가

〈그림 6-1〉 사회적 조정 양식의 세 가지 유형과 협력적 거버넌스CG

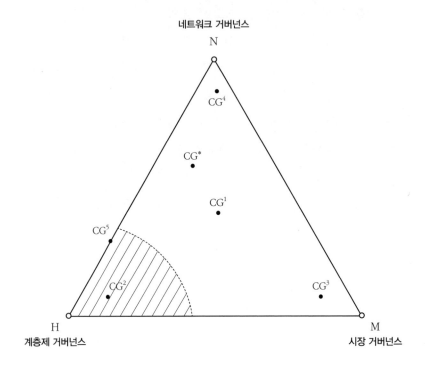

사회문제를 해결하는 방법, 즉 국가관리체계의 문제점을 개혁하기 위
한 노력이 이루어질 것이다. 그러나 정부의 강제력에 근거하지 않는
사회문제 해결 방법에 대한 적절한 관심이 없는 한, 이러한 개혁 과정
에서 정부의 계층제적 지시를 통한 직접적인 개입에 의한 사회문제
해결 방법 자체에 대한 문제제기는 이루어지기 어렵다. 기껏해야 정
부의 계층제적 지시를 통한 직접적인 개입에 의한 사회문제 해결 과
정에서 중앙정부와 지방정부 사이의 권한 배분이나 정부 부처 사이
의 업무 재조정, 정부에 대한 국민통제 강화 등의 개혁 정도가 이루어
질 것이다.

둘째, 거버넌스를 시민대표의 정책결정 과정 참여라고 정의할 경우에도 역시 정부의 계층제적 지시를 통한 직접적인 개입에 의한 사회문제 해결 방법 자체에 대한 문제제기는 기대하기 어렵다. 정부의 강제력에 근거하지 않는 사회문제 해결 방법에 대한 적절한 관심이 없기는 마찬가지이기 때문이다. 그러므로 이 경우 기대할 수 있는 개혁은 정부의 계층제적 지시를 통한 직접적인 개입에 의한 사회문제 해결 과정에서 민간부문의 참여와 영향력을 확대하여 정부정책을 개선하는 정도일 것이다. 요컨대, 거버넌스를 이와 같이 정의할 경우 마인츠가 말하는 거버넌스문제에 대한 관심은 기대하기 어렵고, 따라서 정부개혁 또는 행정개혁은 언제나 CG[1]을 구현할 수 없고 부분최적화 수준에 머물 수밖에 없다.

이와 같이 사회문제 해결 방식의 최적조합인 협력적 거버넌스가 불가능한 현상은 〈그림 6-1〉의 CG^3와 CG^4, 그리고 CG^*의 경우도 마찬가지이다. 심지어 도식적으로만 생각한다면 〈그림 6-1〉에서 CG^5와 CG^2의 경우에도 사회문제 해결 방식의 최적조합인 협력적 거버넌스는 불가능하다. 사회적 조정 양식으로서의 네트워크 거버넌스의 활용 가능성과 필요성을 전혀 고려하지 않기 때문이다. 물론, 계층제 거버넌스의 순수한 형태가 현실에서는 존재하지 않는다는 점을 생각할 때, CG^5와 CG^2의 경우에는 최적조합에 가까운 형태의 사회문제 해결 가능성이 상대적으로 높다고 할 수 있다. 그러나 여전히 계층제 거버넌스의 비중은 적정 수준보다 높을 것이고, 시장 거버넌스와 특히 네트워크 거버넌스의 비중은 적정 수준보다 낮을 것이다.

결론적으로, 거버넌스 신드롬은 언제나 계층제 거버넌스의 적정 수준보다 과도한 활용과 시장 거버넌스와 네트워크 거버넌스, 특히 네트워크 거버넌스의 적정 수준보다 과소한 활용을 초래할 것이다. 그 결과 사회 전체의 사회문제 해결 역량은 최적 수준에 미치지 못하게 된다. 거버넌스 신드롬이 극복되지 않는 한 정부개혁이나 행정개혁을 통해서도 이러한 현상은 극복되지 못한다. 그럼에도 불구하고 거버넌 스문제에 대한 관심 없이 정부개혁이나 행정개혁이 지속적으로 이루 어지는 것이 바로 거버넌스의 지적 위기의 핵심이다.

4. 거버넌스의 지적 위기 극복을 위하여

사회 전체 차원에서 사회문제 해결의 효율성을 제고하는 것이 필 요하다는 사실을 부정하는 사람은 없다. 문제는 어떻게 사회 전체 차 원의 사회문제 해결 효율성을 높일 수 있는가 하는 방법론이다. 정부 가 사회문제를 해결하는 유일한 존재라고 생각한다면, 어떻게든 정부 를 개혁해서 사회문제 해결 과정에서 나타나는 정부의 부작용을 최 소화하고 정부가 효율적으로 사회문제를 해결할 수 있도록 해야 한 다. 이것이 전통적 행정학의 접근이자 처방이다.

이러한 전통적 행정학의 접근과 처방은 이미 오래전에 한계에 봉 착했다. 아무리 정부와 행정을 개혁하기 위해 노력해도 정부의 사회 문제 해결 능력은 크게 향상되지 않았다. 심지어 현대사회의 사악한 문제의 증가로 정부의 사회문제 해결 능력, 그리고 궁극적으로 사회 전체의 거버넌스 능력은 약화되고 있는지도 모른다는 우려까지 존재 한다. 50여 년 전 빈센트 오스트롬이 경고한 행정학의 지적 위기는 이제 이름만 달리하여 거버넌스의 지적 위기가 된 것이다.

거버넌스의 지적 위기를 극복하고 사회 전체 차원의 사회문제 해결 능력, 즉 사회 전체 차원의 거버넌스 능력을 획기적으로 향상시키기 위하여 필요한 것은 코페르니쿠스적 사고의 전환이다. 이 책의 첫 장에서 이야기했던 것처럼 그리고 이 책에서 반복적으로 강조되었던 것처럼, 바로 이것이 거버넌스가 유행하게 된 이유이다. 더 이상 정부에 의존하지 말고 충분히 새롭고 다양한 사회문제 해결 방식을 적극적으로 찾아야 한다.

고정관념을 극복하고 충분히 새롭고 다양한 사회문제 해결 방식을 찾는 것은 생각보다 쉽지 않다. 단일중심적이고 공식적인 사회문제 해결을 의미하는 정부라는 고정관념은 좀처럼 쉽게 사라지지 않는다.[21] 아직까지도 많은 사람들이 마치 세뇌라도 당한 것처럼 계층제적으로 조직화된 정부의 계층제적 지시만이 유일한 사회문제 해결 방법이라고 굳게 믿고 있다. 그리고 이러한 굳은 믿음 때문에 충분히 새롭고 다양한 사회문제 해결 대안에 대해서는 무관심하게 된다. 네트워크 거버넌스를 그저 임시방편적인 사회문제 해결 방법 정도로만 생각하고 궁극적으로는 정부의 계층제적 지시가 필요하다고 생각한다. 이것이 거버넌스의 지적 위기의 대표적인 증상이다.

역사적으로 볼 때, 네트워크 거버넌스는 새로운 사회적 조정 양식이 아니다. 네트워크 거버넌스는 계층제 거버넌스나 시장 거버넌스가 등장하기 전부터 존재한, 인류 역사만큼 오래된 사회문제 해결 방법 또는 사회적 조정 양식이다.[22] 민주적인 법적 강제력에 근거하는 계층제 거버넌스는 근대 민주국가 성립 이후에나 가능했을 것이다. 근대 민주국가의 등장과 과학문명의 발달은 부작용 없이 작동하는 이상적인 계층제 거버넌스에 의한 효율적인 사회문제 해결에 대한 막연한 기대와 부풀려진 수요를 낳았다. 그리고 바로 이것이 언제나 효율적, 객관적, 그리고 기계적으로 사회문제를 해결할 것으로 믿어지는 계층제 거버넌스에 대한 과도한 신뢰와 의존을 초래한 것이다.

이러한 믿음은 계층제 거버넌스가 하딘Hardin이 말하는 기술적 해결책technical solution으로 받아들여졌다는 것을 의미한다.[23] 그러나 계층제 거버넌스는 현실에서는 존재하거나 작동할 수 없는 이념형일 뿐, 사회문제를 해결하는 기술적인 해결책이 될 수 없다. 더 중요한 사실은 현실에는 많은 "기술적 해결책이 존재하지 않는 문제no technical solution problems"가 존재한다는 것이다.[24] 문제의 성격 상 외부의 누군가에 의해서 기계적으로 강제되는 해결책을 통해 해결될 수 없는 사회문제의 경우, 심지어 이상적으로 작동하는 계층제 거버넌스조차 사회문제를 해결하는 효과적인 방법이 될 수 없다.

코페르니쿠스적 사고의 전환을 위해 가장 필요한 것은 일반국민들의 자치적 문제해결 능력과 네트워크 거버넌스의 가능성을 인정하는 것이다. 네트워크 거버넌스의 한계와 가능성에 대한 균형 있는 이해를 토대로 충분히 새롭고 다양한 사회문제 해결 대안, 즉 다양한 유형의 협력적 거버넌스를 적극적으로 탐색하는 것이 코페르니쿠스적 사고의 전환의 핵심이다. 흔히 사람들은 모든 조건이 충족되어 성공적으로 작동하는 '이상적인 계층제 거버넌스'를 기준으로 현실에서 작동하고 있는 네트워크 거버넌스를 평가한다. 이러한 비교나 평가는 부적절하다.

현실에서는 동기문제와 정보문제 등 모든 조건이 충족되어 부작용 없이 작동하는 계층제 거버넌스는 존재하지 않는다. 이런 이상적인 계층제 거버넌스의 불가능성이 바로 정부에 대한 불신과 정부를 대체하는 새로운 대안을 찾게 된 이유이다. 또한, 현실에서는 사회문제 해결과 사회적 조정에 필요한 계층제적 권한이 존재하지 않거나 존재할 수 없는 경우도 많다. 이런 경우에는 계층제 거버넌스의 작동 자체가 불가능하다. 공식적인 법적 권한이 존재하지 않아 계층제 작동이 불가능한 경우 가능한 사회문제 해결 방법은 공식적인 법적 권한에 의존하지 않는 사회문제 해결 방법, 즉 네트워크 거버넌스뿐이다.

정부, 그것도 특히 중앙정부에 의한 전국 규모의 통일되고 거대한 규모의 공식적 해결책을 통한 사회문제 해결에 대한 무비판적인 의존을 극복하는 것은 어쩌면 우리가 생각하는 것보다 훨씬 더 어려운 일인지 모른다. 빈센트 오스트롬의 경고에도 불구하고 전통적 행정학 또는 주류 행정학의 지적 위기가 50여 년이 지난 지금까지도 극복되지 않고 거버넌스의 지적 위기로 변모되어 여전히 남아 있는 것처럼, 어쩌면 또 다른 50년이 지난 후에도 거버넌스 신드롬은 사라질지 몰라도 거버넌스의 지적 위기는 여전히 남아 있을지 모른다.

다양한 사회문제 해결 방법을 적절하게 활용하여 사회 전체 수준의 사회문제 해결 역량을 극대화하고 우리의 삶의 질과 인류복지를 실질적으로 향상시키는 것이 행정학, 나아가 사회과학 전체의 과제인 것이다.

미주

1) Matthias Freitag and Ingo Winkler, "Development of Cooperation in Regional Networks: Mechanisms of Coordination and Support Measures," in Tharsi Taillieu, (ed.) *Collaborative Strategies and Multi-organizational Partnerships*,

(Leuven-Apeldoorn: Garant, 2001): 67-72.

2) Oliver E. Williamson, "Transaction-cost Economics: The Governance of Contractual Relations," *The Journal of Law and Economics*, 22:2(1979): 233-261.

3) James N. Rosenau and Ernst-Otto Czempiel, (eds.) *Governance Without Government: Order and Change in World Politics, Vol. 20.* (Cambridge: Cambridge University Press, 1992), pp.245-246.

4) Hewitt de Alcantara, "Uses and Abuses of the Concept of Governance," *International Social Science Journal*, 50:155(1998): 105-113, pp.107-110.

5) E. O. Czempiel, "Governance and Democratization." In James N. Rosenau and Ernst-Otto Czempiel, (eds.) *Governance without Government: Order and Change in World Politics*, (Cambridge: Cambridge University Press, 1992): 250-71.

6) Michael McGinnis, *Polycentric Governance and Development: Readings from the Workshop in Political Theory and Policy Analysis*, (University of Michigan Press, 1999), p.1.

7) Michael McGinnis, "Networks of Adjacent Action Situations in Polycentric Governance," *Policy Studies Journal*, 39:1(2011): 51-78, p.58.

8) "The new method by which society is governed; or a new process of governing"(p.1246). Roderick AW. Rhodes, "Understanding Governance: Ten Years On," *Organization studies*, 28:8(2007): 1243-1264.

9) 이명석, "거버넌스의 개념화: 사회적 조정으로서의 거버넌스," 〈한국행정학보〉, 36:4(2002): 321-338, pp.321-322.

10) Ann M. Kjaer, *Governance: Key Concepts*, (Malden. Polity, Cambridge, 2004).

11) Renate Mayntz, "Governing Failures an the Problem of Governability: Some Comments on a Theoretical Paradigm," in Jan Kooiman, (ed.) *Modern Governance: New Government-society Interactions*, (Sage Publications, 1993): 9-20.

12) Chris Skelcher, "Jurisdictional Integrity, Polycentrism, and the Design of Democratic Governance," *Governnace*, 18:1(2005): 89-110; Roderick AW. Rhodes, "Understanding Governance: Ten Years On." *Organization Studies*, 28:8(2007): 1243-1264.

13) 거버넌스는 일반적으로 네트워크를 통한 사회적 조정 또는 사회문제 해결을 의미한다. 그러나 앞서 논의된 것처럼 사회문제를 해결하고 사회가 조정되는 모든 방

식을 거버넌스라고 하기도 하므로, 개념상의 명확성을 위하여 이 책에서는 네트
워크 거버넌스로 부른다. 자세한 내용은 Roderick AW. Rhodes, "Understanding
Governance: Ten Years On" 참조할 것.

14) Guy Peters, "Governance: A Garbage Can Perspective," *IHS Political Science
Series:* No. 84(2002): 1-22.

15) Bob Jessop, "Governance and Meta-governance in the Face of Complexity:
On the Roles of Requisite Variety, Reflexive Observation, and Romantic Irony
in Participatory Governance," p.4.

16) Claus Offe, "Governance: An Empty Signifier?" *Constellations,* 16 : 4(2009):
550-562.

17) 대부분 정치권이나 매스컴 등에서 이러한 의미로 거버넌스를 정의한다. 최승노, "지
금은 국가 거버넌스를 분권형으로 혁신할 때," 〈조선일보〉, 2016년 11월 21일자 참
조할 것. 그러나 학계에서도 거버넌스가 이런 의미로 사용되는 경우도 있다.

18) 이명석, "한국 거버넌스의 평가와 과제," 행정개혁시민연합 세미나 발표 자료.
2016년 12월 8일.

19) Louise Meuleman, "Internal Meta-governance as a New Challenge for
Management Development in Public Administration," *Director,* 31 : 6(2006):
1-24.

20) Tom Entwistle, Gillian Bristow, Frances Hines, Sophie Donaldson and Steve
Martin, "The Dysfunctions of Markets, Hierarchies and Networks in the Meta-
governance of Partnership," *Urban Studies,* 44 : 1(2007): 63-79, pp.75-76.

21) "Old ideas of government die hard." Mark Bevir, *Governance: A Very Short
Introduction.* (Oxford, Oxford University Press, 2012), p.7.

22) Tom Entwistle, Gillian Bristow, Frances Hines, Sophie Donaldson, and Steve
Martin, "The Dysfunctions of Markets, Hierarchies and Networks in the Meta-
governance of Partnership," p.72.

23) 하딘이 말하는 기술적 해결책은 "사람들의 가치관이나 도덕의 변화 없이 자연과학
기술의 진보로 문제를 해결할 수 있는 방법"을 의미한다. 여기에서는 하딘의 정의
를 원용하여 '사람들의 가치관이나 도덕의 변화 없이 사회과학 기술의 진보, 예를
들면 계층제 거버넌스 원칙의 적용으로 사회문제를 해결하는 방법'으로 해석할 수
있다. 자세한 내용은 Garrett Hardin, "The Tragedy of the Commons," *Science,*
162(1968): 1243-1248 참조할 것.

24) 앞의 논문, p. 1243.

김태룡, (1999), "한국과 미국의 행정개혁에 대한 비교 – 체제론적 관점에서 기획예산위원회와 NPR의 개혁활동을 중심으로," 〈한국행정학보〉, 33 : 1(1999): 1-18.

윤상우, (2009), "외환위기 이후 한국의 발전주의적 신자유주의화," 《경제와 사회》 40-68.

이명석, (2000), "거버넌스의 개념 정의," 행정학회 하계학술대회 발표논문.

_____, (2001), "신자유주의, 신공공관리론, 그리고 행정개혁," 〈사회과학〉, 성균관대학교 사회과학연구소, 40(1): 1-45.

_____, (2002), "거버넌스의 개념화: 사회적 조정으로서의 거버넌스," 〈한국행정학보〉, 36(4) : 321-338.

_____, (2003), "국가발전과 거버넌스," 〈국가경영전략연구〉, 3(1): 123-156.

_____, (2006), "거버넌스에서 정부로?: 한국장기이식 거버넌스 사례를 중심으로," 〈한국정책분석평가학회보〉, 16(3): 195-220.

_____, (2006), "행정학으로서의 공공선택이론," 《공공선택의 이론과 응용》 (서울, 도서출판 봉명): 139-166.

_____, (2006), "거버넌스 이론의 모색," 〈국정관리연구〉, 1(1): 36-63.

_____, (2006), "네트워크 사회의 정책학 – Lasswell 패러다임과 신제도주의를

중심으로,"〈정책분석평가학회보〉, 16(1): 1-23.

_____, (2006), "제도, 공유재, 그리고 거버넌스,"〈행정논총〉, 44(2): 247-275.

_____, (2007), "행정학의 이해," 성균관대학교 사회과학연구소 편,《사회과학으로의 초대》, 서울, 성균관대학교 출판부, pp.148-216.

_____, (2007), "행정학의 패러다임과 거버넌스,"〈국정관리연구〉, 2(2): 5-30.

_____, (2008), "신거버넌스와 공공성," 윤수재·이민호·채종헌 편저,《새로운 시대의 공공성연구》, 서울: 법문사: 488-514.

_____, (2010), "협력적 거버넌스와 공공성,"〈현대사회와 행정〉, 20(2): 23-53.

_____, (2011), "네트워크 거버넌스와 정부의 역할: 복잡계이론을 중심으로,"〈국정관리연구〉, 6(1): 1-31.

_____, (2016). "한국 거버넌스의 평가와 과제,"〈행정개혁시민연합 세미나 발표 자료〉, 2016년 12월 8일.

_____, (2016). "거버넌스: 신드롬 또는 새로운 행정학 이론?"〈국정관리연구〉, 11(3): 1-25.

이명석·오수길·배재현·양세진, (2008), "재난대응 거버넌스 분석: 민간자원봉사네트워크를 중심으로,"〈한국정책학회보〉, 17(3): 163-188.

이명석·배재현·양세진, (2009), "협력적 거버넌스와 정부의 역할: 사회적 기업 사례를 중심으로,"〈한국정책학회보〉, 18(4): 145-172.

이명석·유홍림, (2009), "거버넌스 시대의 바람직한 정부의 역할과 기능," 경제인문사회연구원 편,《2008 선진일류국가를 위한 비전: 잘사는 국민, 따뜻한 사회, 강한 나라. 총괄(2)분야》, 2008년 지속가능발전 국가정책연구총서: 1-66.

이영성, "지평선: 신드롬 남용,"〈한국일보〉, 2011년 9월 30일.

이창섭,《영자 신문을 읽는 10가지 공식》(서울, 2011).

정수용, (2015),《협력적 거버넌스의 성공요인에 관한 연구: 지역주민의 공동의 문제해결 사례를 중심으로》, 성균관대학교. 박사학위 논문.

최승노, (2016), "지금은 국가 거버넌스를 분권형으로 혁신할 때,"〈조선일보〉

2016년 11월 21일.

허철행, (2000), "김대중정부 신자유주의 정부혁신의 비판적 검토," 《행정개혁
2년: 성과와 반성》, 한국행정학회 춘계학술대회발표논문집, 2000: 1-26.

Acar, Muhittin, Chao Guo and Kaifeng Yang. "Accountability When
Hierarchical Authority Is Absent: Views From Public Private
Partnership Practitioners." *The American Review of Public Administration*.
38:1(2008): 3-23.

Agranoff, Robert. *Managing within Networks: Adding Value to Public
Oraganizations. Washington*, D.C.: Georgetown University Press, 2007.

Agranoff, Robert, and Michael McGuire. Collaborative *Public
Management*. Washington, D.C.: Georgetown University Press, 2003.

Gore, Al. "The New Job of the Federal Executive," *Public Administration
Review*. 54(1994): 317-321.

Ansell, Chris. "Collaborative Governance." In *Oxford Handbook of
Governance*, pp. 498-511. Edited by David Levi-Faur. Oxford: Oxford
University Press, 2012.

Ansell, Chris and Alison Gash. "Collaborative Governance in Theory and
Practice." *JPART*. 18:4(2007): 543-72.

Antonsen, Marianne and Torben Beck Jørgensen. "The 'Publicness' of
Public Organizations." *Public Administration*. 75:2(1997): 337-57.

Aucoin, Peter and Ralph Heintzman. "The Dialectics of Accountability
for Performance in Public Management Reform." In *Governance in
the Twenty-first Century: Revitalizing the Public Service*, pp.244-80.
Edited by Guy Peters and Donald J. Savoie. London: McGill-Queen's
University Press, 2000.

Australian Public Service Commission. *Tackling Wicked Problems: A
Public Policy Perspective*, 2012.
http://www.apsc.gov.au/publications-and-media/archive/publications

-archive/tackling-wicked-problems.

Barzelay, Michael. *Breaking through Bureaucracy*. Berkeley: University of California Press, 1992.

Beetham, David. *Bureaucracy*. 2nd edition. Buckingham: Open University Press, 1996.

Behn, Robert D. Rethinking Democratic Accountability, Brookings Institution Press, 2001.

Bellamy, Christine. "Defining the line: Academics and the 'Not so New' Public Management." *Parliamentary Affairs*. 48:2(1995): 360-64.

Bellone, Carl J. and George Frederick Goerl. "Reconciling Public Entrepreneurship and Democracy." *Public Administration Review*. 52:2(1992): 130-45.

Benner, Thorsten, Wolfgang H. Reinicke, and Jan Martin Witte. "Multisectoral Networks in Global Governance: Towards a Pluralistic System of Accountability." *Government and Opposition: An International Journal of Comparative Politics*. 39:2(2004): 191-210.

Bevir, Mark. *Key Concepts in Governance*, London, Sage, 2009.

_____. *Governance: A Very Short Introduction*. Oxford, Oxford University Press, 2012.

Blatter, Joachim. "Beyond Hierarchies and Networks: Institutional Logics and Change in Transboundary Spaces." *Governance*. 16:4(2003): 503-26.

Bogason, Peter and Theo AJ Toonen. "Introduction: Networks in Public Administration." *Public Administration*. 76:2(1998): 205-27.

Börzel, Tanja. "What's So Special About Policy Networks? - An Explanation of the Concept and Its Usefulness in Studying European Governance." *European Integration Online Papers*. 1:16(1997): 1-28. http://eiop.or.at/eiop/texte/1997-016a.htm.

Bozeman, Barry and Stuart Bretschneider. "The "Publicness Puzzle" in Organization Theory: A Test of Alternative Explanation of Differences Between Public and Private Organizations." *Journal of Public Administration Research and Theory.* 4:2(1994): 197-224.

Bradach, Jeffrey L. and Robert G. Eccles. "Price, Authority, and Trust: From Ideal Types to Plural Forms." *Annual Review of Sociology.* 15:1(1989): 97-118.

Brans, Marleen and Stefan Rossbach, "The Autopoiesis of Administrative Systems: Niklas Luhmann on Public Administration and Public Policy." *Public Administration,* 75:3(1997): 417-439.

Braybrooke, David. *Philosophy of Social Science.* Prentice Hall, 1987.

Bryson, John M., Barbara C. Crosby and Melissa Middleton Stone. "The Design and Implementation of Cross-Sector Collaborations: Propositions from the Literature" *Public Administration Review,* 66(2006): 44-55.

Caiden, Gerald E., John J. Dilulio Jr., Gerald Garvey, Donald F. Kettl and Frank J. Thompson. "Administrative Reform-American Style." *Public Administration Review.* 54:2(1994): 123-28.

Canadian International Development Agency. *Government of Canada Policy for CIDA on Human Rights, Democratization and Good Governance.* (Trade and Development Canada, 1996).

Carroll, James D. "The Rhetoric of Reform and Political Reality in the National Performance Review." *Public Administration Review.* 55:3(1995): 302-12.

Chishlom, Donald. *Coordination without Hierarchy: Informal Structures in Multiorganizational Systems.* (CA: University of California Press, 1989).

Cohn, Daniel. "Creating Crises and Avoiding Blame: The Politics of Public Service Reform and the New Public Management in Great Britain and the United States." *Administration and Society.* 29:5(199): 584-616.

Colebatch, Hal K. and Peter Larmour. *Market, Bureaucracy, and Community: A Student's Guide to Organisation*. London; Boulder, Colo: Pluto Press, 1993.

Conklin, Jeff. "Dialog Mapping: An Approach for Wicked Problems." *CogNexus Institute*, 3 (2003).

Cooper, Phillip J. *Governing by Contract: Challenges and Opportunities for Public Managers*. Wsahington: CQ Press, 2003.

Coursey, David and Barry Bozeman. "Decision Making in Public and Private Organizations: A Test of Alternative Concepts of "Publicness"." *Public Administration Review*. 50:5(1990): 525-35.

Czempiel, E. O. "Governance and Democratization." *In Governance without Government: Order and Change in World Politics*, pp. 250-71. Edited by Rosenau, James N., and Ernst-Otto Czempiel. Cambridge: Cambridge University Press, 1992.

de Alcántara, C. Hewitt "Uses and Abuses of the Concept of Governance." *International Social Science Journal*, 50:155(1998): 105-113.

Dean, Mitchell. *Governability: Power and Rule in Modern Society*. London: Sage, 1999.

Denhardt, Robert B. and Janet Vinzant Denhardt. "The New Public Service: Serving rather than Steering." *Public Administration Review*. 60:6(2000):549-59.

Dennard, Linda. "The New Paradigm in Science and Public Administration." *Public Administration Review*. 56:5(1996): 495-499.

Demortain, David. "Public Organizations, Stakeholders and the Construction of Publicness. Claims and Defence of Authority in Public Action." *Public Administration*. 82:4(2004): 975-92.

Dennard, Linda F. Margaret Wheatley, George Sessions, and Ken Wilber.

"The New Paradigm in Science and Public Administration." *American Society for Public Administration(ASPA)*, 56:5(1996): 495-99.

DeServe, Edward G. "Integration of Innovation in the Intelligence Community: The Role of the Netcentric Environment, Managed Networks, and Social Networks." In *Unlocking the Power of Networks: Keys to High-Performance Government*, pp. 121-43. Edited by Goldsmith, Stephen, and Donald F. Kettl. Washington D.C.: Brookings Institution Press, 2009.

De Wolf, Tom and Tom Holvoet. "Emergence versus Self-organisation: Different Concepts But Promising When Combined." In *International Workshop on Engineering Self-Organising Applications*, pp. 1-15. Springer Berlin Heidelberg, 2004.

Dixon, John and Rhys Dogan. "Hierarchies, Networks and Markets: Responses to Societal Governance Failure." *Administrative Theory & Praxis*. 24:1(2002): 175-96.

Donaldson, Lex. "The Ethereal Hand: Organizational Economics and Management Theory." *Academy of Management Review*. 15:3(1990): 369-81.

Dyer, Jeffrey H. and Harbir Singh. "The Relational View: Cooperative Strategy and Sources of Interorganizational Competitive Advantage." *Academy of Management Review*. 23:4(1998): 660-79.

Emerson, Kirk, Tina Nabatchi and Stephen Balogh. "An Integrative Framework for Collaborative Governance." *Journal of Public Administration Research and Theory*, 22:1(2012): 1-30.

Entwistle, Tom, Gillian Bristow, Frances Hines, Sophie Donaldson and Steve Martin, "The Dysfunctions of Markets, Hierarchies and Networks in the Meta-governance of Partnership." *Urban Studies*, 44:1(2007): 63-79.

Fairtlough, Gerard. *The Three Ways of Getting Things Done*. Greensways:

UK, Triarchy Press Limited, 2007.

Frances, Jenifer, Rosalind Levacic, Jeremy Mitchell and Graham Thompson, (eds.). "Introduction" in *Markets, Hierarchies and Networks: The Coordination of Social Life*. (London: Sage, 1993).

Frederickson, H. George. "Comparing the Reinventing Government Movement with the New Public Administration." *Public Administration Review*. 56:3(1996): 263-70.

Frederickson, H. George, Kevin B. Smith, Christopher W. Larimer and Michael J. Licari, *The Public Administration Theory Primer*. (Westview Press, 2015).

Freitag, Matthias and Ingo Winkler. "Development of Cooperation in Regional Networks: Mechanisms of Coordination and Support Measures." In *Collaborative Strategies and Multi-organizational Partnerships*. pp.66-72. Edited by Taillieu, Tharsi. Leuven-Apeldoorn: Garant, 2001.

Galnoor, Itzhak, David H. Rosenbloom and Allon Yaroni. "Creating New Public Management Reforms: Lessons from Israel." *Administration and Society*. 30:4(1998): 393-420.

Gray, Andrew and Bill Jenkins. "From Public Administration to Public Management: Reassessing a Revolution?" *Public Administration*. 73:1(1995): 75-99.

Goldsmith, Stephen and Tim Burke. "Moving from Core Functions to Core Values: Lessons from State Eligibility Modernizations." In *Unlocking the Power of Networks: Keys to High-Performance Government*, pp.95-120. Edited by Goldsmith, S. and D. Kettle. Washington D.C.: Brookings Institution Press, 2009.

Goldsmith, Stephen and William D. Eggers. *Governing by Network: The New Shape of Public Sector*. Brookings Institute Press, 2005.

Goldsmith, Stephen and Donald F. Kettl. *Unlocking the Power of*

Networks: Keys to High-Performance Government. Washington D.C.: Brookings Institution Press, 2009.

Gore Jr., Albert Arnold. *From Red Tape to Results: Creating a Government that Works Better and Costs Less*. Washington, DC: National Performance Review, 1993.

_____. "The New Job of the Federal Executive." *Public Administration Review*. 54:4(1994): 317-21.

Gray, Barbara. *Collaborating: Finding Common Ground for Multiparty Problems*. San Francisco: Jossey-Bass, 1989.

Gulick, Luther. "Notes on the Theory of Organization." *Classics of Organization Theory*, 3(1937): 87-95.

Hajer, Maarten A. *The Politics of Environmental Discourse: Ecological Modernization and the Policy Process*. Oxford: Oxford University Press, 1995.

Hajer, Maarten A. and Hendrik. Wagenaar. "Introduction." In *Deliberative Policy Analysis: Understanding Governance in the Network Society*, pp.1-32. Edited by Hajer, Maarten. and Hendrik. Wagenaar. Cambridge: Cambridge University Press, 2003.

Haque, M. Shamsul. "The Intellectual Crisis in Public Administration in the Current Epoch of Privatization." *Administration and Society*. 27:4(1996): 510-36.

_____. "The Diminishing Publicness of Public Service under the Current Mode of Governance." *Public Administration Review*. 61:1(2001): 65-82.

Hardin, Gerrett. "The Tragedy of the Commons." *Science*. 162(1968): 1243-1247.

Harmon, Michael. M, and Richard. T. Mayer. *Organizational Theory for Public Administration*. Glenview: Scott, Foresman, 1986.

Haveri, Arto, Inga Nyholm, Asbjorn Roiseland. "Governing Collaboration: Practices of Meta-Governance in Finnish and Norwegian Local Government." *Local Government Studies*. 35:5(2009): 539-56.

Hayek, Friedrich August. "The Use of Knowledge in Society." *The American Economic Review*. 35:4(1945): 519-530.

Henry, Nicholas. "Paradigms of Public Administration." *Public Administration Review*. July/August:(1975): 378-86.

Hewitt de Alcantara, Cynthia. "Uses and Abuses of the Concept of Governance." *International Social Science Journal*. 50:155(1998): 105-13.

Hill, Michael James and Peter L. Hupe. *Implementing Public Policy: Governance in Theory and Practice*. London: Sage, 2002.

Hood, Christopher. "A Public Management for All Season?" *Public Administration*. 69:Spring(1991): 3-19.

Huntington, Samuel P. *Political Order in Changing Societies*. New Haven: Yale University Press, 1968.

Huxham, Chris. "Theorizing Collaboration Practice." *Public Management Review*. 5:3(2003): 401-423.

Imperial, Mark T. "Using Collaboration as a Governance Strategy: Lessons From Six Watershed Management Programs." *Administration and Society*. 37:3(2005): 281-320.

Ingraham, Patricia W. "Play It Again, Sam; It's Still Not Right: Searching for the Right Notes in Administrative Reform." *Public Administration Review*. 57:4(1997): 325-31.

Innes, Judith E. and David E. Booher. "Consensus Building and Complex Adaptive Systems.", *Journal of the American Planning Association*. 65:4(1999): 412-423.

James Rosenau, "Governance, Order, and Changes in World Politics" *In Governance without Government: Order and Change in World*

Politics, pp.1-29. Edited by Rosenau, J. and E. Czempiel. Cambridge: Cambridge University Press, 1992.

Jessop, Bob. "The Governance of Complexity and the Complexity of Governance: Preliminary Remarks on Some Problems and Limits of Economic Guidance." In *Beyond Market and Hierarchy: Interactive Governance and Social Complexity*, pp.111-47. Edited by Ash Amin and Jerzy Hausner. Lyme, U.S.: Edward Elgar, 1997.

_____. "Capitalism and Its Future: Remarks on Regulation, Government and Governance." *Review of International Political Economy*. 4:3(1997): 561-81.

_____. *The Rise of Governance and the Risk of Failure: The Case of Economic Development*. Oxford: Basil Blackwell, 1998.

_____. "The Dynamics of Partnership and Governance Failure." In *The New Politics of British Local Governance*, Edited by Gerry Stoker, St. Martin Press, 2000. pp. 11-23.

_____. "The Social Embeddedness of the Economy and Its Implications for Economic Governance." In *Economy and Society: Money, Capitalism, and Transition*, pp.192-209. Edited by Fikret Adaman and Devine Pat Black Rose Books, 2002.

_____. "Governance and Meta-governance in the Face of Complexity: On the Roles of Requisite Variety, Reflexive Observation, and Romantic Irony in Participatory Governance." In *Participatory Governance in Multi-level Context*, pp.33-58. Edited by Heinelt, Hubert., Getimis, Panagiotis., Kafkalas, Grigoris., Smith, Randall. and Swyngedouw Erik. Opladen, Leske+Budrich, 2002.

_____. "Governance and Meta-governance: on Reflexivity, Requisite Variety and Requisite Irony." In *Governance as Social and Political Communication*, pp.101-16. Edited by Henrik P. Bang. Manchester University Press, 2003.

John, Dewitt, Donald Kettle, Barbara Dyer and Robert Lovan. "What Will New Governance Mean for the Federal Government?" *Public Administration Review* 54:2(1994): 170-175.

Kaboolian, Linda. "The New Public Management: Challenging the Boundaries of the Management vs. Administration Debate." *Public Administration Review*. 58:3(1998): 189-93.

Kagan, Sharon Lynn. *United We Stand: Collaboration for Child Care and Early Education Services*. Teachers College Press, 1991.

Kahn, Mushtag. *Governance and Growth: A Preliminary Report*. Research Paper supported by DFID grant. (SOAS: London, 2007). http://mercury.soas.ac.uk/users/mk17/Docs/Preliminary%20Report.pdf.

_____. "Corruption, Governance and Economic Development" in Jomo, K. S. and Ben Fine (eds.) *The New Development Economics*. (Lonodn: Zed Press, 2004): 1-20.

Kamensky, John M. "Role of the "Reinventing Government" Movement in Federal Management Reform." *Public Administration Review*. 56:3(1996): 247-55.

Kataoka, Hiromitsu. "What is Public? In Search of Authenticity Beyond NPM" *International Review of Public Administration*. 5:2(2000): 1-7.

Kaul, Inge. "Private Provision and Global Public Goods: Do the Two Go Together?" *Global Social Policy*. 5:2(2005): 137-40.

Kelly, Rita Mae. "An Inclusive Democratic Polity, Representative Bureaucracies, and the New Public Management." *Public Administration Review*. 58:8(1998): 201-08.

Kelly, Josie. "Central Regulation on English Local Authorities: An Example of Metagovernance?" *Public Administration*. 84:3(2006): 603-21.

Kearns, Kevin P. *Managing for Accountability: Preserving the Public*

Trust in Public and Nonprofit Organizations. San Francisco: Jossey-Bass, 1996.

Kersbergen, Kees van and Frans van Waarden. "'Governance' as a Bridge Between Disciplines: Cross-Disciplinary Inspiration Regarding Shifts in Governance and Problems of Governability, Accountability and Legitimacy." *European Journal of Political Research.* 43:2(2004): 143-71.

Kettl, Donald F. "The Global Revolution in Public Management: Driving Themes, Missing Links." *Journal of Policy Analysis and Management.* 16:3(1997): 446-62.

Kickert, Walter J. M. "Public Governance in the Netherlands: An Alternative to Anglo-American 'Managerialism'" *Public Administration.* 75:4(1997): 731-52.

_____. "Beneath Consensual Corporatism: Traditions of Governance in the Netherlands." *Public Administration,* 81:1(2003): 119-40.

Kickert Walter J. M. and Johannes F. M. Koppenjan. "Public Management and Network Management: An Overview" In Walter J. M. Kickert, Erik-Hans Klijin and Johannes F. M. Koppenjan. (eds.) *Managing Complex Networks.* London: Sage, 1997.

Kiely, Ray. "Neoliberalism Revised? A Critical Account of World Bank Conceptions of Good Governance and Market Friendly Intervention." *International Journal of Health Services,* 28:4(1998): 683-702.

Kim, Sangmin. "The Workings of Collaborative Governance: Evaluating Collaborative Community-building Initiatives in Korea." *Urban Studies.* 53:16(2016): 3547-3565.

King, Cheryl Simrell and O. C. McSwite. "Public Administration at Midlife?" *Public Administration Review.* 59:3(1999): 256-62.

Kjaer, Ann. M. *Governance: Key Concepts.* Malden. Polity, Cambridge,

2004.

Klijn, Erik-Hans. "Analyzing and Managing Policy Processes in Complex Networks: A Theoretical Examination of the Concept Policy Network and Its Problems." *Administration and Society*. 28:1(1996): 90-119.

Kooiman, Jan. *Modern Governance: New Government-Society Interactions*. London: Sage, 1993.

_____. "Governance and Governability: Using Complexity, Dynamics and Diversity" In *Modern Governance: New Government-society Interactions*. pp.35-48. Edited by Kooiman, J. London: Sage, 1993.

_____. "Societal Governance: Levels, Modes, and Orders of Social-Political Interaction." In *Debating Governance: Authority, steering, and democracy*, pp.139-68. Edited by Pierre, J. Oxford: Oxford University Press, 2000.

Lämmer, Stefan and Helbing, Drik. "Self-control of Traffic Lights and Vehicle Flows in Urban Road Networks." *Journal of Statistical Mechanics: Theory and Experiment*, 2008:04(2008): 1-36.

Lan, Zhiyong and David H. Rosenbloom. "Public Administration in Transition?" *Public Administration Review*, 52:6(1992): 535-37.

Lee, Kye Sik. "Public sector reform in Korea: Achievements and plans." *A Paper presented at the International Seminar of Korean Association for Public Administration, held at Seoul National University*, on October. 22(1999): 343-58.

Leff, Nathaniel H. "Economic Development Through Bureaucratic Corruption," *The American Behavior Scientist*, November, 8:2(1964): 8-14.

Lee, Myungsuk. "Conceptualizing the New Governance: A New Institution of Social Coordination." *Unpublished paper presented to the Institutional Analysis and Development Mini-Conference* in May. Vol.

3. 2003.

Lewin, Roger and Birute Regine. "The Core Of Adaptive Organizations." In *Complex Systems and Evolutionary Perspectives on Organisations: The Application of Complexity Theory to Organisations*, pp.167-83. Edited by Mitleton-Kelly, Eve. Elsevier Science Ltd, 2003.

Light, Paul Charles. *The Tides Of Reform: Making Government Work*, 1945-1995. Yale University Press, 1998.

Lindblom, Charles Edward *Politics And Markets*. New York: Basic Books, 1977.

Linden, Russell M. *Working Across Boundaries: Making Collaboration Work in Government and Nonprofit Organizations*. Jossey-Bass, 2002.

Lipnack, Jessica and Jeffrey Stamps. The Age Of The Network: *Organising Principles For The 21st Century*. New York: Omneo, 1994.

Longoria, Richard. "Is Inter-Organizational Collaboration Always a Good Thing?" *Journal of Sociology and Social Welfare*. XXXII: 3(2005): 123-138.

Lowndes, Vivien and Chris Skelcher. "The Dynamics of Multi-organizational Partnerships: An Analysis of Changing Modes of Governance." *Public Administration*. 76:2 (1998): 313-333.

Lynn Jr., Laurence E. "The New Public Management: How To Transform A Theme Into A Legacy." *Public Administration Review* 58:3(1998): 231-37.

Lynn, Jr., Laurence E., Carolyn J. Heinrich, and Carolyn J. Hill. *Improving Governance: A New Logic For Empirical Research*. Washington. D.C.: Georgetown University Press, 2001.

Lyon E. W. and David Lowery. "Governmental Fragmentation and Consolidation: Five Public Choice Myths about How to Create

Informed, Involved and Happy Citizens," *Public Administration Review* 49:6(1989): 533-543.

McGinnis, Michael Dean. *Polycentric Governance And Development: Readings From The Workshop In Political Theory And Policy Analysis*. Michigan: University of Michigan Press, 1999.

_____. "Networks Of Adjacent Action Situations In Polycentric Governance." *Policy Studies Journal* 39:1(2011): 51-78.

_____. "An Introduction to IAD and the Language of the Ostrom Workshop: A Simple Guide to a Complex Framework." *Policy Studies Journal*, 39:1(2011): 169-83.

McGregor, Eugene B. and Richard Sundeen. "The Great Paradox Of Democratic Citizenship And Public Personnel Administration." *Public Administration Review* 44:special issue(1984): 126-50.

Majone, Giandomenico. "Analyzing The Public Sector: Shortcomings Of Current Approaches. Part A: Policy Science." In *Guidance, Control, and Evaluation in the Public Sector : The Bielefeld Interdisciplinary Project*, pp.61-70. Edited By Franz X. Kaufmann and Vincent Ostrom. Berlin: Walter de Gruyter Inc, 1986.

Mandell, Myrna P. *Getting Results Through Collaboration: Networks And Network Structures For Public Policy And Management*. London: Quorum Books, 2001.

Maor, Moshe. "The Paradox Of Managerialism." *Public Administration Review* 59:1(1999): 5-22.

Mascarenhas, Reginald C. "Building An Enterprise Culture In The Public Sector: Reform Of The Public Sector In Australia, Britain, And New Zealand." *Public Administration Review* 53:4(1993): 319-28.

Mayntz, Renate. "Governing Failures And The Problem Of Governability: Some Comments On A Theoretical Paradigm." In *Modern Governance: New Government-Society Interactions*, Edited by Jan Kooiman. Sage

Publications, 1993: 9-20.

_____. "From Government To Governance: Political Steering In Modern Societies." *Summer Academy on IPP*. (2003): 7-11.

Meuleman, Louis. "Internal Meta-Governance As A New Challenge For Management Development In Public Administration." *Director* 31:6(2006): 1-24.

Miller, John H., and Scott E. Page. *Complex Adaptive Systems: An Introduction To Computational Models Of Social Life*. New Jersey: Princeton University Press, 2009.

Milward, H. Brinton and Keith G. Provan. *A Manager's Guide To Choosing And Using Collaborative Networks:* Vol. 8. Washington, D.C.: IBM Center For The Business Of Government, 2006.

Ministry of Finance and Economy. *Djnomics: A New Foundation for the Korean Economy*. Seoul: KDI, 1999.

Moe, Terry M. "Toward a Theory of Public Bureaucracy." In *Organization Theory: From Chester Barnard to the Present and Beyond*, pp.116. Edited by Oliver E. Williamson. New York: Oxford University Press, 1995.

Morse, Ricardo S., and John B. Stephens. "Teaching Collaborative Governance: Phases, Competencies, And Case-Based Learning." *Journal of Public Affairs Education* 18:3(2012): 565-583.

Nanda, Ved P. "The 'Good Governance' Concept Revisited." *The ANNALS of the American Academy of Political and Social Science*, 603:1(2006): 269-283

Newman, Janet. *Modernizing Governance: New Labour, Policy and Society*. Sage, 2001.

_____. "Rethinking 'The Public' In Troubled Times." *Public Policy and Administration* 22:1(2007): 27-47.

OECD. *Public Management Developments Survey.* Paris: OECD, 1993.

Offe, Claus. "Governance: An Empty Signifier?" *Constellations.* 16:4(2009): 550-562.

Ostrom, Elinor. *Governing the Commons: The Evolution of Institutions for Collective Action.* Cambridge University Press, 1990.

_____. "A Behavioral Approach to the Rational Choice Theory of Collective Action." *The American Political Science Review.* 92:1(1998): 1-21.

_____. "Beyond Markets and States: Polycentric Governance of Complex Economic System" *American Economic Review*, 100:3(2010): 641-672.

Ostrom, Vincent. *Intellectual Crisis in American Public Administration.* Tuscaloosa, AL: University of Alabama Press, 1971.

_____. "Faustian Bargains." *Constitutional Political Economy.* 7:4(1996): 303-08.

Ouchi, William G. "Markets, Bureaucracies and Clans." In *Markets, Hierarchies and Networks: The Coordination of Social Life*, pp.246-55. Edited by Grahame Thompson, Jennifer Frances, Rosalind Levacic, and Jeremy Mitchell. Lodon: Sage, 1991.

Page, Stephen. "Measuring Accountability for Results in Interagency Collaboratives" *Public Administration Review.* 64:5(2004): 591-606.

Papadopoulos, Yannis. "Political Accountability in Network and Multi-Level Governance." *Connex Stocktaking Conference on 'Multilevel Governance in Europe. Structural Funds, Regional and Environmental Policy'*, Athens. (2005): 5-7.

Pesch, Udo. "The Publicness of Public Administration." *Administration and Society.* 40:2(2008): 170-93.

Peters, B. Guy. *The Future of Governing: Four Emerging Models.*

Lawrence: University Press of Kansas, 1996.

_____. "Globalization, Institutions and Governance." In *Governance in the Twenty-First Century: Revitalizing the Public Service*, pp.29-57. Edited by Peters, G. and Savoie. Montreal: McGill-Queen's University Press, 2000.

_____. "Governance: A Garbage Can Perspective." *IHS Political Science Series:* 84(2002): 1-22.

Peters, B. Guy and Pierre, John. "Governance without Government? Rethinking Public Administration." *Journal of Public Administration Research and Theory.* 8:2(1998): 223-243.

Pierre, Jon. *Debating Governance.* Oxford: Oxford University Press, 2000.

Pierre, Jon and Peters, B. Guy. *Governance, Politics and the State.* London: Palgrave Macmillan, 2000.

Pollitt, Christopher. *Managerialism and the Public Services: The Anglo-American Experience.* Oxford: Basil Blackwell, 1990.

Pollitt, Roderick AW. "Occasional Excursions: A Brief History of Policy Evaluation in the UK." *Parliamentary Affairs.* 46:3(1993): 353-62.

Powell, Walter. "Neither Market nor Hierarchy." *The Sociology of Organizations: Classic, Contemporary, and Critical Readings.* 315:(2003): 104-17.

Provan, Keith G. and Milward. H. Brinton. "Do Networks Really Work? A Framework for Evaluating Public-sector Organizational Networks." *Public Administration Review.* 61:4(2001): 414-23.

Rhodes, Roderick AW. "From Marketization to Diplomacy: It's the Mix That Matters." *Public Policy and Administration.* 12:2(1997): 31-50.

Rhodes, Roderick AW. *Understanding Governance: Policy Networks, Governance, Reflexity and Accountability.* Bristrol: Open University Press, 1997.

_____. "Governance and Public Administration." In *Debating Governance: Authority, Steering, and Democracy*, pp.54-90. Edited by Pierre, J. Oxford: Oxford University Press, 2000.

_____. "The Governance Narrative: Key Findings and Lessons from the ESRC's Whitehall Programme." *Public Administration*. 78:2(2000): 345-63.

_____. "Understanding Governance: Ten Years On." *Organization Studies*. 28:8(2007): 1243-264.

Rittel, Horst WJ, and Melvin M. Webber. "Dilemmas in a General Theory of Planning." *Policy Sciences*. 4:2(1973): 155-69.

Roberts, Nancy C. "Wicked Problems and Network Approaches to Resolution." *International Public Management Review*. 1:1(2000): 1-19.

_____. "Keeping Public Officials Accountable through Dialogue: Resolving the Accountability Paradox." *Public Administration Review*. 62:6(2002): 658-69.

Rouban, Luc. *Citizens and the New Governance*. Amsterdam: IOS Press, 1999.

Rosenau, James. N. "Citizenship in a Changing Global Order." *In Governance without Government: Order and Change in World Politics*, pp.272-294. Edited by J. Rosnau and E-O Czempiel. Cambridge: Cambridge University Press, 1992.

_____. "Change, Complexity, and Governance in Globalizing Space." In *Debating Governance: Authority, Steering, and Democracy*, pp.167-200. Edited by Jan Pierre, Oxford: Oxford University Press, 2000.

Rosenau, James N. and Czempiel, Ernst Otto. *Governance without Government: Order and Change in World Politics (Vol. 20)*. Cambridge: Cambridge University Press, 1992.

Saint-Martin, Denis. "Management Consultants, the State, and the Politics of Administrative Reform in Britain and Canada." *Administration and Society*. 30:5(1998): 533–69.

Salamon, Lester. M. *The Tools of Government: A Guide to the New Governance*. New York: Oxford University Press, 2002.

Santiso, Carlos. "Good Governance and Aid Effectiveness: The World Bank and Conditionality." *The Georgetown Public Policy Review*. 7:1(2001): 1–22.

Sayre, Wallace S. "Premises of Public Administration: Past and Emerging." *Public Administration Review*. 18:2(1958): 102–105.

Schachter, Hindy Lauer. "Reinventing Government or Reinventing Ourselves: Two Models for Improving Government Performance." *Public Administration Review*. 55:6(1995): 530–37.

Scharpf, Fritz W. "Coordination in Hierarchies and Networks." pp. 125–166, *Games in Hierarchies and Networks*. Campus Verlag, 1993.

_____. "Games Real Actors Could Play: Positive and Negative Coordination in Embedded Negotiations." *Journal of Theoretical Politics*, 6:1(1994): 27–53.

_____. *Games Real Actors Play: Actor-centered Institutionalism in Policy Research*. Boulder: Westview Press, 1997.

Schick, Allen. "Why Most Developing Countries Should Not try New Zealand's Reform." *The World Bank Research Observer*. 13:1(1998): 123–31.

Seidman, Harold. "Politics, Position, and Power." Oxford, Oxford University Press, 1970.

Shergold, Peter. "Governing through Collaboration." In *Collaborative Governance A New Era of Public Policy in Australia?*, pp.13–22. Edited by Janine O'Flynn and John Wanna. Canberra: The Australian

National University E Press, 2008.

Simon, Herbert Alexander. *Models of Man: Social and Rational; Mathematical Essays on Rational Human Behavior in Society Setting.* New York: Wiley, 1957.

_____. "The Architecture of Complexity." *Proceedings of the American Philosophical Society*, 106:6(1962): 467-82.

_____. "Why Public Administration?." *Public Administration Review* 58:1(1998): ii.

Sjöblom, Stefan. "Transparency and Citizen Participation." In *Citizens and the New Governance*, pp.15-27. Edited by Rouban, Luc. Amsterdam: IOS Press, 1999.

Skelcher, Chris. "Jurisdictional Integrity, Polycentrism, and the Design of Democratic Governance." *Governance* 18:1(2005): 89-110.

Sørensen, Eva. "Metagovernance: The Changing Role of Politicians in Processes of Democratic Governance." *The American Review of Public Administration* 36:1(2006): 98-114.

Sørensen, Eva and Jacob Torfing. *Making Governance Networks Democratic.* Roskilde: Working Paper. Center for Democratic Network Governance, 2004.

_____. "The Democratic Anchorage of Governance Networks." *Scandinavian Political Studies* 28:3(2005): 195-218.

_____. "Making Governance Networks Effective and Democratic through Metagovernance." *Public Administration* 87:2(2009): 234-58.

Sowa, Jessica E. "Implementing Interagency Collaborations: Exploring Variation in Collaborative Ventures in Human Service Organizations," *Administration and Society,* 40:3(2008):298-323.

Stewart, John, and Gerry Stoker. *Local Government in the 1990s.* London: Palgrave Macmillan, 1995.

Stoker, Gerry. "Governance as Theory: Five Propositions." *International Social Science Journal* 50:155(1998): 17-28.

_____. "Urban Political Science and the Challenge of Urban Governance." In *Debating Governance: Authority, Steering, and Democracy*, pp.91-110. Edited by Pierre, J. Oxford: Oxford University Press, 2000.

Streeck, Wolfgang and Philippe C. Schmitter. "Community, Market, State and Associations? The Prospective Contribution of Interest Governance to Social Order." *European Sociological Review* 1:2(1985): 119-138.

Sullivan, Helen, and Chris Skelcher. *Working across Boundaries: Collaboration in Public Services.* London: Palgrave Macmillan, 2002.

Teisman, G. Geert and Erik-Hans Klijn. "Partnership Arrangements: Governmental Rhetoric or Governance Scheme?" *Public Administration Review.* 62:2(2002): 197-205.

Terry, Larry D. "Administrative Leadership, Neo-managerialism, and the Public Management Movement." *Public Administration Review* 58:3(1998): 194-200.

_____. "From Greek Mythology to the Real World of the New Public Management and Democratic Governance (Terry Responds)." *Public Administration Review* 59:3(1999): 272-277.

Thompson, Grahame, ed. *Markets, Hierarchies and Networks: The Coordination of Social Life.* New South Wales: Sage, 1991.

Thompson, Grahame. *Between Hierarchies and Markets: The Logic and Limits of Network Forms of Organization.* Oxford: Oxford University Press, 2003.

Thompson, James D. *Organizations in Action: Social Science Bases of Administrative Theory*. New Jersey: Transaction Publishers, 1967.

Thompson, James R., and Patricia W. Ingraham. "The Reinvention Game." *Public Administration Review* 56:3(1996): 291-98.

Thompson, Michael, Richard Ellis and Aaron Wildavsky. *Cultural Theory*. Colorado: Westview Press, 1990.

Thoenig, Jean-Claude. "Rescuing Publicness from Organization Studies." *Gestió y Política Púlica*. 15:2(2006): 229-258.

Van Bueren, Ellen M., Erik-Hans Klijn and Joop FM Koppenjan. "Dealing with Wicked Problems in Networks: Analyzing an Environmental Debate From a Network Perspective." *Journal of Public Administration Research and Theory* 13:2(2003): 193-212.

Van Waarden, Frans. "34 Varieties of Private Market Regulation: Problems and Prospects." In *Handbook on the Politics of Regulation*, pp.469-485. Edited by Levi-Faur, David. Cheltenham: Edward Elgar, 2011.

Waldo, Dwight. "The Perdurability of the Politics-Administration Dichotomy." *Politics and Administration* 22:3(1984): 219-33.

Wanna, John. "Collaborative Government: Meanings, Dimensions, Drivers and Outcomes." In *Collaborative Governance A New Era of Public Policy in Australia?*, pp.3-12. Edited by O'Flynn, Janine and John Wanna. Canberra: The Australian National University E Press, 2008.

Weber, Edward P. and Anne M. Khademian. "Wicked Problems, Knowledge Challenges, and Collaborative Capacity Builders in Network Settings." *Public Administration Review* 68:2(2008): 334-49.

Whitaker, Gordon P., Lydian Altman-Sauer and Margaret Henderson. "Mutual Accountability Between Governments and Nonprofits Moving Beyond "Surveillance" to "Service"." *The American Review of Public Administration* 34:2(2004): 115-33.

Whitehead, Mark. "'In the Shadow of Hierarchy': Meta-governance, Policy Reform and Urban Regeneration in the West Midlands." *Area* 35:1(2003): 6-14.

Whitehead, Mark. "The Architecture of Partnerships: Urban Communities in the Shadow of Hierarchy." *Policy and Politics* 35:1(2007): 3-23.

Williamson, Oliver E. "Transaction-cost Economics: The Governance of Contractual Relations." *The Journal of Law and Economics* 22:2(1979): 233-61.

World Bank. *Managing Development-The Governance Dimension* (Washington D.C., 1991).

_____. *Governance and Development*. Washington: World Bank, 1992. www.iog.ca/about.html.

_____. *Governance: The World Bank's Experience*. (Washington D.C., 1994).

_____. *Governance Matters*. (Washington D.C., 2006).

다

아